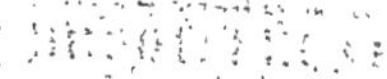

FACULTÉ DE DROIT DE PARIS.

THÈSE

POUR LE

DOCTORAT

SOUTENUE PAR

MARIE-PAUL GARNIER

PARIS
ANCIENNE MAISON GUSTAVE RETAUX
PICHON-LAMY ET DEWEZ, LIBRAIRES-ÉDITEURS
15, RUE CUJAS, 15

1869

FACULTÉ DE DROIT DE PARIS

DES

RAPPORTS A SUCCESSION

EN DROIT ROMAIN

ET EN DROIT FRANÇAIS.

THÈSE POUR LE DOCTORAT

SOUTENUE

Le Jeudi 11 Février 1869, à 11 heures

PAR

MARIE-PAUL GARNIER

AVOCAT A LA COUR IMPÉRIALE

Président : M. G. COLMET-DAAGE

SUFFRAGANTS: MM. VALETTE, COLMET DE SANTERRE, MACHELARD, PROFESSEURS. GÉRARDIN, AGRÉGÉ.

PARIS

ANCIENNE MAISON G. RETAUX

PICHON-LAMY ET DEWEZ, LIBRAIRES-ÉDITEURS

15, RUE CUJAS, 15

1869

A MON PÈRE

—

A MA MÈRE

DROIT ROMAIN

ORIGINE DU RAPPORT

ET DIVISION DE LA MATIÈRE

Le vieux droit successoral de Rome est extrêmement simple. — En première ligne vient la succession testamentaire. Le citoyen *sui juris*, le *pater-familias*, dispose en toute liberté de son patrimoine, quels que soient le nombre et la qualité des parents qu'il laisse après lui. Sa volonté, consignée dans un testament valable, fait loi quant au règlement de son hérédité(1). — S'il meurt intestat, la succession est déférée d'abord aux héritiers siens, puis aux agnats, et enfin aux *gentiles*(2). — Je laisse de côté les agnats et les *gentiles*,

(1) Ce sont les termes mêmes de la loi décemvirale : « *Uti legassit super pecuniâ tutelâve suæ rei, ità jus esto.* » (Tab. v, n° 1).

(2) Tab. v, n°s 2 et 3.

qui sont complètement étrangers à mon sujet, pour m'occuper exclusivement des héritiers siens.

Il faudrait bien se garder de confondre cet ordre de successeurs avec celui des descendants, qui leur correspond dans les législations modernes.

Suivant les idées romaines, la famille, dans laquelle se concentre la vocation héréditaire, est basée sur une relation d'ordre purement civil, le lien de puissance, tout-à-fait indépendant de la filiation naturelle, qui n'est pas nécessaire pour le produire, et qui même ne l'engendre pas toujours. Sont héritiers siens, les individus soumis sans intermédiaire à la puissance paternelle du de cujus au moment de sa mort (1); ce qui comprend : les fils ou filles nés *ex justis nuptiis*; — les descendants par les mâles (2), quand les enfants dont ils sont issus, et qui les précédaient dans la famille, en sont sortis par prédécès, ou par une *capitis deminutio* quelconque ; — les individus adoptés ou adrogés ; — la femme *in manu* du de cujus, qui est par rapport à lui *loco filiæ*. — (Gaïus, Com. II, §§ 156 et 159 — Justinien, Instit. *de hered. qual. et dif.* § 2 — *de heredit. quæ ab intest.* § 2.)

Suivant le droit rigoureux des XII Tables, ces dif-

(1) Ou plus exactement, au moment où il devient certain que le défunt est mort intestat (*Inst. Just.* § 7, *de hered. quæ ab intest. def.*)

(2) Mais non les descendants par les femmes, *quia patris, non matris familiam sequuntur.*

férentes personnes n'arrivent à la succession qu'autant que le de cujus ne s'est pas choisi lui-même d'autres héritiers, et la présence des *sui* ne limite aucunement la liberté du testateur à cet égard. Mais l'interprétation des prudents y apporta bientôt, sinon une restriction, du moins un tempérament. — On ne peut disconvenir, en effet, que la vocation des héritiers siens n'emprunte au lien si étroit qui les rattache au de cujus un caractère tout particulier d'énergie ; la loi des XII Tables se borne à la supposer comme chose allant de soi, sans l'établir directement : « Si intestato moritur, cui suus heres nec escit.....» On considéra donc les *sui*, du vivant même du chef de famille, comme se trouvant en quelque sorte copropriétaires avec lui : « vivo quoque parente quodammodo domini existimantur » (Gaïus, Com. II § 157). A son décès, ce n'est point une propriété nouvelle qui commence en leur personne, c'est l'ancienne qui se continue entre leurs mains, et qu'ils ne peuvent répudier « sive velint sive nolint... in suis heredibus... rerum hereditariarum dominium continuatur » (Paul, sentences, L. 4, T. VIII § 6).

Le de cujus peut bien encore les exclure de son hérédité, mais on veut qu'il prenne la peine de les en repousser expressément ; il ne peut plus les passer sous silence ; s'il ne les institue pas, il doit les exhéréder, nominativement pour les fils, *inter cæteros* pour les filles et les autres descendants. L'omission du fils annulerait le testament ; les autres *sui* viendraient simplement concourir avec les institués dont ils accroîtraient fictivement le nombre (*jus accrescendi*), et leur enlever une portion variable, suivant que les institués sont eux-mêmes des héritiers siens (part virile), ou des étrangers ($\frac{1}{2}$ de la succession). (Gaïus, Com. II §§ 123 et 124).

Je ne m'étendrai pas davantage sur l'ancien droit civil. On y chercherait vainement l'origine du rapport. L'existence d'une institution semblable ne se conçoit même pas dans un pareil système. Jusqu'au décès du de cujus, les héritiers siens sont restés soumis à sa puissance, *alieni juris*, et comme tels incapables d'être propriétaires de quoi que ce soit (Gaïus, Com. II. §. 28). Dépourvus de toute individualité juridique, réduits, dans leurs rapports avec les tiers, à jouer le rôle de simples instruments du père de famille, ils ont tout acquis pour lui, rien pour eux-mêmes. Sans doute, ils ont pu se trouver à la tête d'un pécule, composé de biens dont le père leur avait concédé l'administration et la jouissance, mais d'une façon purement précaire, et tout en demeurant le maître de les leur retirer quand bon lui semblerait. A sa mort, ces valeurs sont comprises dans la masse partageable, au même titre que le reste de la succession, et il ne saurait être question de *collatio*, puisqu'elles n'avaient jamais cessé d'appartenir au de cujus ; ou, si du moins les commentateurs parlent de rapport, ce ne peut être que d'une manière bien impropre, et pour exprimer cette idée que les biens dont l'enfant se trouvait détenteur, à titre de pécule, lors de la mort du père, ne lui étaient pas attribués par préciput, mais se partageaient entre tous les héritiers au prorata du droit de chacun. Il ne faut pas oublier que les choses composant le pécule, qui, en droit civil strict, ne se distinguaient pas des autres biens du père, se trouvaient cependant, en fait, dans une situation à part, puisque, grâce à la théorie des obligations naturelles, on était arrivé à envisager le pécule comme une sorte de patrimoine pour le fils, dans ses rapports avec son père, et surtout avec ses frères et sœurs; et que, d'après le droit prétorien, le père était obligé, vis-à-vis des tiers, par les actes de son fils, jusqu'à concurrence du pécule de ce dernier.

Mais le lien de puissance, d'où dérivait la qualité d'héritier sien, n'était pas indissoluble. Le père pouvait émanciper le *suus*, ou le donner en adoption à un tiers. Les conséquences de ces deux actes, bien différentes en ce qui regarde la situation nouvelle faite à l'enfant, étaient identiques au point de vue de ses rapports avec son ancienne famille. L'émancipé, comme l'adopté, cessait d'en faire partie, et perdait toute espèce de droit sur la succession du de cujus, qui, dans son testament, pouvait impunément les passer sous silence.

Rien à objecter contre cette théorie, quand l'enfant

ainsi renvoyé de la famille n'y était entré que par voie d'adoption ou d'adrogation : étranger par nature, il puisait son seul titre à l'hérédité dans un lien exclusivement civil, désormais rompu. Mais admettre le même résultat en ce qui touche les enfants réellement issus du de cujus, c'était blesser profondément la nature et l'équité, en ne tenant pas compte du lien du sang que la *capitis deminutio* n'avait pu effacer.

La rigueur de ce système se faisait particulièrement sentir pour l'émancipé ; car celui-ci, commençant une nouvelle famille, dont il était à la fois le chef et le seul membre actuel, n'avait plus l'espoir de recueillir aucune succession *ab intestat*. — L'enfant donné en adoption pouvait se trouver, après coup, dans une situation semblable, quand le père adoptif l'émancipait à son tour ; successivement renvoyé des deux familles, il n'avait plus les droits d'héritier sien dans aucune d'elles.

Un pareil état de choses appelait une réforme : le préteur y pourvut au moyen du pouvoir semi-législatif dont il était investi. Donner le titre d'héritiers aux enfants sortis de la famille, c'était heurter de front le droit civil ; le préteur se contenta de l'éluder ; mais, au fond, sous le nom de *bonorum possessores*, il leur attribua les mêmes avantages.

Étudions brièvement la portée des réformes prétoriennes.

La *capitis deminutio minima* est considérée comme

non avenue; voilà le point de départ : « Propter æquitatem, rescindit eorum capitis deminutionem prætor. » (L. 6, § 1, D. *De bon. posses.*). Ceci s'applique sans difficulté à l'émancipé. Quant à l'enfant donné en adoption, il faut distinguer : se trouve-t-il encore, à la mort du père naturel, *in adoptivâ familiâ*, on ne peut pas le considérer néanmoins comme étant resté *in familia naturali ;* pourquoi se plaindrait-il, d'ailleurs, puisqu'il a, dans sa famille d'adoption, le titre et les droits d'héritier sien? — Le père adoptif l'a-t-il émancipé lui-même, du vivant du *de cujus?* Rien alors ne fait plus obstacle à l'application de la fiction prétorienne : « Incipit in eà causâ esse, in quâ futurus esset, si ab ipso naturali patre emancipatus fuisset. » (Gaïus. Com. II, § 137). Il en est de même de celui qui, après être sorti de sa famille d'origine par une émancipation, s'est donné en adrogation à un tiers, qui l'a plus tard émancipé. C'est le cas prévu par Justinien (*Instit., de hered. quæ ab intest.* § 10). — Mais l'émancipation qui n'interviendrait qu'après le décès du *de cujus*, serait inefficace pour donner droit à la *bonorum possessio ;* Justinien nous en dit la raison : « Quia iniquum erat esse in potestate patris adoptivi ad quos bona naturalis patris pertinerent, utrum ad liberos ejus, an ad adgnatos. » (*Instit. eodem.* §.).

L'assimilation de ces enfants aux héritiers siens conduit aux conséquences suivantes :

1° Le *de cujus*, pour tester valablement *jure prætorio*, doit instituer ou exhéréder non-seulement les *sui*, mais encore les *liberi* hors puissance ; en cas d'omission des uns ou des autres, le testament pourra être attaqué à l'aide de la *bonorum possessio contra tabulas*, et l'hérédité se partagera comme *ab intestat* (Gaïus, Com. II, § 135).

2° Le *de cujus* est-il mort *intestat*, la *bonorum possessio unde liberi* est donnée aux enfants hors puissance, aussi bien qu'aux héritiers siens, et en concours avec ceux-ci : « Sive soli sint, sive cum suis heredibus concurrant. » (Gaïus, Com. III, § 26. — Instit. Justin., *De hered. quæ ab intest. def.*, § 9).

Du reste, identité complète entre ces deux *bonorum possessiones*, quant aux personnes appelées à en profiter. (L. 1, §§ 5 et 6 D. *Si tabulæ testamenti nullæ ext.* — L. 1, § 6 D. *De bon. pos. contra tab.*).

Par là se trouvait corrigée l'antique rigueur à l'endroit des enfants sortis de la famille; mais un autre écueil restait à éviter. Les héritiers siens, en effet, ne pouvaient rien avoir en propre; tout ce qu'ils avaient gagné par leur industrie, par leur travail, par libéralités reçues des tiers, avait été acquis au *pater-familias*, et venait en définitive grossir le quantum de sa succession. Les émancipés, au contraire, devenus *sui juris*, avaient pu acquérir pour leur propre compte, se créer un patrimoine. Leur sera-t-il permis de garder exclusivement pour eux seuls leur avoir personnel, tout en prenant leur part d'une masse de biens à l'augmentation de laquelle ils n'ont pas contribué? Si l'on eût admis cette prétention, la campagne prétorienne contre le droit civil, entreprise au nom de l'équité, *propter æquitatem*, n'aurait abouti qu'à intervertir les rôles, et à déplacer l'injustice sans la faire disparaître. Que la diminution de tête ne nuise pas à ceux qu'elle atteint, rien de mieux; mais qu'elle ne leur profite pas non plus, au détriment de leurs frères restés en puissance. Pour empêcher ce résultat, le préteur n'eut qu'à rester conséquent avec lui-même, et à continuer jusqu'au bout, en lui donnant un effet rétroactif, la fiction qui servait de base à son système : j'ai fait abstraction de votre *deminutio capitis*, dira-t-il aux émancipés; pour vous faire arriver à la succession, je vous suppose toujours restés dans votre famille naturelle; subissez-en toutes les conséquences, favorables ou onéreuses; or, si ma supposition était une réalité, toutes les acquisitions faites par votre entremise auraient profité à votre père, et se trouveraient comprises dans son hérédité. Réunissez donc à la masse, pour les partager avec les héritiers siens, les biens acquis par vous depuis votre émancipation.

Voilà la notion primitive, originaire, de la *collatio bonorum*. Le but de cette institution, c'est d'éviter le préjudice injuste que causerait au *sui*, sans cette condition spéciale, l'admission des émancipés à la *bono-*

rum possessio. Le mobile qui a dirigé le préteur, c'est une idée de justice, comme le dit Ulpien :

« Hic titulus manifestam habet æquitatem. Cum enim prætor ad bonorum possessionem contra tabulas emancipatos admittat, participesque faciat, cum his qui sunt in potestate, bonorum paternorum, consequens esse credit ut sua quoque bona in medium conferant, qui appelunt paterna. » (Ulp. L. I, pr. D. *de collat.*)

On le voit, entre la *collatio* prétorienne et notre rapport à succession, la différence est essentielle. Dans notre droit, les biens sujets au rapport sont uniquement ceux donnés par le *de cujus* à ses successibles; après la mort du donateur, ces choses, qui sont sorties de son patrimoine, y reviennent, y sont rétablies, *referre*, pour composer la masse partageable entre ses héritiers. Dans l'édit, au contraire, la *collatio* s'appliquant à tous les biens des émancipés sans distinction, provenus ou non de libéralités du *de cujus*, il ne peut être question de *rapport*, puisqu'il s'agit de biens qui peuvent n'avoir jamais figuré dans le patrimoine du *de cujus*, mais d'un simple *apport* de l'avoir personnel des émancipés, *(cum-ferre)*. La différence des institutions est parfaitement caractérisée par la différence étymologique des termes qui les désignent.

Mais la *collatio* devait s'écarter plus tard de ce type primitif; sous l'influence des constitutions impériales et de l'introduction des différents pécules, elle se rapprocha de plus en plus du véritable rapport, et finit par se restreindre aux choses provenues des libéralités du *de cujus*; mais, dans ces limites, elle s'imposa aux héritiers siens eux-mêmes, et non plus seulement aux émancipés. L'idée qui préside à ces transformations, c'est celle du rétablissement de l'égalité entre successibles dans l'ordre des descendants, alors même qu'il ne s'agit plus, comme autrefois, d'un résultat injuste à prévenir. Cette tendance, nous la verrons apparaître dans la *collatio dotis*; nous la verrons se développer progressivement et donner naissance à des institutions analogues : la *collatio donationis ante nuptias*, et la *collatio donationis simplicis*.

L'ordre à suivre dans cette étude se trouve donc tracé d'une manière toute naturelle. Dans la première partie, j'exposerai les règles de la *collatio*, d'après le droit en vigueur sous les grands jurisconsultes, m'occupant successivement de la *collatio bonorum* proprement dite, et de la *collatio dotis*; deux institutions qu'il faut distinguer avec soin, et à chacune desquelles correspond, dans le Digeste, un titre différent. (Livre 37, Titres 6 et 7).

J'étudierai, dans une seconde partie, les modifications résultant des constitutions impériales jusqu'à Justinien, c'est-à-dire le droit du Code et des Novelles.

Enfin j'examinerai quelle a été sur notre matière l'influence des novelles CXVIII et CXXVII, par lesquelles Justinien effaça les vestiges du vieux droit successoral, qui remontait à la loi des XII Tables, pour le remplacer par un système nouveau, fondé sur les liens de la nature et du sang.

PREMIÈRE PARTIE

DE LA COLLATIO DANS LE DROIT CLASSIQUE

TITRE PREMIER

DE LA COLLATIO BONORUM PROPREMENT DITE.

D'après ce qui a été ci-dessus, on peut la définir · l'obligation imposée à l'enfant sorti de la famille du *de cujus*, et qui arrive à la succession *jure prætorio*, de réunir à la masse héréditaire, pour être partagés entre les héritiers siens et lui, tous les biens qu'il a pu acquérir depuis qu'il est devenu *sui juris*.

J'examinerai successivement, dans autant de chapitres séparés : 1° dans quels cas et entre quelles personnes il y a lieu au rapport; quel en est le sujet passif et actif; 2° quels biens y sont soumis, c'est-à-dire quel en est l'objet; 3° comment il s'effectue; c'est-à-dire la mise en œuvre et la sanction du principe.

CHAPITRE PREMIER

DANS QUELS CAS ET ENTRE QUELLES PERSONNES Y A-T-IL LIEU A LA COLLATIO BONORUM.

SECTION PREMIÈRE

Dans quels cas y a-t-il lieu au rapport.

La *collatio,* d'après sa définition et son but, suppose deux conditions : 1° une succession dans laquelle se présentent, en concours, des héritiers siens et d'autres descendants qui leur sont assimilés par le préteur; 2° un préjudice causé aux héritiers siens par ce concours. — Développons séparément ces deux idées; la première nous servira à déterminer, dans la section suivante, quelles personnes doivent le rapport; et la seconde, quelles personnes y ont droit.

§ I. — Il faut, avant tout, qu'il s'agisse d'une succession déférée par le préteur. Celui-ci pouvait bien mettre telle condition qu'il lui plaisait à une vocation héréditaire créée par lui, mais il n'avait rien à imposer à des successibles puisant leur titre dans le droit civil. Aussi les textes où il est question du rapport se réfèrent-ils tous à des cas de *bonorum possessio.* C'est le principe posé par Ulpien : « Inter eos dabitur collatio, quibus possessio data est. » (L. 1 § 1, D. *De collat.*)

Remarquons ces mots : *data est.* Nous y reviendrons plus loin ; mais tirons-en dès à présent une conséquence : il faut que la possession de biens ait été donnée ; mais, pour l'obtenir, il faut la demander au préteur ; on pourra donc se dispenser du rapport en demeurant étranger à la succession. (L. 25 C. *familiæ erciscundæ*). L'émancipé pouvait avoir intérêt, suivant les cas, à s'en tenir à sa fortune personnelle, ou à réclamer, moyennant le sacrifice d'une partie de celle-ci, ses droits dans l'hérédité paternelle. Il était juste de lui laisser cette option, et les héritiers siens ne pouvaient pas s'en plaindre, puisque, au cas d'abstention de l'émancipé, ils restaient dans la situation même que le droit civil leur avait faite.

Mais toute *bonorum possessio* déférée à des descendants ne donnait pas ouverture au rapport. Il fallait encore que l'hérédité se réglât *ab intestat*, du moins à l'égard de l'émancipé : « Jure intestatæ successionis, id est, aut testamento penitus non condito, aut, si factum fuerit, contra tabulas bonorum possessione petita, vel inofficiosi querela mota rescisso. » (L. 17. C. *de collationibus*, *in pr.*). Ce texte est de Léon, mais le principe existait incontestablement dès l'époque classique. — Passons en revue ces différentes hypothèses.

1° Le *de cujus* n'a fait aucun testament, *testamento*

penitus non condito; ou, ce qui revient au même, celui qu'il laisse est nul à la fois aux yeux du droit civil et du droit prétorien; alors, par la *bonorum possessio unde liberi*, les émancipés viendront en concours avec les *sui*, et devront la *collatio* (L. 9, C. *de collat.*) : « ab intestato ad successionem paternam venientem, ad collationem forma edicti perpetui certo jure provocat. »

2° Le testateur a omis (ou exhérédé seulement *inter cæteros*, alors qu'il devait le faire *nominatim*) un héritier sien, ou un de ceux que le préteur appelle au même rang; le testament tombe par l'effet de la *bonorum possessio contra tabulas*, déférée aux mêmes personnes que la précédente (L. 1, § 6, D. *de bon. pos. cont. tab.* Cbn. L. 1, § 6. D. *Si tab. test. nul. extab.*); et la succession se partage comme tout à l'heure, l'émancipé étant de même obligé à la *collatio*. (Ulpien, L. 1 *pr.* D. *de coll.*).

3° Un émancipé, ayant été exhérédé sans motif légitime, réussit à faire tomber le testament par la *querela inofficiosi testamenti*; on retombe alors dans le premier cas: « redit res ad intestati exitum »; — possession *unde liberi*, et, par suite, obligation au rapport (Voir Cujas, *ad titulum de collatione*). — Cette décision ne souffre aucune difficulté si les *sui*, ayant été pareillement exhérédés, intentent aussi la *querela*, en sorte que le testament se trouve rescindé pour le tout; dans le cas contraire, il s'élève une difficulté que nous ne pourrons résoudre que tout à l'heure.

Lorsque les descendants ont négligé d'invoquer la *bonorum poss. unde liberi*, que les *sui* eux-mêmes ont perdu le droit de demander celle *unde legitimi*, une dernière ressource leur est offerte : celle de la possession de biens commune à tous les cognats, *unde cognati*. Ici encore, je crois que les émancipés devront la *collatio*. Dans cette hypothèse même, le préteur les envisage encore, non comme de simples cognats, mais comme des descendants ; l'édit carbonien leur est applicable (L. 6, § 2 D. *De carb. edicto)* ; ils ont toujours, pour demander la possession de biens, le délai spécial aux successibles en ligne directe, un an, et non le simple délai de cent jours imparti aux cognats ordinaires. Qu'ils subissent donc aussi les charges attachées à leur qualité. Le motif, d'ailleurs, est le même ; ici, comme dans les *bon. pos. contra tabulas* et *unde liberi*, ne faut-il pas empêcher que le concours des émancipés ne nuise injustement aux héritiers siens ? Décider autrement, ce serait fournir un moyen par trop commode de se soustraire à la *collatio* ; ce serait admettre que le préteur a détruit d'une main ce qu'il édifiait de l'autre.

Mais il ne peut être question de *collatio* quand l'émancipé se présente en qualité d'héritier institué. C'est la règle de la loi 1, C. *De collat* : « Emancipatos liberos, testamento heredes scriptos, et ex eo successionem obtinentes, a patre donata fratribus conferre non oportet... » Et, à cet égard, il n'y a pas à distinguer si le testament est régulier et conforme à toutes les prescriptions du droit civil, ou si, valable seulement aux yeux du préteur, il ne peut recevoir exécution qu'au moyen de la *bon. pos. secundum tabulas*. L'émancipé vient alors, soit d'après le droit civil lui-même, soit du moins en vertu de la volonté du testateur; dans l'un et dans l'autre cas, il succède *extero jure*, comme pourrait le faire tout étranger institué ; il n'emprunte rien à sa qualité de descendant. A quel titre pourrait-il donc être assujetti au rapport?

Ce principe ne doit pas être restreint à l'institution; il faut l'étendre à toutes les dispositions de dernière volonté du *de cujus* ; ainsi l'émancipé qui a reçu des legs ou des fidéicommis, même *ab intestat* par voie de codicilles, les recueillera sans être pour cela obligé au rapport de ses biens. Les lois 10 et 16 C, *hoc tit.* l'établissent pour la *collatio dotis*, mais il faut dire la même chose de la *collatio bonorum* en général. On peut argumenter en ce sens de la loi 1 §§ 6 et 7, D. *De collat.*, qui suppose nécessairement cette règle comme existante.

Il y a plus, la loi 1 C. *hoc tit.* est trop étroite dans ses termes. Il n'est pas nécessaire de supposer, comme elle le fait, que l'émancipé arrive en vertu du testament, « ex eo successionem obtinentes ». Quand même ce testament viendrait à être infirmé par la *bon. pos. contra tab.*, à la requête d'un autre descendant qui s'y trouverait omis, l'émancipé ne devra point le rapport si, dans le nouveau règlement de la succession, il ne recueille rien au-delà de ce que lui avait attribué la volonté du testateur (L. 1 §§ 6 et 7 D. *nostro tit.*). Je reviendrai sur ces textes, qui se rattachent plus particulièrement à une autre condition du rapport, à savoir : la nécessité qu'il y ait préjudice causé aux *sui* par le concours des émancipés.

Contre notre règle, on peut tirer une objection de la loi 2 D. *De dotis collatione :* « Filia in adoptionem « data et heres instituta debet, sicut emancipata, non « solum bona sua, sed et dotem quæ ad eam pertinere « poterit, conferre; si adhuc pater adoptivus vivit, hic « necesse habebit conferre. » — Écartons d'abord l'hypothèse prévue par la fin du texte. Si la fille est encore *in potestate patris adoptivi* quand le père naturel vient à mourir, elle ne peut venir à la succession ni par la *bon. pos. unde liberi*, ni même, de plein droit, par celle *contra tabulas* : « ipsa sola non committet edictum. » Toutefois, si le *de cujus* l'avait instituée en passant sous silence un autre enfant qui, dès lors, fait tomber le testament par la *bon. pos. contra tab.*, elle pourrait venir prendre sa part de l'hérédité paternelle, *quia nec in totum extranea est* (L. 8 § 11 D. *De bon. pos. cont. tab.*); seulement le père adoptif, qui se trouve, en définitive, bénéficier de cette portion, devrait aux *sui* un rapport d'une certaine nature que j'étudierai plus loin. — Mais la circonstance d'une institution, nécessaire pour la fille *in adoptionem data*, ne l'est nullement pour l'émancipée. Tout ce qu'a voulu dire Gaïus, c'est que, de même que l'émancipée, la fille *in adoptiva familia*, venant à la succession de son père naturel (et pour cela il faut supposer qu'elle a été instituée par le *de cujus*), devra également le rapport.

Mais la première partie du texte prévoit le cas où cette fille est devenue *sui juris*, puisqu'on suppose qu'elle a des biens en propre. Elle est alors assimilée à l'émancipée ; l'une et l'autre arrivent à la succession prétorienne, indépendamment de toute institution de la part du *de cujus*, pourvu que l'adoptée soit sortie, non-seulement de la puissance, mais de la famille de l'adoptant. Le jurisconsulte a donc bien voulu dire que la fille *in adoptionem data*, ainsi que l'émancipée, doivent le rapport, quand même elles se présenteraient *ex testamento*. — Ce texte de Gaïus ferait donc antinomie avec ceux précédemment rapportés, si la règle qu'ils établissent était absolue. Mais il n'en est rien ; car elle comporte des exceptions, et Gaïus avait en vue dans la loi 2 un de ces cas exceptionnels où l'émancipé, quoique institué, doit *conferre bona*. Je les énumère :

1° Le *de cujus* a lui-même ordonné dans son testament qu'il en fût ainsi : « si pater, ut hoc fiat, supremis judiciis ... cavit. »

2° Le testateur a institué pour une part un enfant émancipé, et omis un autre enfant, qui invoque la *bon. pos. cont. tab.* (*commisso ab altero edicto*); par suite de cette circonstance, l'hérédité se partage comme *ab intestat* entre l'émancipé et les autres ayants-droit; s'il recueille au-delà de ce que lui avait assigné le testateur (*aucta ejus portione*), c'est réellement à la *bon. pos. cont. tab.* qu'il doit cette augmentation; *alia quædam contulit contra tabulas bonorum possessio;* d'où la nécessité de *conferre bona*, du moins en proportion de cet excédant. Il peut, du reste, s'y soustraire, en se contentant de la part pour laquelle il avait été institué.

C'est la décision donnée par Ulpien (L 3, D. *De dotis col.*) pour la *collatio dotis*; mais la loi 1 § § 6 et 7, D. *De collatione, à contrario*, permet de l'étendre à la *collatio* ordinaire.

L'explication de notre loi 2 est devenue beaucoup plus facile depuis le droit de Justinien. Ce prince, qui avait d'abord confirmé sur ce point la législation antérieure dans la loi 12 C. *Com. utriusque jud.*, adopta plus tard le système inverse. Suivant la novelle 18, chap. 6, il y a lieu au rapport, même dans la succession testamentaire, à moins que le *de cujus* n'en ait formellement dispensé. « Sive quispiam « intestatus moriatur, sive testatus.... omnino esse « collationes.... nisi expressim designaverit ipse se « velle non fieri collationem.... »

Revenons à la règle de l'époque classique; nous la trouvons appliquée dans la loi 6, D. *De dotis collatione*. Le *de cujus* laisse un fils émancipé qu'il institue, et une fille en puissance qu'il exhérède; celle-ci intente la *querela inofficiosi testamenti*, et triomphe; les enfants se partageront l'hérédité par 1/2. Papinien décide que l'émancipé ne devra pas la *collatio*; et la raison qu'il en donne est celle-ci : « *nam et libertates competere placuit* ». Voici la pensée du jurisconsulte. Sans doute, le testament tombe bien par l'effet de la *querela*, au regard de la fille exhérédée; mais il n'est pas anéanti pour le tout; la preuve en est que les affranchissements qu'il peut contenir sont maintenus (L. 29, *pr.* D. *De except. rei. judic.*), *quia testamentum consistit pro parte, nec libertas dividi potest* (Cujas, *ad hanc legem*). Quant aux legs, le même motif d'indivisibilité n'existant plus, ils subsisteront seulement pour la 1/2 afférente à l'émancipé, et qu'il est censé toujours recueillir *ex testamento*. — Mais alors, dira-t-on, le *de cujus* sera donc mort *pro parte testatus*, *pro parte intestatus*, contrairement à une règle bien connue? Papinien a prévu l'objection (L. 15 § 2 D. *De inoff. test.*), mais sans s'y arrêter; cette règle, en effet, reçoit fréquemment exception dans la matière des testaments inofficieux; dans le cas, par exemple, où, deux héritiers ayant été institués, l'exhérédé triomphe dans sa demande contre l'un, et succombe contre l'autre (L. 24, D. *eod. tit.*). Pour expliquer cette loi 6, D. *De dot. col.*, Pothier (Pandectes, L. 37, T. VI, n° 5) suppose que le testateur a institué son fils émancipé pour 1/2, et pour l'autre 1/2 un *extraneus*, contre lequel seul la fille exhérédée intente la *querela*, en sorte que le testament n'est rescindé que pour la part afférente à cet étranger; pour celle de l'émancipé, on reste toujours dans la succession testamentaire. Mais cette hypothèse de l'institution d'un *extraneus*, outre qu'elle est inutile pour l'explication de la loi, semble en désaccord avec le texte même, qui met seulement en présence les deux enfants du *de cujus*.

Le rapport n'a lieu qu'entre héritiers venant à la succession *eodem jure*. Telle est la règle formulée par Cujas à propos de notre loi 6, D. *De dot. col.*, dans l'hypothèse de laquelle, en effet, l'un des enfants du *de cujus* succède *ab intestat*, et l'autre en vertu du testament. La loi 7, *eod. tit.*, semble bien donner raison à cette interprétation. Mais je ne pense pas qu'on puisse voir là une application de ce principe. Si le rapport n'est pas dû, dans l'espèce, cela tient uniquement à ce que l'émancipé succède *ex voluntate defuncti*; la décision serait la même si, le *suus* ayant été pareillement institué, tous deux se trouvaient héritiers testamentaires. — Quant à la règle elle-même, on est loin d'être d'accord sur son existence et sur sa portée.

On a prétendu que le seul point à considérer était celui de savoir si le concours de l'émancipé préjudiciait au *suus*, et qu'à supposer cette condition réalisée, le *suus* avait droit à la *collatio*, soit qu'il demandât la *bonorum possessio*, soit qu'il invoquât seulement son titre d'héritier selon le droit civil. — Cette opinion me semble trop absolue. Et d'abord, il est certain que, dans le droit prétorien rigoureux, et suivant le texte de l'édit, le rapport n'est dû qu'autant que le *suus* obtient, comme l'émancipé, la *bonorum possessio contra tabulas* ou *undè liberi*. Rien en cela que de très-logique ; la *collatio* est une institution prétorienne ; et il est naturel que celui-là ne puisse y prétendre, qui néglige la succession prétorienne, pour s'en tenir au titre qu'il puise dans le droit civil. — C'est ce qui résulte de la loi 1 § 1 D. *de collatione*, et, plus explicitement encore, de la loi 10 *in pr.*, *hoc tit.* « Si filius in potestate heres « institutus adeat, et, emancipato petente bonorum « possessionem contra tabulas, ipse non petat, nec « conferendum est ei ; et ita edictum se habet. »

Mais il paraît qu'on s'était départi plus tard de cette interprétation rigoureuse, pour s'attacher à l'esprit plutôt qu'à la lettre même de l'édit ; car Scévola « ajoute immédiatement : « sed magis sentio ut, « quemadmodum hereditatem retinet jure eo quod « bonorum possessionem petere posset, ita et con- « ferri ei debeat ; utique cum injuriam per bonorum « possessionem patiatur. »

Le président Favre regarde, il est vrai, la fin de

cette loi, à partir des mots « quod magis sentio », comme une addition faite par Tribonien pour mettre le texte en harmonie avec le droit en vigueur dans le Bas-Empire ; il est impossible, dit-il, que le jurisconsulte, après avoir admis une première opinion, adopte aussitôt, pour la même espèce, une autre décision diamétralement opposée. — Mais il faut, avec Pothier, repousser ici toute idée d'interpolation. Scévola ne se met nullement en contradiction avec lui-même. Il commence par rapporter le droit résultant des termes de l'édit, puis il ajoute qu'il incline à ne pas l'interpréter littéralement, mais à admettre le rapport, que l'esprit de l'édit comportait, bien que son texte semblât l'exclure. Le *suus*, en définitive, aurait pu, s'il l'eût voulu, obtenir la *bonorum possessio* ; s'il s'est contenté de son titre d'héritier *jure civili*, cette circonstance, tout-à-fait indifférente pour l'émancipé, ne doit pas lui profiter en le dispensant de la *collatio*. Il y a, du reste, même raison de décider, puisque, dans un cas comme dans l'autre, le concours de l'émancipé nuit également à l'héritier sien, qui, selon le droit civil, devait recueillir la succession tout entière : « utique cum injuriam per bono« rum possessionem patiatur. » — Supposons que le *de cujus*, tout en instituant le fils soumis à sa puissance, ait, non plus omis, mais exhérédé l'émancipé ; celui-ci ne peut plus demander la *bon. pos. contra tab.*, mais il a la ressource de la *querela inoff. testam.* ;

il triomphe, et fait tomber le testament pour 1/2. C'est la contre-partie de l'hypothèse prévue par la loi 6, D. *de dot. col.*. Par analogie, et même par à fortiori de ce que dit Scévola dans la loi 10, il faut, ici encore, soumettre l'émancipé à la *collatio*. Le *suus* aurait pu l'exiger en l'absence de toute disposition testamentaire, et même, comme on l'a vu plus haut, s'il avait été, comme son frère, exhérédé. Sa position peut-elle être moins avantageuse parce que, pour la moitié qu'il conserve, il se présente *ex testamento*, réunissant ainsi, au titre d'héritier que la loi lui donnait déjà, celui qui résulte de la volonté du père de famille?

Mais la loi 10, ainsi acceptée littéralement, semble contredite au premier abord par un autre texte, la loi 1 § 8, D. *eodem tit.* Le de cujus a institué dans son testament un héritier sien, et omis un émancipé, qui obtient la *bonorum possessio contrà tabulas*. Celui-ci devra-t-il le rapport, et quelle peut être à ce sujet l'influence du décès de l'héritier sien? Julien, dont Ulpien rapporte ici l'opinion, distingue; si le fils en puissance n'est mort qu'après avoir obtenu la possession de biens, il la transmet à son propre héritier, avec le droit d'exiger le rapport comme il l'aurait pu faire lui-même : « Si bonorum possessione accep-« tâ decesserit is qui in potestate est, ad collationem « bonorum cogendum emancipatum, ut tantum here-« di ejus conferat, quantum conferret ipsi si viveret. »

Que s'il est mort avant de l'avoir obtenue, le préteur assurera bien à l'héritier du *suus* la part que son auteur devait recueillir en vertu du testament, au moins jusqu'à concurrence de sa part virile, mais sans lui donner droit à la *collatio*, « quia bonorum posses« sio admissa non est. »

Mais l'antinomie entre les deux textes n'est qu'apparente. Pothier la lève en disant que le droit d'exiger le rapport, tout en ne venant pas par la *bonorum possessio*, est personnel au *suus* et ne passe pas à son héritier. Cette idée demande explication. — Le *suus*, appelé par le droit civil, pouvait aussi se prévaloir de la *bonorum possessio* ; on conçoit donc très-bien que, s'il néglige de l'invoquer, cela ne change rien à l'obligation de l'émancipé en ce qui concerne la *collatio*. Mais, s'il meurt sans avoir obtenu la possession de biens, il ne transmet pas à son héritier le droit de la demander. Telle est l'opinion générale : « ad heredem non transit jus bonorum possessionis. » (L. 3, § 7. D. *de bon. pos.* — L. 4, *eod. tit.*)

La part du *suus* devait donc alors accroître à l'émancipé (L. 5 *eod. tit.*). Cependant Julien se montrait plus favorable envers l'héritier du *suus*. Il lui accordait, non pas sans doute le titre même de *bonorum possessor* (*quia bonorum possessio admissa non est*), mais l'émolument attaché à ce titre (L. 5, D. *de bon. pos. cont. tab.*) ; encore ne le lui laissait-il pas d'une manière complète, mais seulement jusqu'à concurrence de la part pour laquelle son auteur avait été institué, quand même cette part serait inférieure à celle qu'il aurait dû recueillir ab intestat. En outre, Julien n'allait pas jusqu'à lui reconnaître le droit d'exiger le rapport; puisque, loin de préjudicier à l'héritier du *suus*, c'est l'émancipé lui-même qui souffre d'un concours que, d'après l'opinion commune, il ne devait pas subir. Mais le jurisconsulte, je le répète, ne tranche nullement la question pour le cas où l'héritier sien lui-même arriverait à la succession par une autre voie que celle de la *bonorum possessio*, et il est permis de croire qu'il aurait ici donné la même solution que Scévola dans la loi 10.

On peut tirer de ce qui précède la conclusion suivante. Pour qu'il y ait lieu au rapport, il faut que l'émancipé arrive par la *bonorum possessio contrà tabulas* ou *undè liberi*, et ne puisse arriver que par elle (ce qui exclut le cas où il aurait été institué par le de cujus). Il faut aussi que le *suus* puisse au moins invoquer cette *bonorum possessio*, quand même, en fait, il se présenterait à la succession en vertu du droit civil, soit ab intestat, soit même comme héritier institué, dans l'hypothèse d'un testament rescindé pour partie à la requête de l'émancipé.

§. II. Le rapport n'est dû qu'autant que le concours des émancipés porte préjudice aux héritiers siens, et dans la mesure seulement de ce préjudice : « Totiens igitur, dit Ulpien, collationi locus est, quotiens aliquo incommodo affectus est is qui in potestate est, interventu emancipati; cæterum, si non est, collatio cessabit » (L. 1 § 5, D. *de collat.*). Cette condition est essentielle; nous avons même vu qu'on s'y attachait souvent d'une manière exclusive, et que l'on ne se préoccupait guère du point de savoir si le *suus* venait par la *bonorum possessio*. A l'inverse, dans bien des cas où les termes de l'édit semblaient comporter le rapport, on l'écartait, quand cette condition du préjudice causé ne se rencontrait pas: « quamvis edicti verbis collatio inducatur, ex mente prætoris denegandam eam respondetur. » (Tryphoninus, L. 20, §. 1 D. *de bon. pos. cont. tab.*)

A plus forte raison n'y aura-t-il pas lieu à la *collatio*, si la présence des émancipés, loin de nuire aux *sui*, leur est au contraire avantageuse. Il ne saurait donc être question de rapport dans les trois hypothèses suivantes :

Premier cas. — Le père de famille institue dans son testament un fils en puissance et un étranger ; il omet un fils émancipé ; *commisso per hunc edicto*, les deux enfants arrivent à la *bon. pos. cont. tab.*, chacun pour 1/2, et l'étranger se trouve complètement exclu. Si le *suus* n'a été institué que pour 1/2, il recueillera dans la succession prétorienne tout ce qu'il aurait obtenu *jure civili*, la 1/2 afférente à l'émancipé étant prise uniquement sur ce qui devait revenir à l'*extraneus*. La part du *suus* se trouverait même augmentée par suite de la *bonorum possessio*, s'il n'avait été institué que pour une portion inférieure à la 1/2; il profiterait alors, dans une mesure peut-être considérable, de la présence de l'émancipé. Car, comme l'explique la loi 8. § 14, D. *de bon. pos. cont. tab.*, le but que se propose le préteur dans cette *bon. pos.*, c'est d'attribuer à chaque enfant, en faisant abstraction de l'émancipation, ce qu'il aurait recueilli dans l'hérédité du père, à supposer celui-ci mort intestat.

Deuxième cas. — L'émancipé ne doit pas le rapport, quand il ne recueille par la *bon. pos.* rien au-delà de ce que le de cujus lui avait assigné, soit par institution d'héritier, soit par legs, soit par tout autre acte de dernière volonté. — Exemple; Le de cujus avait institué un émancipé, un *suus* et un étranger, chacun pour 1/3, en omettant un autre émancipé. Le testament tombe par l'effet de la *bon. pos. cont. tab.*, et les trois enfants se partagent également l'hérédité; mais le rapport n'est dû, ni par l'institué, qui n'obtient en définitive que ce que le testament lui assurait déjà, ni par l'enfant omis, dont la présence nuit à l'étranger seulement, et laisse à l'héritier sien l'intégralité de la part qu'il devait recueillir d'après le droit civil.

Nous trouvons un autre exemple dans la loi 1, §§. 6 et 7, D. *de collatione*. Le de cujus institue son fils en puissance, et, sans exhéréder un autre fils qu'il avait émancipé, il dispose en sa faveur, à titre de legs, d'une valeur égale à 1/2 de la succession. L'émancipé obtiendra la *bon. pos. cont. tab.* sans être assujetti au rapport, car sa qualité de légataire lui assurait déjà, d'après le droit civil lui-même, l'émolument qu'il recueille, à un autre titre, comme *bonorum possessor.*—Si le montant des legs faits à l'émancipé était inférieur à cette moitié, le rapport n'aurait lieu qu'en proportion de ce qu'il enlève au *suus*, déduction faite de la valeur des legs qu'il a reçus.

Troisième cas.— C'est celui de la loi 20, D. *de bon. possess. contra tab.* Le de cujus exhérède un fils soumis à sa puissance, omet un émancipé, et institue un *extraneus*. Si celui-ci faisait adition, l'exhérédation produirait son effet, qui est d'exclure celui qu'elle atteint de la succession, soit civile, soit prétorienne. L'émancipé obtiendrait donc seul la possession de biens *contrà tabulas*, et recueillerait toute l'hérédité, sauf pour l'exhérédé la ressource d'attaquer le testament comme inofficieux. Mais comme l'institué, en définitive, ne recueillerait rien de la succession, il est peu probable qu'il se décide à une adition sans profit aucun. Dans cette dernière hypothèse, qui sera de beaucoup la plus fréquente, le testament tombera (*destitutum*), et avec lui l'exhérédation : « redit res ad intestati exitum ». De là conflit entre l'exhérédé, qui se présente ab intestat comme unique héritier sien, et l'émancipé, invoquant la *bonorum possessio contrà tabulas*, ou plutôt *contrà lignum*, pour l'obtention de laquelle il suffit qu'il existe au décès du de cujus un testament susceptible de produire effet, quand même il se trouverait *destitutum* par la répudiation de l'institué (L. 19, D. *de bon. posses. contrà tab.*). Les deux frères se partageront la succession par moitié, mais sans qu'il puisse être question de *collatio*; d'abord, *quia diverso jure veniunt*; ensuite (et c'est là le motif dominant), parce que la présence même de l'émancipé, loin de nuire au *suus*, lui a permis, en empêchant l'adition de l'institué, de recouvrer le titre d'héritier sien que l'exhérédation lui avait fait perdre (L. 1 § 10, D. *de suis et legitimis*). Il est donc vrai de dire que, si le *suus* arrive à la succession, c'est *beneficio emancipati*.

En vertu de notre règle, il peut arriver que le rapport soit dû à certains héritiers et non à d'autres. C'est ce qui se présente dans le cas de l'édit *de conjungendis cùm emancipato liberis ejus*. Le père a émancipé un de ses fils, et retenu sous sa puissance les enfants issus de ce fils ; à sa mort, les petits enfants ont seuls droit à son hérédité, *jure civili*, puisqu'ils sont seuls héritiers siens ; mais, aux yeux du préteur, qui ne tient pas compte de l'émancipation, leur père les précède en degré, et doit les exclure comme *bonorum possessor*. Julien trancha ce conflit par une disposition nouvelle, *edictum novum*, qu'il inséra dans l'édit perpétuel. La part que le père aurait recueillie s'il fût resté dans la famille se partagera par moitié entre lui et ses enfants demeurés *in potestate avi*, quel que soit leur nombre, et l'émancipé ne devra le rapport qu'à ses enfants, mais non à ses frères et sœurs héritiers siens, car il leur laisse intacte la portion qu'ils devaient recueillir d'après le droit civil. (L. 1 §. 13. D. *de conjung. cum emancip. lib.* — L. 3 §. 6. D. *de collatione*).

Autre exemple : le de cujus laisse un fils, et deux petits-enfants issus d'un autre fils prédécédé. L'un des petits enfants, émancipé, devra le rapport à son frère, auquel il enlève moitié de la portion que ce frère aurait seul recueillie suivant le droit civil, par représentation du fils prédécédé ; mais son oncle n'a pas droit au rapport (*L. 1. §. 18 D. de conjung. cum emancip. liberis ejus*). Toutefois, si le fils prédécédé n'avait laissé d'autre enfant que l'émancipé, celui-ci devrait alors le rapport à son oncle qui, *jure civili*, aurait été seul héritier.

Une dernière conséquence à tirer du même principe, c'est que la mesure du préjudice causé à l'héritier sien est aussi la mesure du rapport à effectuer par l'émancipé. Supposons avec Ulpien (*L. 1 § 3, D. de collatione*) que le de cujus ait institué son fils en puissance pour trois quarts, et un étranger pour un quart, omettant un émancipé qui obtient la possession de biens *contrà tabulas* ; la loi décide que le rapport n'est dû que « pro quadrante, quia solum quadrantem abstulit. » Deux interprétations sont possibles. Le texte paraît bien signifier, au premier abord, que l'émancipé rapportera seulement un quart de ses biens, parce qu'il n'enlève au *suus* qu'un quart de l'hérédité paternelle, l'autre quart, nécessaire pour parfaire sa moitié, étant pris à l'*extraneus* qui se trouve exclu. Telle est aussi l'opinion de Pothier (Pand. *ad hunc tit.* nº. 28). Mais, suivant Cujas, c'est le tiers et non le quart des biens de l'émancipé qui doit être rapporté. Ulpien se borne à dire que la *collatio* se mesure eu égard à la fraction enlevée par l'émancipé, fraction qui est bien du *quart* de la succession paternelle, mais du *tiers* de ce que le *suus* devait recueillir *ex testamento;* le *suus* est donc fondé à dire : « si vis tertiam meæ portionis, confer tertiam tuorum bonorum. » A l'appui de cette décision, on peut d'ailleurs argumenter de ce qui a lieu dans le cas de l'édit *de conjungendis*; le de cujus laisse un fils héritier sien, un autre fils émancipé, et les petits-enfants issus de ce fils, demeurés *in potestate avi*; ceux-ci, par l'effet du rapport, prennent moitié des biens de leur père, parce que celui-ci leur enlève moitié de la part qui leur revenait *jure civili*; et cependant cette moitié ne forme qu'un quart de l'hérédité,

Dans l'une comme dans l'autre opinion, la règle n'est pas à l'abri de toute critique. En effet, si l'émancipation n'avait pas eu lieu, l'enfant ne prendrait que moitié des biens acquis par lui au père de famille, biens qui se trouveraient confondus au même titre que les autres dans le reste de la succession, et compris dans l'action *familiæ erciscundæ* ; tandis que l'émancipé, comme nous venons de le voir, conserve les trois quarts de sa fortune personnelle, ou les deux tiers au moins, si l'on adopte l'opinion de Cujas. Il est donc plus favorablement traité que si l'émancipation n'était pas intervenue. La fiction prétorienne qui sert de base à la possession de biens n'est donc pas entièrement respectée, et le but même de la *collatio* n'est pas complètement atteint.

Ajoutons, pour terminer notre section, que le rapport n'a pas lieu :

1° Si l'émancipé refuse la possession de biens; il est maître de ne pas la demander, et de se soustraire au rapport.

2° Le *de cujus* peut empêcher qu'il n'y ait rapport, en manifestant sa volonté à cet égard. La prohibition peut n'être que tacite, et s'induire de ce fait que le père a partagé, entre-vifs ou par codicilles, ses biens entre ses enfants siens et émancipés, *et nihil indivisum reliquerit; tunc videtur exclusisse collationem* (L. 39 § 1 D. *fam. ercisc.*)

SECTION II.

Entre quelles personnes a lieu la collatio. — Qui la doit. — A qui elle est due.

Nous savons déjà qu'il ne peut être question de rapport entre héritiers siens, même venant comme *bonorum possessores*. Il n'y a pas ici d'égalité à rétablir, pas de préjudice injuste à empêcher. Soumis à la puissance du *de cujus*, ils ne peuvent rien avoir en propre, et, si plus tard l'introduction des divers pécules leur permit de se créer une fortune personnelle, celle-ci fut exempte du rapport, comme nous le verrons plus loin.

Par la même raison, pas de *collatio* entre émancipés; car, en leur qualité de *sui juris*, ils ont acquis ou pu acquérir un patrimoine, et se trouvent tous dans une situation juridique parfaitement égale ; parce qu'en outre, devant au préteur seul leur vocation héréditaire, le concours d'un émancipé plus riche que les autres ne constitue pas pour ceux-ci un préjudice dont ils aient droit de se plaindre. — A plus forte raison, le rapport ne serait-il pas dû à des étrangers venant en concours avec les *liberi* dans la succession du *de cujus*.

Mais il est inutile de s'arrêter à une semblable hypothèse. Le défunt est-il mort intestat ? Elle ne peut se réaliser. A-t-il fait un testament dans lequel il institue des étrangers en concours avec ses enfants? Les émancipés, venant *ex testamento*, sont dispensés du rapport. Le testament est-il attaqué par la *bon. pos. contra tab.* pour omission d'un des enfants ? Les étrangers sont exclus. On le voit, la question du rapport ne peut jamais se poser.

Cette règle semble bien contredite, au moins dans

une hypothèse particulière, par la loi 1 § 16, D. *de conjung. cum emancip. lib.* Le *de cujus* laisse un fils en puissance, un fils émancipé, et deux petits-enfants issus d'un autre fils prédécédé, l'un émancipé, l'autre *suus*. Comment se distribueront, par l'effet du rapport, les biens du *patruus emancipatus* ?

On en fera, dit Ulpien, rapportant l'opinion de Scévola, trois parts égales ; l'une conservée par l'émancipé, l'autre afférente à son frère héritier sien, la troisième à ses neveux qui se la partageront également, la loi ne distinguant pas entre le *nepos emancipatus* et le *nepos suus* : « Si sit filius in potestate, « alius emancipatus, ex defuncto unus nepos in po- « testate, alius emancipatus; eleganter Scœvola trac- « tat patruus emancipatus, quantum nepotibus, quan- « tum fratri suo conferat ? Et ait posse dici tres eum « partes facere : unam sibi, unam fratri, unam istis « collaturum ; quamvis hi minus quam patruus ex he- « reditate avi, concurrente patre, sint habituri. »

Il faut, je crois, repousser cette interprétation littérale; le résultat qu'elle consacre est trop contraire aux principes pour être admis, même en le restreignant à l'espèce prévue par cette loi. On pense généralement que le texte a été altéré, et on lui fait subir, en conséquence, diverses corrections.

Cujas propose de lire, au lieu de : *ex defuncto unus nepos in potestate*; — *ex defuncto alio emancipato duo nepotes in potestate;* ce qui change totalement l'espèce.

—Pothier (Pand., Liv. 37, Tit. 6, n° 26) la conserve, mais en substituant, dans plusieurs endroits du texte, le singulier au pluriel : *quantum nepoti... unam isti... quamvis hic minus;* dès lors, la *collatio* ne profiterait plus aux deux *nepotes*, mais seulement au *suus*. Enfin, dans le dernier membre de phrase, il remplace le mot *patre*, qui s'est évidemment glissé par erreur puisque la loi suppose le père décédé, par le mot *fratre*. Le jurisconsulte aurait alors voulu exprimer cette idée, que le quantum de la *collatio* due par le *patruus emancipatus* est le même envers son frère héritier sien et envers le *nepos suus*, bien que celui-ci recueille une moindre part de la succession à raison du concours de son frère émancipé. — La leçon de Pothier est évidemment préférable à celle de Cujas. — Que si l'on se refusait à corriger ainsi le texte, peut-être pourrait-on l'entendre en ce sens que la *collatio* est due, non aux petits-enfants individuellement, mais à leur souche, et se calcule en conséquence, sauf à n'en faire profiter que les membres de cette souche qui, en leur qualité de *sui*, se trouveraient y avoir droit.

Le rapport n'est dû qu'aux héritiers siens, par ceux que le préteur appelle à concourir avec eux. Jusqu'ici j'ai toujours supposé qu'il s'agissait d'enfants émancipés par le de cujus; mais bien d'autres encore sont dans le même cas, et il n'est pas douteux que les principes précédemment développés ne leur soient applicables. Je vais donner, dans un premier paragraphe, l'énumération de ces successibles; je présenterai, dans un autre paragraphe, quelques observations sur les créanciers de la *collatio*.

§ I. — *Sont assujettis au rapport :*

1° Les enfants de l'un ou de l'autre sexe, émancipés directement par le *de cujus*. Si le fils émancipé est lui-même prédécédé, ses propres enfants, quoique conçus depuis l'émancipation, auront sur les biens de l'aïeul les mêmes droits qu'aurait eus leur père (L. L. 3 et 6 pr. D. *De bon. pos. cont. tab.* — L. 5, § 1 D. *unde liberi)*, et devront comme lui la *collatio* (arg. L. 2 pr. D. *De collat.*)

2° L'enfant donné en adoption à un tiers, lorsqu'il a été lui-même émancipé par ce tiers, ou qu'il est sorti autrement de sa famille avant la mort du *parens naturalis*. Il est alors assimilé à l'enfant directement émancipé par celui-ci (Instit. Justin. § 4, *de exheredatione liberorum*. — Gaïus. Com. II. § 137.)

Même décision pour l'émancipé qui s'est donné en adrogation à un tiers, et est sorti de la famille de l'adrogeant avant la mort du *de cujus*. (Instit. Justin. § 10 *de hered. quæ ab intestato*).

S'ils sont encore *in familia patris adoptivi*, exclus en principe de tout droit sur la succession du *de cujus* (à moins que l'adoptant ne soit lui-même un ascendant naturel, L. 3, §§ 6, 7 et 8 D. *de bon. pos. cont.*

tab.), il est cependant un cas où ils peuvent obtenir la possession de biens. J'en ai dit un mot à propos de la loi 2, D. *De dotis collatione.*

L'hypothèse est prévue par les lois 8. § 11 D. *de bon. pos. contra tab.* et 1 § 14 D. *De collatione.* Voici ce qu'il faut supposer. Le *de cujus* a institué héritier l'enfant *in adoptiva familia*, et passé sous silence un *suus* qui obtient la *bon. pos. cont. tab.*; l'autre enfant, dont cependant l'omission n'aurait pas été suffisante pour y donner lieu, vient en concours avec lui par cette même possession de biens *contra tabulas*, et, si la part qu'il recueille de la sorte est supérieure à celle que lui attribuait le testament (nous savons pourquoi cette circonstance est nécessaire), *aucta ejus portione*, il y aura lieu a la *collatio* dans la mesure de cette augmentation. Mais ce rapport, qui le devra? Le père adoptif, en la personne duquel se réalise l'émolument de la *bonorum possessio*. — La loi est muette sur l'étendue de son obligation. La *collatio* portera-t-elle sur tous ses biens? Non, mais uniquement sur ceux qu'il a gagnés à l'occasion et par l'intermédiaire de son fils adoptif; car ceux-là seulement feraient partie du patrimoine du *de cujus*, si l'enfant n'était pas sorti de sa famille naturelle. Il peut, du reste, pour se dispenser du rapport, ne pas réclamer le bénéfice de la possession de biens, et se contenter de la part afférente à l'enfant comme héritier institué, en lui faisant faire adition en cette dernière qualité.

Il s'y soustrait encore en émancipant l'adopté, qui, dès lors, gardera pour lui-même ce qu'il recueillera de la succession. Mais, remarquons-le bien, il ne peut être question en ce cas de *collatio* ; car l'enfant, étant *alieni juris*, n'avait aucune fortune personnelle à la mort du *de cujus*, partant rien à rapporter, suivant ce que nous verrons plus loin, quoiqu'il ait pu faire des acquisitions entre le jour de son émancipation et celui où la possession de biens est obtenue. De là un grave préjudice pour les héritiers siens ; aussi l'émancipation, pour produire dispense du rapport, doit-elle avoir été faite sans fraude. Il y aurait fraude si le père adoptif se réservait un moyen de reprendre plus tard l'émolument de la succession ; dans ce cas, il n'en devrait pas moins la *collatio*.

3° Le père de famille émancipe son fils, et retient sous sa puissance un petit-enfant issu de ce dernier : l'émancipé vient ensuite à mourir, laissant des enfants conçus depuis son émancipation, et par conséquent ses héritiers siens. Le *nepos* demeuré *in avi familia* est appelé par le préteur, en concours avec eux, à la succession de son père, ce qui donne ouverture au rapport. Pas de difficulté si le *nepos* est devenu *sui juris* ; acquérant pour lui-même, il devra personnellement la *collatio* (L. 9, D. *De collat.*) Mais, s'il est encore sous la puissance de l'aïeul, on retombe dans une espèce analogue à celle du 2°, et les choses vont se passer de la même manière. C'est l'aïeul, profitant de la *bonorum possessio*, qui rapportera les biens qu'il aura pu acquérir par l'intermédiaire de son petit-fils. L'obligation lui en est imposée par un rescrit des *divi fratres* (Lucius Vérus et Marc-Aurèle), qui lui permet, du reste, de s'y soustraire par l'émancipation du *nepos* faite sans fraude. (L. 4, D. *De conjung. cum emancip.* — L. 5 pr. D. *De collat.* — L. 6, D. *unde liberi*). Ulpien fait observer, dans ces deux derniers textes, que l'héritier sien n'a pas le droit de se plaindre de ce résultat ; car, ces mêmes biens que la *collatio* lui aurait fait acquérir, il les retrouvera un jour dans la succession de l'aïeul, à laquelle il viendra en concours avec son frère comme *bonorum possessor*. (L. 5 § 1 D. *Unde liberi*). Mais ce n'est là qu'une considération subsidiaire ; elle ne s'applique pas, le jurisconsulte le remarque lui-même, à l'espèce de la loi 1 § 14, *de collat.*, où pourtant la solution est identique. La véritable raison de décider, c'est que le père adoptif et l'aïeul, renonçant à tout émolument dans la succession du *de cujus*, doivent, corrélativement, être dispensés de l'*onus collationis*. Quant à la conséquence de ce fait pour l'héritier, on ne s'en occupe pas. Peut-être perdra-t-il tout espoir de recueillir les biens sujets au rapport; peut-être l'acquisition n'en sera-t-elle que différée pour lui ; peu importe, pourvu qu'en somme l'émancipation n'ait pas été frauduleuse.

4° Le *pater familias* émancipe son petit-fils, dont il garde le père sous sa puissance; l'aïeul prédécède, et le père vient ensuite à mourir, laissant d'autres enfants *in potestate*; l'émancipé, concurremment avec eux, arrive comme *bonorum possessor* (L. 6, § 2, D. *De bon. pos. cont. tab.*), et leur doit la *collatio*.

5° Un pérégrin reçoit le *jus civitatis romanæ* avec ses enfants ; cela ne suffit pas pour lui donner sur eux la *patria potestas*, qui ne peut résulter que d'une concession spéciale accordée par l'empereur *causa cognita*; il en est ainsi, même pour l'enfant déjà conçu quoique non encore né à cette époque. (Gaïus, Com. 1, §§ 93 et 94). Néanmoins ces enfants obtiendront la *bonorum possessio contra tabulas* ou *unde liberi*, comme tous ceux *qui legitimo jure deficiuntur*; et je ne fais aucun doute, quoique les textes soient muets à cet égard, qu'ils ne doivent le rapport à leurs frères et sœurs conçus depuis la concession à leur père du droit de cité romaine, et par conséquent héritiers siens. Il y a absolument même raison de décider.

Le rapport peut être dû par un posthume ; c'est ce qui arrive quand l'émancipé, dont la femme est enceinte, décède avant son père, qui vient lui-même à mourir avant l'accouchement de sa bru. L'enfant que celle-ci met au monde obtiendra, par représentation de son père, la *bonorum possessio*, et sera soumis au rapport (L. 2, pr. D. *De collatione*). Je reviendrai sur ce texte, quand j'étudierai dans le chapitre II l'objet de la *collatio*.

Terminons par une observation générale. Si l'enfant qui avait droit à la *bonorum possessio* décède après l'avoir obtenue, il la transmet à ses propres héritiers avec la charge du rapport, dont ils seront tenus au même titre que leur auteur. Que rapporteront-ils? Ici encore je dois renvoyer au chapitre II, me bornant à indiquer la différence essentielle entre cette espèce et la précédente. L'une offre un cas de représentation, l'autre un cas de succession par transmission.

§ II. — *A qui est dû le rapport.*

On sait déjà par ce qui précède que, pour avoir droit au rapport, il faut être héritier sien (principe posé catégoriquement, à deux reprises différentes, dans la loi 3, §§ 2 et 3 D. *De collatione*, et souffrir de la présence des émancipés; d'où cette conséquence que la *collatio* peut être due à certains *sui*, et non à d'autres. Je ne reviens pas sur les exemples donnés à ce propos dans le § 2 de la section précédente.

Il ne reste plus que quelques observations à présenter :

1° Le *suus* ne peut exiger la *collatio* qu'à la condition de se porter héritier; il fallait même, suivant le texte de l'édit, qu'il obtînt la *bonorum possessio*. S'il reste étranger à la succession, il perd son droit au rapport ; mais il le recouvrerait en se faisant restituer contre son abstention, s'il est mineur ou qu'il se trouve dans un autre cas de *restitutio in integrum* (L. 1, § 2, D. *De collatione*).

2° Le créancier du rapport peut être un *postumus suus*, c'est-à-dire un enfant seulement conçu lors du décès du *de cujus*, et qui, s'il était né de son vivant, aurait été soumis à sa puissance. La future mère est alors envoyée en possession, pour le compte de l'enfant qu'elle porte dans son sein, de la part qui lui doit revenir ; mais la *collatio* n'a lieu qu'après l'accouchement ; jusque-là, il n'y a qu'un état de choses provisoire, « vice contra tabulas vel unde liberi bonorum possessionis, » (L. 1, pr. D. *De ventre in possess. mit.*); l'enfant n'est pas encore *in rerum natura* ; peut-être même n'aura-t-il aucune existence ; ce n'est qu'à sa naissance qu'il obtiendra la possession de biens véritable et définitive.

3° Si l'on conteste à un des prétendants droit à la succession sa qualité d'héritier sien, il doit justifier de ce titre avant de pouvoir réclamer sa part dans l'hérédité et dans les biens soumis à la *collatio*. — Mais, s'il est encore impubère, la décision du litige est différée jusqu'à sa puberté ; dans l'intervalle, on le traitera provisoirement comme *suus* ; l'émancipé doit donc le rapport, mais en recevant caution pour sûreté des restitutions auxquelles il pourra avoir droit, suivant l'issue du procès (L. 3, § 1. D. *De collat.* — LL. 1 et 15. D. *De carbon. edicto*).

4° Lorsque le *suus*, qui avait droit à la *collatio*, vient à mourir, ses héritiers, quels qu'ils soient, peuvent exiger le rapport au lieu et place de leur auteur, et avec la même étendue que lui; mais seulement s'il est mort après avoir obtenu la *bonorum possessio* (L. 1 § 8. D. *De collatione*).

CHAPITRE II

OBJET DU RAPPORT

Prévenir le préjudice injuste que causerait aux *sui* le concours de l'émancipé sur une masse de biens à l'augmentation de laquelle il n'a pas contribué, et rétablir les choses en l'état où elles seraient si l'émancipation n'avait pas eu lieu, tel est le but que se propose ici le préteur. Partant de cette idée, la *collatio* devra donc comprendre tout ce qui, à supposer l'émancipation non intervenue, figurerait dans la masse héréditaire, c'est-à-dire en principe tous les biens de l'émancipé, quelles qu'en soient la nature et l'origine : mobiliers ou immobiliers; corporels ou incorporels; fruits de son travail ou de son industrie, ou don de fortune, comme le trésor; acquis à titre onéreux ou à titre gratuit, du père de famille ou d'un étranger ; car il aurait tout acquis à son père s'il fût resté sous sa puissance. Toutefois, et pour demeurer fidèles à l'idée même qui nous sert de point de départ, il faut apporter trois limitations à ce qui précède.

Première limitation. — L'obligation du rapport ne s'applique qu'aux biens appartenant à l'émancipé lors du décès du *de cujus* : « Ea demum ab emancipatis..... conferri consueverunt, quæ in bonis eorum fuerunt eo tempore quo pater fati munus implevit. » (L. 6, C. *De collationibus*).» —Elle ne comprend pas ce qu'il a pu acquérir depuis cette époque : « Nec emancipati post mortem communis patris quæsita conferre coguntur. » (L. 15, C. *hoc titulo*). Rien assurément de plus juste ni de plus rationnel, puisque les héritiers siens eux-mêmes, devenus *sui juris* par la mort du père de famille, gardent en propre toutes les acquisitions qu'ils ont réalisées depuis.

Cependant cette règle présente parfois dans l'application des difficultés assez sérieuses. Elle semble, d'une part, en opposition avec certains textes. Et d'abord, avec la loi 2 pr. D. *De collatione*. Les interprètes sont loin de s'entendre sur l'espèce de cette loi. Suivant Accurse, l'aïeul, *de cujus*, serait mort le premier, laissant des héritiers siens et un fils émancipé, qui vient à décéder ensuite, ayant pour héritier un enfant conçu depuis la mort de l'aïeul. Ce *nepos* ne peut obtenir, sur les biens du *de cujus*, la *bon. possess. contra tabulas* ou *unde liberi*, que par voie de transmission, et comme un droit recueilli dans la succession de son propre père, ce que signifient ces mots du texte, *emancipati filii nomine* ; corrélativement, il succède à l'obligation du rapport. — Il faudrait en dire autant, suivant Azon, de tout héritier quelconque de l'émancipé.

Trois motifs me portent à écarter cette interprétation :

1° Le *nepos* est présenté comme demandant et obtenant la *bon. posses.*, et non pas comme recueillant le bénéfice d'une possession de biens déjà obtenus par son père, *tanquam petita et transmissa a patre suo*.

2° Il rapporte son propre patrimoine, *bona sua*, et non pas seulement les biens composant la succession de son auteur, auxquels se bornerait la *collatio* s'il venait par transmission.

3° Enfin (et c'est la raison péremptoire) il doit le rapport, quand même il ne serait pas héritier de l'émancipé.

Mais je ne puis davantage admettre l'explication de Cujas, qui suppose que l'aïeul a émancipé son fils, *eo tempore quo nurus, uxor ejus, prægnans erat.* Il s'agirait alors d'un posthume sien, héritier suivant le droit civil, et de la part duquel il ne saurait être question de rapport. La conception du posthume doit se placer après l'émancipation de son père, mais avant le décès de l'aïeul, qui, après avoir survécu à son fils émancipé, meurt avant la naissance du *nepos*; celui-ci a droit à la *bon. possess.* comme représentant son père ; et cette circonstance qu'il arrive, non de son chef, mais par représentation, me semble expliquer d'une manière très-satisfaisante les mots : *emancipati filii nomine.* — Mais, dira-t-on, la *collatio* ne saurait avoir lieu, faute d'objet, puisque le posthume ne pouvait, bien évidemment, être propriétaire lors du décès du *de cujus*, époque à laquelle il n'avait pas même vu le jour (1). La loi 2 ne fait pourtant pas échec à notre règle de tout à l'heure. Sa décision s'explique par la maxime : *infans conceptus pro nato habetur, quoties de ejus commodis agitur.* Le posthume, que l'on considère comme né avant la mort de l'aïeul pour lui donner la possession de biens, ne peut, sans contradiction et sans injustice, se prétendre inexistant, à l'effet de se soustraire aux charges qui en dérivent. Il rapportera donc tout ce qui, à le supposer né au jour du décès de son aïeul, aurait composé son patrimoine à cette époque, c'est-à-dire les biens par lui recueillis dans la succession de

(1) Dans l'hypothèse d'une possession de biens obtenue par transmission, cette objection ne pouvait évidemment se présenter. Il aurait donc été bien inutile de la prévoir, comme le fait Paul dans la suite du texte. C'est un motif de plus pour repousser l'interprétation d'Accurse.

son père, à titre d'héritier ou de légataire; mais là se borne forcément son obligation; puisque, vis-à-vis de toute autre personne, il est, du moins jusqu'à Justinien, comme *posthumus alienus*, incapable de recevoir; dès lors, aucune acquisition n'a pu se réaliser à son profit, dans l'intervalle écoulé entre la mort de son père et celle du *de cujùs*.

L'espèce de la loi 1 § 17 soulève une difficulté semblable. L'enfant émancipé, prisonnier chez l'ennemi quand son père vient à mourir, rentre plus tard dans sa patrie; *postliminii jure*, il obtiendra la *bonorum possessio contrà tabulas* ou *undè liberi* (L. 1 § 3. D. *de bon. pos. cont. tab.*), comme il aurait obtenu, sans l'émancipation, le titre d'héritier sien (Instit. Just. § 4 *de hered. quæ ab intestato*). Corrélativement, il sera soumis au rapport, « licet moriente patre nihil habuerit, cùm apud hostes fuerit. » C'est qu'en effet, pour lui, la perte de la liberté n'était pas définitive. Ses droits de famille et de propriété n'étaient pas détruits, mais suspendus: « omnia jura civitatis in personâ ejus in suspenso retinentur, non abrumpuntur. » A son retour, il les recouvre, non-seulement pour l'avenir, mais encore dans le passé, et est réputé les avoir toujours eus sans interruption. Par la fiction du *postliminium*, tout le temps qu'a duré sa captivité se trouve rétroactivement effacé; «retro creditur in civitate fuisse, qui ab hostibus advenit » (L. 16 D. *de captiv. et postlim.*). Voilà pourquoi on l'admettait à la *bonorum possessio*; voilà pourquoi, pareillement, il devait rapporter tout ce qui lui aurait appartenu au jour de la mort du *de cujus*, s'il n'avait pas été au pouvoir de l'ennemi; en tenant compte, bien entendu, des modifications survenues dans son patrimoine, par suite de circonstances de fait auxquelles ne s'étend pas l'action du *postliminium*, telle que l'interruption d'une usucapion par la captivité du possesseur. — La fin du paragraphe prévoit le cas de l'enfant qui a été, avant la mort du *de cujus*, *redemptus à captivitate;* il est grevé d'une sorte de droit de gage envers le *redemptor*, qui peut le retenir jusqu'à parfait remboursement de la somme payée à titre de rançon, ou jusqu'à certains événements dans le détail desquels je n'ai pas à entrer. Le *postliminium*, suspendu dans l'intervalle, produisait son effet ordinaire après libération complète de l'enfant.

On peut généraliser cette décision, et dire que le rapport doit comprendre les biens obvenus à l'émancipé postérieurement au décès du *de cujus*, mais avec un effet rétroactif qui fasse considérer l'acquisition comme remontant à une époque antérieure, ou de manière qu'il semble moins les acquérir *jure novo* que les retenir en vertu d'un droit préexistant.

Ainsi (L. 1 § 22), l'émancipé a sous sa puissance un fils nanti d'un pécule castrens; les objets qui le composent, étant la propriété du fils et non celle du père, ne figureront pas parmi les biens à rapporter. Mais si cet enfant était déjà mort intestat, au moment où l'on procède au rapport, il faudrait les y comprendre, non-seulement quand le décès de l'aïeul du *de cujus* avait précédé celui du *nepos*, mais encore dans le cas contraire. Car, bien que les objets compris dans le pécule castrens soient soustraits, depuis les premiers empereurs, à la règle de l'acquisition paternelle, et constituent pour le fils un véritable patrimoine à l'égard duquel il joue le rôle d'un *pater-familias*, cependant les droits du père ne sont point tant abrogés que suspendus, *quamdiu vult filius privilegiis suis uti*. Si le fils meurt sans en avoir disposé, le père les recueille non pas *jure novo*, à titre de succession, mais *jure antiquo*, étant réputé en avoir toujours été propriétaire suivant le droit commun des pécules ; et, comme le dit le texte, « non nunc adquiritur, sed non adimitur. » Il y a là une sorte de *postliminium*, analogue à celui de tout à l'heure (L. 19, § 3, D. *de cast. pecul.*).

Même décision si le père, institué héritier par son fils, n'a point fait adition ; car il est investi du pécule au même titre que précédemment. Mais cette absence d'adition est nécessaire, suivant Accurse ; car, autrement, le père venant, comme tout autre successeur, *jure hereditario*, l'effet rétroactif ne serait pas produit. Cette opinion, toutefois, n'est-elle pas combattue par la loi 20, *in fine*, D. *de castr. pec.*, qui semble bien dire, en effet, que cette institution n'a pu changer la position du père : « et ab initio patris id esse videri, ex hoc quod posteà contigit, ostenditur » ?

De même que le fils est propriétaire de son pécule castrens, ainsi la femme, quoique *filia-familias*, est véritablement propriétaire de sa dot, « dos ipsius filiæ proprium patrimonium est » (L. 3 § 5, D. *de min. xxv an.*). Les biens que l'émancipé a employés à doter sa fille ne lui appartiennent donc plus, et ne seront pas compris dans le rapport auquel il pourra se trouver obligé : « non sicut mulieris dos est, ità patris esse dici potest, nec conferre fratribus cogitur dotem à se profectam. » (L. 71. D. *de eviction.* — L. 4 D. *de collat.* — L. 1 § 9, D. *de dotis collatione*). Même décision, *à fortiori*, en ce qui concerne la dot constituée par un étranger, ou adventice. — Ce que nous venons de dire s'applique sans difficulté, quand le mariage dure encore au moment du décès qui donne ouverture à la *collatio*. Mais le mariage peut avoir été dissous antérieurement à cette époque. Si c'est par le prédécès de la femme, *mortuâ in matrimonio filiâ*, la dot profectice a fait retour au père qui l'avait constituée, et qui en doit le rapport comme de ses autres biens. Mais, dans tous les autres cas, la solution reste la même que tout à l'heure; car, en cas de divorce ou de prédécès du mari, la femme demeure propriétaire de sa dot, même profectice, *dos ipsius est filiæ*; à tel point que le père, sous la puissance duquel elle se trouve, ne pourrait intenter l'action en restitution de dot sans l'adhésion de sa fille. Que si la dot est adventice, à plus forte raison ne peut-il jamais être question de rapport, puisque, suivant les cas, elle est acquise au mari, ou demeure la propriété de la femme, ou enfin revient au constituant, s'il en a stipulé la restitution.

Des questions délicates peuvent encore naître à l'occasion des dispositions de dernière volonté faites au profit de l'émancipé, sous certaines modalités se rapportant à la mort de son père.

Ainsi (L. 1 § 18), le legs fait par un tiers à l'émancipé, *cùm pater morietur* n'est pas sujet à rapport ; car, disent les jurisconsultes romains, on vit encore au moment où l'on cesse de vivre, *momentum mortis vitæ attribuitur* ; le légataire aura donc été investi de son legs, au moins pendant un instant de raison, du vivant de son père. Mais il en est différemment du legs fait *post mortem patris* ; car alors le *dies cedens* est postérieur à la mort du père.

Un père a été institué héritier, à la charge de rendre, *cùm morietur*, certaines valeurs à son fils. Ce fidéicommis devra-t-il être rapporté à la succession du fiduciaire? Le texte (L. 1, § 19) répond négativement. Cujas, suivant lequel le fidéicommissaire serait un émancipé, s'étonne de cette décision, si différente de celle du précédent paragraphe : « mirum est quod ait hoc legatum non conferri. » Il cherche pourtant à l'expliquer, en disant que la théorie subtile, d'après laquelle on déclarait valable le legs fait *cùm heres morietur*, et nul celui fait *post mortem heredis*, ne s'appliquant pas au fidéicommis, qui serait valable dans l'une comme dans l'autre hypothèse, on a été conduit à assimiler ici de tous points les effets de la première formule à ceux de la seconde : « pro eo est ac si disertè relictum fuisset post mortem heredis. » Mais c'est là une allégation purement gratuite, et que rien ne justifie ; de ce que les deux clauses sont indifférentes pour la validité du fidéicommis, s'ensuit-il nécessairement qu'il ne saurait exister entre elles aucune différence sous d'autres rapports? Je préfère de beaucoup l'interprétation d'Azon et d'Accurse, suivant lesquels il s'agit d'un fils *in potestate* ; et, puisque l'on ne peut rien devoir à celui que l'on a sous sa puissance, le fidéicommis *cùm morietur pater* serait donc nul, si l'on donnait à cette clause le même sens que tout à l'heure. On l'interprète donc comme si le disposant avait dit : *post mortem heredis*, et le rapport se trouve de la sorte écarté. On peut objecter que, de la part d'un *suus*, il ne peut être question proprement de *conferre*, mais de laisser dans la succession du fiduciaire l'objet du fidéicommis. Mais qu'importe? L'émancipé ne doit-il pas être dispensé du rapport, quand, resté *filius-familias*, il aurait conservé hors part le bien dont il s'agit? En effet, il n'est tenu de rapporter que ce qui se serait trouvé dans la masse commune, à défaut de l'émancipation.

Ce qui précède peut, je crois, servir à expliquer la loi 11, D. *de collatione*, qui a donné, du reste, lieu à d'assez grandes difficultés d'interprétation. Cujas entend ce texte de la manière suivante. Un fils émancipé a stipulé d'une tierce personne *quædam sibi dari post mortem patris*. Il ne sera pas tenu au rapport des objets par lui stipulés, quand même il les aurait reçus du promettant avant l'époque convenue, et du vivant de son père (ce qui est possible, puisqu'il s'agit d'un enfant émancipé). On ne peut, en effet, prétendre qu'il les ait acquis *ex causa donationis*, avant la mort du *de cujus* ; la remise anticipée qui lui en a été faite ne constitue pas une libéralité, mais le paiement d'une dette conditionnelle, paiement sujet à répétition, si la condition vient à défaillir, et qui ne transférera une propriété définitive qu'à la réalisation de cette condition, c'est-à-dire postérieurement au décès du père. Mais cette explication est évidemment défectueuse. Il ne s'agit pas ici d'une stipulation *sub conditione*, mais d'une stipulation à terme incertain ; or le *dies incertus* n'équivaut à condition que dans les dispositions testamentaires ; et la créance, fût-elle d'ailleurs conditionnelle, n'en serait pas moins soumise au rapport (L. 2, § 3 D. *de collatione*), quand même la condition ne s'accomplirait qu'après la mort du *de cujus* ; il n'y avait donc aucun intérêt à prévoir l'hypothèse d'un paiement anticipé. Cujas admet bien ce principe ; mais il le déclare inapplicable au cas où la stipulation a été *nominatim post mortem patris collata* ; il argumente *a pari* de la loi 40 D. *de stip. serv.*, d'après laquelle le fils de famille conserve pour lui-même le bénéfice de la stipulation, quand il en a reporté l'échéance au jour de son émancipation, pourvu, bien entendu, qu'il n'y ait aucun dol de sa part ; il en doit être de même, par analogie, dans le cas qui nous occupe ; donc, corrélativement, de la part d'un émancipé, il n'y aura pas lieu à la *collatio*. A cela je réponds que les exceptions sont de droit étroit, et ne peuvent s'étendre, même par analogie, d'un cas à un autre non prévu par la loi qui les établit. Les deux situations sont d'ailleurs bien différentes ; que l'on se montre favorable envers l'enfant dans l'espèce de la loi 40, cela se conçoit ; il stipule en vue de son émancipation, pour une époque à laquelle il va se trouver abandonné à lui-même, avant d'avoir pu se créer des ressources personnelles. Mais cette considération d'humanité ne se rencontre plus dans notre hypothèse ; l'addition de la clause *post mortem patris* doit même être considérée comme frauduleuse, car elle n'a d'autre but que d'éluder la règle qui fait acquérir au père de famille le bénéfice des stipulations de ses enfants. — D'un autre côté, le mot *reddi*, employé par la loi 11, désigne l'exécution d'un fidéicommis, et non le paiement d'une chose promise sur stipulation. Je crois donc qu'il s'agit d'un fidéicommis dont le père a été grevé envers son fils émancipé, et dont il s'est acquitté de son vivant, bien que la charge de rendre ne lui ait été imposée que *post mortem suam*. Plus tard, le père vient à mourir, laissant un autre fils demeuré sous sa puissance ; l'objet du fidéicommis est-il soumis au rapport ? Le doute vient de ce que l'émancipé en a été investi avant la mort du *de cujus*, et que cette remise anticipée n'aurait pas été possible au profit d'un *filius-familias*. Mais cette circonstance ne transforme pas en une libéralité ce qui, de la part du père, n'a été que l'accomplissement d'une obligation; elle ne change rien à la position de l'enfant; c'est toujours *ex fideicommissi causa* qu'il détient l'objet en question, non *ex donatione patris;* on ne saurait donc, de ce chef, le soumettre au rapport.

L'émancipé n'est pas tenu de rapporter à la succession de son père les donations *mortis causa*, legs et fidéicommis qu'il a reçus de ce dernier; car il ne les acquiert qu'à la mort du *de cujus*, et, d'ailleurs, les *sui* eux-mêmes prélèvent avant tout partage les objets compris dans de semblables libéralités.

L'impubère adrogé suivant la constitution d'Antonin, puis émancipé sans juste cause, a droit, sur les biens que l'adrogeant laisse au jour de son décès, à une fraction dite *quarte antonine*. Doit-il le rapport de cette quarte à la succession de son père naturel? Oui, répond Ulpien (L. 1. § 21), *si jam nata est quartæ petitio*, c'est-à-dire si l'hérédité de l'adrogeant est déjà ouverte quand meurt le *parens naturalis;* non dans le cas contraire, car l'enfant n'a pas encore de droit pouvant servir de base à la *collatio*, mais seulement une espérance sujette à s'évanouir. Quant à fournir caution pour le cas où le droit d'exiger la quarte viendrait plus tard à s'ouvrir, il ne peut en être question, car *incivile est cavere de bonis viventis.*

Deuxième limitation. — Ne sont pas soumis à la *collatio* les biens qui n'auraient pas été acquis au père de famille, mais seraient demeurés propres à l'enfant, si celui-ci fût resté sous la puissance paternelle.

A l'époque classique, cette catégorie, tout exceptionnelle, ne comprenait que les choses gagnées à l'occasion du service militaire. Les premiers empereurs avaient, en effet, décidé que ces biens constitueraient pour le fils de famille, sous le nom de pécule castrens, un véritable patrimoine dont il pourrait disposer à son gré, et qu'il conserverait pour lui seul, à l'exclusion de ses frères et sœurs, après la mort du père commun (L. 4, D. *de castr. peculio.*—L. 4, C. *fam. ercisc.*). D'où, pour l'émancipé, dispense du rapport en ce qui concerne ces mêmes biens (L. 1, § 15 D. *de collatione*).—Nous verrons plus tard, par suite de l'introduction de différents pécules sur lesquels on reconnut aux *sui* des droits plus ou moins étendus, s'élargir successivement le cercle des choses *quæ adquisitionem paternam effugiunt*. Mais, quant à présent, le pécule castrens forme la seule exception à la règle générale. La loi 1 § 15 parle bien du *peculium quasi castrense*, mais ces mots ont été ajoutés par les compilateurs du Digeste ; ils ne peuvent être d'Ulpien, car le pécule quasi-castrens ne remonte pas au-delà de Constantin.

Les créances conditionnelles sont-elles soumises au rapport, encore que la condition ne se soit réalisée qu'après la mort du *de cujus*? La loi 2, § 3, D. *de collatione* distingue, suivant que la créance résulte d'une stipulation ou d'un legs. En matière de stipulations, ou de contrats en général, on considère l'état de choses existant au jour même où le contrat intervient : *in stipulationibus, id tempus spectatur quo contrahimus* (Paul. L. 78 pr. D. *de verb. oblig.*). Si, à cette époque, le stipulant était *filius-familias*, fût-il devenu *sui juris*, avant l'accomplissement de la condition, par émancipation ou par la mort de son père, l'action n'en a pas moins été acquise à celui-ci. L'émancipé, dans le même cas, sera donc tenu du rapport. Mais il en est tout autrement s'il s'agit d'un legs conditionnel ; c'est au *dies cedens* qu'il faut s'attacher, c'est-à-dire au moment où la condition s'accomplit ; il n'y aura donc pas lieu au rapport, puisque le légataire qui serait devenu *sui juris* à cette époque, abstraction faite de l'émancipation, n'en aurait pas moins acquis pour lui-même le bénéfice du legs.

Entre les deux situations, du reste, la différence est bien tranchée. Celui qui a stipulé sous condition est investi, dès à présent et *pendente conditione*, d'un véritable droit de créance, transmissible à ses propres héritiers, et qui peut servir de base à la *collatio*. Le légataire conditionnel, au contraire, n'a qu'une espérance, qui devient caduque s'il meurt avant la réalisation de la condition ; aussi Ulpien dit-il avec raison que « is cui sub conditione legatum est, pendente conditione non est creditor. » (L. 42 pr. D. *de oblig. et act.*). La *collatio* ne se concevrait donc pas, faute d'objet.

L'émancipé n'est pas tenu de rapporter la dot qu'il a reçue de sa femme; car, bien qu'elle lui ait été livrée par l'un des modes translatifs de propriété, et qu'ainsi elle soit, tant que dure le mariage, *in bonis mariti*, cependant nous avons vu qu'on la considérait toujours comme formant le patrimoine propre de la femme ; d'ailleurs, la restitution qu'il en devra faire un jour à qui de droit ne permet pas de voir en lui un propriétaire absolu, mais un usufruitier et un administrateur investi de pouvoirs très-étendus. Supposons maintenant le mariage dissous ; la dot a dû être restituée, le plus souvent, soit à la femme, soit au constituant ; dans un seul cas, elle reste au mari, qui en devient propriétaire incommutable : c'est quand il s'agit d'une dot adventice, sans stipulation de retour au profit du constituant, et que la dissolution du mariage résulte du prédécès de la femme. Mais, dans cette hypothèse même, la dot ne sera pas soumise au rapport : « hoc minus confert, etsi ante uxor decesserit » (L. 1, § 20, D. *de collatione*). Faut-il restreindre cette décision au cas où la femme est morte après le *de cujus?* Nous aurions alors une application pure et simple de la règle suivant laquelle les biens acquis depuis l'ouverture de la succession échappent à la *collatio*. Je ne le crois pas ; le texte est très-général ; il vise la dissolution du mariage par le prédécès de la femme, sans distinguer si ce décès est antérieur ou postérieur à celui du *de cujus*. C'est donc là une dispense de rapport tout exceptionnelle ; la dot, en effet, doit rester entière au mari, car elle est destinée à des charges qui peuvent survivre même au lien conjugal, et ne peut être distraite pour aucune partie de cette affectation spéciale. D'ailleurs, le mari fût-il *filius-familias*, la dot ne serait pas comprise dans la masse des biens paternels, et il la conserverait hors part, à l'exclusion de ses frères et sœurs (L. 3 § 4, D. *de collatione*). Il eût été bien inutile de donner ce dernier motif, si la dissolution du mariage était postérieure à la mort du *de cujus*. C'est une raison de plus pour entendre comme je l'ai fait la loi 1 § 20. — J'appliquerais la même décision, par analogie, si la femme divorcée était venue à mourir avant d'avoir intenté l'action *rei uxoriæ*, ou au moins mis en demeure son mari, auquel cas la dot resterait à ce dernier (*Ulp. Regulæ*, T. VI, §7). — C'est pour un motif analogue que l'émancipé ne rapporte pas ce qu'il a reçu de son père *dignitatis nomine* : il est juste qu'il le conserve *propter onera*, pour faire face aux charges qu'entraîne la dignité dont il est revêtu.

Troisième limitation. — Parmi les actions appartenant à l'émancipé, il en est qui sont exclusivement attachées à sa personne, et non transmissibles à ses héritiers ; par leur nature même, elles échappent à toute idée de *collatio*.

Et en effet, *conferre*, c'est mettre quelque chose en commun pour être réparti entre plusieurs ; or, dit Cujas, « quæ nobis ita hærent, non possunt a nobis discedere, sine sui interitu. » D'ailleurs (et cela se rattache au point de vue que je viens de traiter), si l'émancipé fût demeuré dans la famille, les choses dont il s'agit auraient été acquises au père, mais seraient mortes avec lui, et ne figureraient pas dans sa succession, à cause de ce défaut de transmissibilité héréditaire (un droit d'usufruit, par exemple).

Nous trouvons une première application de cette idée dans la loi 1 § 21 D. *de collatione*. La quarte antonine est-elle sujette au rapport de la part de l'impubère à qui elle est due ? Cela dépend, dit Ulpien, du point de savoir si l'action en réclamation de cette quarte est elle-même transmissible héréditairement. Et il admet l'affirmative, *quia personalis actio est.* C'est là, il faut bien le reconnaître, une raison peu concluante, car nombre d'actions *personales* sont dans le cas contraire. Le jurisconsulte a voulu dire, mais il s'est mal exprimé, qu'il faut voir là une action personnelle ordinaire, *non personæ cohærens, sed quæ in personam datur* ; il s'agit, en effet, d'une véritable dette, *æs alienum*, de la succession de l'adrogeant envers l'impubère ; si donc ce dernier vient à mourir avant d'avoir fait valoir sa créance, ses propres héritiers pourront exiger le paiement de la quarte, à supposer bien entendu que le droit de la demander se soit ouvert dans la personne de leur auteur, c'est-à-dire pourvu qu'il ne soit décédé qu'après l'adrogeant (L. 22 pr. D. *de adopt.*).

Sont intransmissibles héréditairement, et, par suite, non soumises au rapport :

L'action d'injures (L. 13 pr. D. *de injuriis*), dont le caractère est plutôt moral que pécuniaire, et dont on ne peut dire qu'elle soit *in bonis emancipati* (L. 28 D. *eod. tit.*). Il est vrai que le dommage causé rentre dans cette action; mais c'est moins à titre de dommage, que comme servant de base pour évaluer la *contumelia* dont on poursuit la réparation. — Il en est autrement de l'action *furti* : quoique purement pénale, et donnée sans préjudice de la *condictio furtiva* et de la revendication, *quæ tendunt ad rei per-*

secutionem, elle n'en est pas moins essentiellement pécuniaire, et passerait aux héritiers de la personne volée. Elle serait donc soumise au rapport (L. 2 § 4, D. *de collatione*).

Par analogie, toutes les actions *quæ vindictam spirant*, notamment l'action en révocation d'une donation pour cause d'ingratitude (LL. 7 et 10, C. *de revoc. donat.*).

L'action *de moribus mulieris*, donnée au mari contre sa femme, et que Justinien a supprimée (L. 12 C. *de repudiis*).

Les actions populaires, *quæ jus populi tuentur et omnibus competunt*. Bien qu'elles puissent devenir pour ceux qui les exercent la source d'un profit pécuniaire, tel que le paiement d'une certaine somme par l'individu qu'ils réussissent à faire condamner, on ne peut dire néanmoins qu'elles soient dans le patrimoine de personne : « qui eas habet non intelligitur « esse locupletior » (Ulpien, L. 7, § 1, D. *de popular. act.*).

J'en ai fini avec les exceptions, et je reviens à la règle elle-même. C'est au jour du décès du *de cujus* que l'on apprécie la consistance du patrimoine de l'émancipé; tout ce qui lui appartient à cette époque est sujet à la *collatio*. A ce principe, qui nous est déjà connu, il faut, pour déterminer exactement le quantum des biens à rapporter, en ajouter un autre, formulé par Paul dans la loi 2 § 2 D. *hoc tit.*; à savoir, que le rapport se règle *ex bono et æquo* : « Prætor viri boni arbitratu jubet conferri bona. » La combinaison de ces deux principes conduit aux conséquences suivantes :

1° En thèse générale, l'émancipé n'a pas à rendre compte de ce qui a cessé de lui appartenir avant l'ouverture de la succession. Il a pu jusque-là disposer à son gré de ses biens; les aliéner à titre onéreux ou gratuit; dissiper le prix qu'il en a retiré; administrateur négligent, laisser dépérir son patrimoine. Cependant, s'il y avait eu de sa part mauvaise foi, s'il avait agi dans l'intention de nuire à ses cohéritiers, il serait comptable envers eux de la valeur qu'auraient eue, lors de l'ouverture de la succession, les biens qu'il a frauduleusement détériorés ou fait disparaître. Ses autres biens, s'il en a qui ne soient pas sujets à *collatio*, serviront à compenser, jusqu'à due concurrence, le déficit existant dans la masse rapportable; l'émancipé pourrait aussi indemniser les *sui* sur sa part dans l'hérédité paternelle, ou en moins prenant dans les biens dont il effectue le rapport. — C'est le cas d'appliquer la loi 150 D. *de reg. juris* : « Parem esse conditionem oportet ejus qui quid possideat vel habeat, atque ejus cujus dolo malo factum sit quominus possideret vel haberet. » Mais ici, comme en matière d'action paulienne, il faut qu'il y ait une diminution du patrimoine; l'émancipé ne serait pas responsable des acquisitions qu'il au-

rait négligé de faire : « cæterum, si id egit ne adqui-
« reret, non venit in collationem, nam hic et sibi « insidiatus est. » (Comparer. L. 134 D. *de reg. juris.* — L. 6. pr. D. *quæ in fraud. credit.*). — Le dol, bien entendu, ne se présume pas; c'est donc à celui qui prétend qu'il existe à en fournir la preuve.

2° On déduit ensuite de l'avoir de l'émancipé, ainsi évalué, le montant de ses dettes passives, pures et simples ou à terme, soit envers un étranger, soit envers le défunt; l'excédant seul est sujet à rapport, car *bona non intelliguntur nisi deducto ære alieno* (L. 2 § 1, D. *de collat.* — L. 6 *in fine*, C. *de collat.*). Quant aux dettes conditionnelles, provisoirement on les traite comme inexistantes, et l'on n'en fait pas déduction; mais les *sui* fournissent caution de restituer ce qu'ils auront reçu de trop, si plus tard la condition se réalise; ou, plus exactement, de garantir l'émancipé contre les poursuites du créancier, relativement à la portion qui leur aura été attribuée, par l'effet du rapport, dans le montant de la dette; si donc l'objet dû était un corps certain, qui eût été mis dans son lot, le *suus* pourrait le conserver, en désintéressant le créancier pour arrêter ses poursuites (*eadem lege* 2, § 1).

3° A partir de la mort du *de cujus*, l'émancipé doit le rapport, ou, du moins, il sait qu'il pourra s'y trouver obligé s'il demande la *bon. pos.* Il doit donc conserver ses biens dans l'intérêt commun de tous les ayants-droit. Il n'est pas tenu, sans doute, à tous les soins d'un bon père de famille, mais il répond, suivant la loi 2, § 2, de son dol et de sa faute, c'est-à-dire non-seulement de la faute lourde, qui est assimilée au dol, mais encore de toute faute qu'il ne commettrait point dans la gestion habituelle de ses affaires. J'applique ici par analogie la loi 25 § 16 D. *fam. ercisc.* Les risques sont, du reste, à la charge de la succession (1), qui supporte en conséquence les pertes ou détériorations survenues par cas fortuit. Mais ce serait à l'émancipé à prouver qu'il n'y a pas eu faute de sa part. Toutes ces décisions dérivent des principes généraux sur la prestation des fautes (V. notamment M. Demangeat, T. II, p. 444).

4° L'émancipé, en demeure de faire le rapport, doit les fruits des choses rapportables *ex tempore moræ* ; chose très-équitable, *cum et ipse partis suæ fructus percipiat*; or tout ici se règle *ex bono et æquo* (L. 5, § 1 D. *de dotis collat.* — Cujas, *ad hanc legem*). En partant de là, il aurait même fallu exiger le rapport de tous les fruits produits depuis la mort du *de cujus* ; car les fruits des biens héréditaires grossissent la masse partageable au profit de tous les héritiers. — Quant aux fruits antérieurs à la mort du *de cujus*, l'éman-

(1) Ou, plus exactement, à la charge de ceux des successibles qui auront droit aux biens rapportés, c'est-à-dire, comme nous le verrons plus loin, les sui et celui qui fait le rapport, mais non les autres émancipés.

cipé rapporte ceux qu'il a capitalisés ; mais il ne doit aucun compte pour ceux qu'il a consommés.

5° La loi n'ayant formulé aucune théorie spéciale au sujet des impenses faites par l'émancipé, postérieurement à l'ouverture de la succession, sur les biens soumis au rapport, il faut, je crois, appliquer les principes généraux : on lui tiendra compte, en totalité, ou du moins jusqu'à concurrence de la valeur de la chose conservée, des dépenses nécessaires, sans lesquelles la chose eût péri ; des dépenses utiles, jusqu'à concurrence de l'amélioration produite, ou du montant des déboursés, si par hasard ils sont inférieurs à la plus-value.

Aucune indemnité ne lui sera due à l'égard des dépenses voluptuaires, ni à l'égard des simples dépenses d'entretien qui sont la charge des fruits, lesquels restent à l'émancipé jusqu'au jour de la demeure (L. 31 D. *fam. ercisc.* — L. 8, § 3, D. *com. div.* — L. 27, D. *de neg. gest.*). Il pourrait repousser par l'exception de dol l'action des *sui* qui voudraient le contraindre au rapport, sans lui tenir compte de ses impenses (L. 27, § 5 D. *de rei vindic.*).

CHAPITRE III.

COMMENT SE FAIT LE RAPPORT.

Nous rechercherons successivement dans trois paragraphes :

1° Comment on satisfait à l'édit du préteur ordonnant la *collatio*.

2° Quelle est la sanction des dispositions de l'édit.

3° De quelle manière se répartissent les biens rapportés.

§ 1. — La *collatio*, c'est proprement la mise en commun des biens de l'émancipé, pour être partagés entre les divers ayants-droit. Mais, si tel est le but final de cette institution, le préteur n'exige pas qu'on le remplisse immédiatement. On satisfait à l'édit au moyen d'une *cautio*, c'est-à-dire d'une promesse faite aux *sui* d'effectuer le rapport ; c'est là le mode originaire et fondamental, conforme du reste aux habitudes du droit prétorien : « Jubet autem prætor « ità fieri collationem, ut recte caveatur » (L. 1 § 9, D. *de collatione*). *Cavere*, c'est promettre sur stipulation ; le mot *rectè* indique que l'on ne se contente pas d'une *nuda promissio*, mais que l'on exige des sûretés particulières ; régulièrement, ce doit être l'adjonction de fidéjusseurs : « Caveri autem per « satisdationem oportere. » Pourrait-on remplacer la fidéjussion par un nantissement ? Oui, répond Ulpien, qui rapporte ici l'opinion de Pomponius. Cependant le même jurisconsulte, dans un autre passage de son commentaire sur l'Édit, s'exprime de la manière suivante : « Prætoriæ satisdationes personas « desiderant pro se intervenientium, et neque pigno- « ribus quis....... in vicem satisdationis fungitur. » (L. 7 D. *de stip. prætor.*). Mais il faut s'en tenir à la loi 1, § 9, D. *de collat.*, qui est le texte topique, spécial à notre matière. Il n'y a, d'ailleurs, aucune antinomie entre les deux textes ; les mots *rectè* ou *idoneè cav. re* s'entendent, non-seulement de la *satisdatio* proprement dite, mais encore, et c'est le même Ulpien qui nous le dit, de toute autre sûreté donnant satisfaction à l'intéressé (L. 4, § 8, D. *de fideic. lib.*). Restreignons donc, avec Cujas, la loi 7, *de præt. stip.*, aux cas dans lesquels l'édit aurait expressément exigé une *satisdatio*, ce qui n'a pas lieu dans notre hypothèse.

Les *sui* pourraient, bien entendu, se contenter d'une simple promesse, et renoncer aux sûretés introduites dans leur intérêt : « si ei fides habita fuerit « promittenti, sine satisdatione, idoneè cautum vide- « bitur », dit la loi 4 § 8 D. *de fideicom. libert.*

On peut se dispenser de la *cautio* en procédant,

dès à présent, à l'apport effectif de ses biens : « Quam-
« vis autem edictum prætoris de cautione loqua-
« tur, tamen etiam re posse fieri collationem, Pom-
« ponius, L° 79 ad edictum, scripsit. Aut enim re,
« inquit, aut cautione facienda collatio est. Igitur
« dividat, inquit, bona sua cum fratribus, et, quam-
« vis non caveat, satisfacit edicto. » — Mais il faut, pour cela, que les parties soient d'accord sur le quantum des biens à rapporter : si elles ne s'entendent pas sur ce point, si les *sui* prétendent que l'émancipé a dissimulé une partie de son patrimoine pour le soustraire au rapport, il devient indispensable de recourir à la *cautio*, *propter incertum* (L. 1 § 11, D. *de collatione*).

Il est encore loisible à l'émancipé, sous la réserve qui précède, de réaliser le rapport effectif de quelques-uns de ses biens, et de fournir la *cautio* pour le reste : « Sed et si quædam dividat, et de quibus-
« dam caveat, æquè dicemus eum satisfecisse. »

Mais à quel moment la *cautio* doit-elle intervenir ? Pour pouvoir obtenir la *bon. posses.* faut-il avoir, au préalable, satisfait à l'édit *de collatione ?* La négative résulte d'un texte de Julien, la loi 3 pr. D. *hoc tit.* Le préteur, dit-il, n'envisage pas la *collatio* comme une condition préliminaire de l'obtention de la *bonorum possessio*, mais comme une obligation dérivant de cette obtention même. Décider autrement, ce serait tendre un piége à l'émancipé ; on ne se procure pas toujours aisément des fidéjusseurs ; un temps assez long s'écoulera peut-être avant qu'il en ait trouvé, et, s'il venait à mourir dans cet intervalle, il se trouverait n'avoir rien transmis à ses héritiers; car, quoique Julien admît, contrairement à l'opinion générale, que le bénéfice de la possession de biens passait aux héritiers encore que leur auteur fût mort avant de l'avoir demandée, il n'en pouvait être de même ici, s'agissant d'un droit subordonné à une condition non encore accomplie lors du décès du successible (L. unique § 7, C. *de caducis toll.*). Et à l'inverse, le prédécès du *suus* aurait empêché l'admission de l'émancipé à la possession de biens, en lui rendant impossible l'accomplissement de la condition; car personne n'a plus qualité pour recevoir la *cautio*, si l'on suppose qu'il ne se trouve pas d'autre *suus*, et qu'il est mort avant d'avoir demandé la *bon. pos.*, auquel cas ses héritiers ne peuvent exiger le rapport (L. 1 § 8 D. *de collat.*). — Aussi le jurisconsulte conclut-il en ces termes : « Intelligendum est bonorum possessionem accipere, et antequam caveat. » Il est vrai que Paul, dans ses Sentences, se prononce très-catégoriquement en sens contraire : « Emancipati liberi præteriti, si velint se miscere paternæ hereditati, et cum his qui in potestate remanserint communis patris dividere hereditatem, antequàm bonorum possessionem petant, de conferendo cavere cum satisdatione debebunt. Quod si satisdare non possunt, statim ex fide bonorum confusionem, excepto peculio castrensi, facere cogendi sunt » (Sent. L. 5, T. IX, § 4). Mais l'opinion de Julien avait prévalu, et Paul lui-même semble s'y être rangé dans un autre texte, où il donne à entendre que la possession de biens a pu être accordée avant que la *cautio* ne fût fournie (L. 2 § 9 D. *de collat.*).

En résumé, il y a pour l'émancipé deux partis à prendre : 1° demander la *bon. pos.* et donner ensuite la *cautio* ; c'est l'ordre indiqué par l'édit, c'est aussi celui que la prudence conseille de suivre. — 2° Commencer, au contraire, par donner caution, ou même par effectuer le rapport ; c'est pour lui une faculté et non une obligation.

Mais, à supposer qu'il ait suivi cette dernière marche, que va-t-il arriver, si plus tard il renonce à la possession de biens? Il y aurait évidemment dol de la part du *suus* à se prévaloir de la stipulation, pour exiger le rapport, institué uniquement en vue d'un concours qui ne se rencontre pas dans l'espèce. Mais serait-il même nécessaire d'opposer l'exception de dol pour repousser une telle prétention, si elle venait à se produire? Non, et c'est là une différence remarquable entre cette action et les actions *ex stipulatû* en général, qui sont de droit strict : « Emancipatus præteritus, si, dùm deliberat, caverit de bonorum collatione, nec bonorum possessionem petierit, agente fratre ex stipulatù, ipso jure tutus erit. » (L. 3 § 5

D. *de collat.*). Cette stipulation est censée faite sous la condition que l'émancipé obtiendra la possession de biens, et l'exception de dol est virtuellement inhérente à l'action qui en découle (*inest*), comme aux actions de bonne foi. Nous savons, en effet, qu'en notre matière tout se règle *boni viri arbitratû* (L. 2, § 2 D. *hoc tit.*). — Que si la *collatio* se trouvait déjà consommée par la remise de certains objets entre les mains du *suus*, l'émancipé qui en a transféré réellement la propriété n'a plus la *rei vindicatio*, mais il pourra les répéter au moyen d'une *condictio causâ datâ causâ non secutâ*. « Sed et si pecuniam contulerit, condictione eam repetet; omissâ enim bonorum possessione, incipit pecunia sine causâ esse apud heredem. » (Voir aussi L. 13 D. *de condict. causâ datâ*).

Supposons maintenant que l'émancipé se porte *bonorum possessor*; on ne pourra pas exercer contre lui de poursuites immédiates en vertu de la *cautio*; si la stipulation spécifie le délai dans lequel le rapport devra être effectué, on s'y conformera; sinon, on devra lui en impartir un suffisant, *quod neque sit maximum neque minimum*, après quoi, si l'émancipé, mis en demeure, refuse d'accomplir son obligation, ou qu'il ne le fasse qu'en partie, ou qu'il se soit mis par son dol ou par sa faute dans l'impossibilité de le faire, alors il y avait commise de la stipulation; et le *suus* pouvait agir *ex stipulatu*, contre l'émancipé lui-même ou contre ses fidéjusseurs, et obtenir condamnation à une somme représentative de l'intérêt qu'il avait à ce que le rapport fût effectivement exécuté (L. 5, §§ 1, 2 et 3, D. *de coll.*). La *collatio*, du reste, peut s'effectuer *re ipsâ*, par la délivrance faite à chacun des *sui* de la part qui leur revient dans la masse rapportable; — ou par équipollent, si l'émancipé, pour leur en tenir lieu, leur remet un fonds de terre ou tout autre objet, ou s'il leur délègue sa part dans une créance héréditaire; ou enfin, *remissione*, en faisant abandon d'une valeur suffisante sur les biens compris dans la succession. C'est un véritable rapport en moins prenant, comme le dit la loi 5 C. *de collationibus*.

L'émancipé a-t-il le choix entre ces divers modes? Suivant quelques interprètes, il serait débiteur des objets mêmes qui composent son patrimoine, et, comme on ne peut contraindre son créancier à recevoir en paiement autre chose que ce qui lui est dû (L. 2 § 1 D. *de rebus creditis*), il ne pourrait, à moins d'obtenir le consentement des *sui*, faire le rapport par équivalent, ou en moins prenant, ce qui serait réellement *aliud pro alio solvere*. Il y aurait exception, toutefois, si le rapport en nature n'était plus possible, comme à l'égard des biens aliénés par l'émancipé, ou qui auraient péri par sa faute; ou s'il devait nuire à l'émancipé (Vinnius, *de collat.* chap. 16, nos 2, 3 et 4. — Zoesius, *ad Pand. hoc tit.* § 49). Mais ce dernier tempérament n'est-il pas précisément la condamnation du système? Sur quoi fonde-t-on cette dérogation à ce qu'on prétend être la règle? Je crois plutôt que le rapport en moins prenant, ou par équivalent (sauf certaines opérations, telles que la délégation, qui nécessitent le concours du *suus*), est *in facultate solutionis*. La loi 1 §§ 11 et 12, D. *hoc tit.* ne fait aucune distinction entre les divers procédés qu'elle indique ; elle emploie des termes identiques pour en caractériser les effets : « æque dicemus eum satisfecisse »; « satis contulisse videri », dit le § 12 à propos du rapport en moins prenant. Le jurisconsulte se serait-il exprimé de la sorte, si le consentement du *suus* eût été nécessaire? Le § 12 serait complètement superflu dans cette hypothèse, car il va sans dire qu'on peut toujours se libérer au moyen d'une dation en paiement, quand le créancier consent à s'y prêter. Tout ce qu'a voulu le préteur, c'est indemniser les *sui* du concours qu'il leur impose ; dès qu'ils sont désintéressés, d'une manière ou d'une autre, le but de l'édit est atteint, et l'on ne peut demander à l'émancipé le sacrifice de biens auxquels il attache peut-être un grand prix d'affection. La loi 6, C. *de collationibus*, est plutôt favorable que contraire à ce système ; elle ne mentionne, il est vrai, le rapport en moins prenant qu'à propos d'une hypothèse où le rapport en nature de la dot est impossible ; mais on n'en peut tirer d'argument *a contrario*, le texte n'ayant pas pour objet d'indiquer comment se fait la *collatio*, mais bien dans quels cas la dot doit être rapportée.

§ II. — *Sanction des dispositions de l'édit.*

L'émancipé, comme on l'a vu plus haut, peut obtenir la possession de biens, avant même d'avoir satisfait à l'édit; mais ce n'est encore, en quelque sorte, qu'une *bonorum possessio sine re* : « formula bonorum possessionis hæc est, dit Cujas, ut qui non contulerit bona propria, ejus beneficio non possit uti. » Il a le titre de *bonorum possessor* ; il le transmettrait à ses héritiers; mais il ne pourra le faire valoir qu'après avoir fourni la *cautio*, ou directement effectué le rapport.

Quid donc s'il ne se conforme pas à l'édit ? Il faut distinguer si c'est par mauvais vouloir, *per contumaciam*, ou parce qu'il ne trouve personne qui veuille répondre pour lui, *per inopiam* (L. 1 § 13, D. *de collatione).*

Au premier cas, on lui refuse les actions héréditaires. la *possessoria hereditatis petitio* et l'interdit *quorum bonorum* (LL. 11 et suiv. C. *de collat.*), comme s'il n'avait pas obtenu la possession de biens. Il perdra donc l'émolument de sa part héréditaire, qui sera dévolue par accroissement aux *sui*, mais non aux autres émancipés, car ceux-ci n'ont pas droit au rapport : « ejus tantum causa qui in potestate est, denegantur ei actiones » (L. 2 § 8, D. *de collatione*). Eût-il donné caution à quelques-uns des *sui*, s'il n'a pas rempli son obligation à l'égard de tous, sa part entière lui est enlevée, « nec enim videtur cavisse, qui non omnibus cavit. »

Pourra-t-il plus tard, en revenant sur sa détermination première, et en offrant la satisdation, recouvrer les droits que son refus lui avait fait perdre? Ulpien l'y admet sans hésitation (L. 1, § 10, D. *hoc tit.*). Papinien, quoique moins affirmatif, se prononce également en ce sens. Ce jurisconsulte, après avoir, au livre 3 de ses Questions, proclamé le principe de droit suivant lequel « nemo potest mutare consilium suum in alterius injuriam » (L. 75 D. *de reg. jur.*), y apporte presque immédiatement, dans un texte qui forme la loi 8 D. *de coll.*, une dérogation pour le cas qui nous occupe. Sans doute, en droit strict, la prétention de l'émancipé n'est pas recevable, car son refus de *satisdare* équivaut à une répudiation, et ses frères, qui ont été investis de sa part, n'en devraient plus être dépouillés: « videri cum possessionem re-« pudiasse, qui formam possessionis conservare no-« luit ». Mais ce sont des frères qui partagent l'hérédité paternelle; l'équité, l'humanité doivent dicter la solution en faveur de l'émancipé. Papinien, toutefois, lui conseille de se présenter *intra tempus delatæ possessionis*, c'est-à-dire *intra annum*; passé ce délai, sa demande ne serait pas forcément rejetée, mais le succès en serait plus difficile. Cela tient, dit Cujas, à ce que l'on n'a qu'une année pour venir à la *bon. pos.*, et que sa *contumacia* a fait regarder comme non avenue celle qu'il avait obtenue d'abord.

Il peut arriver que l'émancipé parvienne à dissimuler l'existence des objets soumis au rapport, et que l'on ait procédé, sans les y comprendre, au partage des biens héréditaires. Comme tout doit se régler ici *ex bono et æquo*, les *sui*, même majeurs de 25 ans, auront un recours contre cette omission, et pourront faire procéder à un supplément de partage; peu importe, d'ailleurs, que le premier partage ait été fait à l'amiable (L. 3 C. *com. utriusque jud.*), ou en justice (L. 20 § 4, D. *fam. ercisc.*). Et la loi 8 C. *de collat.*, relative au rapport de la dot, mais que l'on peut appliquer ici par analogie, exprime en ces termes la mission du juge chargé de cette affaire : « præses cum bonis dotem confundi « jubebit, et quod deducta ratione plus ad eam esse « animadverterit, tibi » (c'est-à-dire au fils en puissance) « restitui jubebit. »

Telle est l'opinion de Cujas. Suivant Vinnius, au contraire (*de col.* ch. 16, n° 16), il n'y aurait pas lieu de recourir à l'*officium judicis* si le partage s'était effectué à l'amiable; mais il accorde aux intéressés une *condictio indebiti* fondée sur ce que celui qui est tenu au rapport, et qui n'a pas rempli son obligation, a reçu des biens héréditaires plus qu'il ne lui en était dû. Il argumente en ce sens des lois 10, § 1, D. *de compensationibus*. — 5 § 2 D. *de impensis in res dotales factis*. — 36 *in fine* D. *fam. ercisc.*

Si, au contraire, l'émancipé se trouve dans l'impossibilité de fournir caution, *per inopiam*, on se montre moins rigoureux; on ne lui enlève pas immédiatement le bénéfice de la possession de biens, mais on attend qu'il ait pu trouver des fidéjusseurs. Dans l'intervalle, les *sui* demeurent nantis de toute l'hérédité, et sont autorisés à vendre les objets susceptibles de se détériorer avec le temps, ceux impossibles ou dispendieux à conserver (L. 2, § 9, D. *de collat.*); *actio* est pris dans ce texte pour *auctio*, comme en divers endroits des Pandectes (comp. L. 48. D. *de usurp. et usucap.* — L. 2, §§ 8 et 9, D. *pro emptore*); mais ils donnent caution d'en représenter la valeur quand l'émancipé aura satisfait à l'édit. — On pourrait aussi procéder au partage des biens héréditaires, et créer un curateur entre les mains duquel seraient remis les objets tombés au lot de l'émancipé, ainsi que les deniers provenant de la vente des choses susceptibles de détérioration, pour les lui rendre quand il aura pu se procurer des fidéjusseurs. Ce curateur n'est pas un séquestre, comme le fait remarquer Cujas; car le numéraire ne peut être l'objet d'un séquestre; c'est un mandataire. On aura donc, contre lui, pour lui faire rendre compte, non pas l'action *depositi sequestraria*, mais l'action *mandati* ou *nego-*

tiorum gestorum (L. 22, § 10, D. *mandati*). — Je n'ai pas à revenir ici sur les effets de la satisdation, et sur les actions qui en dérivent. Si l'émancipé avait donné un nantissement, et qu'il se refusât à faire *collatio*, les *sui* pourraient réaliser le gage, et s'en attribuer le prix jusqu'à concurrence de leur part dans les biens rapportables. — Enfin, une dernière sanction consiste en ce que l'émancipé doit les intérêts et les fruits des biens soumis au rapport, à partir du jour où il est en demeure de l'effectuer (L. 5, § 1, D. *de dot. col.*).

§ III. — *Comment se répartissent les biens rapportés.*

Tout ce qui va suivre n'est que l'application de deux principes déjà posés plus haut : la *collatio* n'est due qu'aux *sui*, et à ceux-là seulement qui souffrent de la présence des émancipés ; — elle n'est due qu'en proportion de ce préjudice ; ce que Cujas exprime en ces termes : « emancipatus tantùm confert quantùm suo aufert. » Ajoutons, pour l'intelligence des textes relatifs à notre paragraphe, que le mot *conferre* a deux significations : tantôt c'est la mise en commun de tout le patrimoine de l'émancipé, pour être réparti entre qui de droit ; tantôt (et c'est en ce sens qu'il est pris dans la maxime précitée), il désigne seulement la fraction de ce patrimoine qui sera dévolue aux *sui*. — Les émancipés, ne se devant pas réciproquement le rapport, ne peuvent profiter de celui fait par l'un d'entre eux ; c'est cependant ce qui arriverait, si les objets rapportés étaient confondus avec les biens héréditaires, pour ne former qu'une seule masse partageable entre tous les enfants. Cette manière de procéder n'est donc applicable que quand il n'existe qu'un seul émancipé ; s'ils sont plusieurs, il faut distinguer soigneusement les biens laissés par le *de cujus*, auxquels tous les enfants viennent prendre part, et les biens rapportés, qui formeront autant de masses séparées qu'il y a d'émancipés, chaque masse se distribuant par portions viriles entre les héritiers siens et l'auteur seul du rapport : « semper cùm fratribus emancipatus confert, virilem sibi detrahit. » (1) Reprenons successivement nos deux hypothèses : — 1° L'actif de la succession est de 600 ; il y a deux héritiers siens, et un émancipé dont la fortune rapportable est de 300. Chaque enfant prendra 200 sur les biens du *de cujus*, 100 sur les biens rapportés. L'émancipé enlève à chaque *suus* 1/3 de la part que lui assurait le droit civil, et lui cède 1/3 de son patrimoine. C'est

(1) On s'explique par là comment il ne pouvait être question, en droit prétorien, de ce que nous appelons aujourd'hui le rapport des dettes. Pour composer la masse rapportable, on déduisait, comme nous l'avons vu, tout ce dont l'émancipé était débiteur, même envers le *de cujus* ; et la créance de celui-ci contre l'émancipé, figurant parmi les biens paternels, se divisait, comme toutes les créances héréditaires, entre les enfants, tant émancipés qu'héritiers siens, au prorata de leur part et portion.

l'exacte application de notre maxime (L. 1 § 24, D. *de collat.*). — 2° Supposons maintenant, avec la loi 3 § 2 D. *de col.*, que le *de cujus* ait une fortune de 400 et laisse quatre enfants, deux héritiers siens et deux émancipés, 1[us] dont le patrimoine est de 100, 2[us] dont le patrimoine est de 60; la liquidation terminée, 1[us] recueillera 133 1/3, et 2[us] 120. Ce mode de calcul aboutit à un résultat fort critiquable assurément : c'est que le fait de l'émancipation, qui ne doit ni profiter ni nuire aux héritiers siens, leur profitera au contraire, et dans une proportion d'autant plus considérable qu'ils concourront avec un plus grand nombre d'émancipés. — Dans notre espèce, si l'émancipation n'eût pas eu lieu, le quantum de l'hérédité paternelle se fût monté à 560, et chaque enfant en aurait eu le 1/4, c'est-à-dire 140. L'héritier sien, par l'effet du rapport, ne devrait rien recueillir au-delà, et sa part est cependant de 153 1/3. On aurait évité ce résultat, en attribuant à chacun des *sui*, dans la masse rapportable, une fraction ayant pour numérateur l'unité, et pour dénominateur le nombre total des enfants, et en laissant le reste au propriétaire des biens rapportés. Dans cette manière de procéder, les parts des émancipés ne seraient plus les mêmes que tout à l'heure ; chacun d'eux conservant 1/2 de son patrimoine, 1[us] aurait 150 et 2[us] 130.

La règle « emancipatus tantùm confert quantùm suo aufert » subit un échec plus grave encore, à mesure que le nombre des émancipés augmente ; ainsi, soient deux *sui* et trois émancipés ; l'un quelconque de ces derniers abandonne à chaque *suus* 1/3 de son patrimoine, et ne réduit cependant que de 1/5 la part afférente à ce *suus* dans les biens paternels (L. 2, § 5.). Dans l'espèce de la loi 3 § 2, le préjudice causé au *suus* était d'un quart, et il prenait 1/3 dans les biens rapportés. Les émancipés n'ont pourtant point à se plaindre : le préteur pouvait, en les appelant à la succession paternelle, y mettre telles conditions que bon lui semblait ; ils étaient libres, d'ailleurs, de répudier la possession de biens pour se soustraire au rapport, s'ils le trouvaient trop onéreux.

Si tous les *liberi* au premier degré, ou seulement quelques-uns d'entre eux sont prédécédés, on applique les règles du partage par souches ; et les *nepotes*, *pronepotes*, etc., en quelque nombre qu'ils soient, ne comptent que pour le fils dont ils sont issus ; ils ne prennent donc, à eux tous, qu'une part dans les biens rapportés, et doivent la *collatio* comme s'ils ne formaient qu'une seule tête. C'est ce qui résulte de la loi 7 D. *de collat.* : « Si nepotes in locum filii successerunt, una portio iis conferri debet, uti bonorum possessionis unam partem habeant ; sed et ipsi illa conferre debent, quasi omnes unus essent. » — Ainsi (L. 2 § 7 *hoc tit.*), le *de cujus* laisse un fils héritier sien, et deux petits-enfants émancipés, issus d'un fils prédécédé.

Les *nepotes* recueillent ensemble moitié de la succession, et chacun d'eux, bien qu'il ne vienne individuellement que pour 1/4, doit abandonner moitié de sa fortune personnelle au *patruus*, en sorte que, si les patrimoines réunis des émancipés se montent à 200, l'oncle prendra 100, autant que les neveux ensemble ; car c'est ainsi que les choses se seraient passées si les *nepotes*, étant restés sous la puissance de leur aïeul, eussent acquis pour lui pareille somme qui se fût retrouvée dans sa succession. — Cette réunion fictive des deux masses rapportables n'a lieu, bien entendu, qu'à l'égard des héritiers siens; les émancipés, ne devant pas profiter de ce que l'un est plus riche que l'autre, ne se partagent pas également ce qui reste, après que le *suus* est satisfait, mais gardent moitié de leur patrimoine propre. Ainsi 1us était propriétaire de 150, 2us de 50 ; 1us gardera 75, 2us 25. — A l'inverse, soient deux petits-enfants issus d'un fils prédécédé, et un fils émancipé; celui-ci doit moitié de ses biens rapportables à ses neveux, c'est-à-dire 1/4 à chacun d'eux.

L'émancipé n'est pas toujours réduit à ne garder qu'une part virile dans la masse rapportable, et l'application de la maxime relatée ci-dessus nécessite, dans plusieurs circonstances, un mode de répartition différent :

1° Le père a institué un héritier sien pour 3/4, un étranger pour 1/4, et omis un émancipé ; celui-ci par la *bonorum possessio contrà tabulas*, se trouve recueillir 1/2 de la succession, mais n'enlève à son frère que 1/4 de l'hérédité paternelle, c'est-à-dire 1/3 de la part que le *suus* aurait dû recueillir d'après le droit civil ; il ne lui doit donc que le 1/4 de ses biens suivant certains interprètes, le 1/3 suivant Cujas, dont nous avons plus haut adopté l'opinion (L. 1 § 3, D. *de collatione*).

2° Pour calculer le préjudice causé à l'héritier sien, préjudice d'après lequel se fixe la proportion du rapport, il faut faire abstraction de ce que l'émancipé recueille en vertu d'une disposition de dernière volonté du *de cujus* : « hoc autem dicitur auferre suo « fratri, dit Cujas, quod prœter judicium patris ei au« fert. » (arg. L. 1, §§ 6 et 7).

Ainsi, le *de cujus* est mort intestat, ou il a institué un héritier sien *ex asse*, mais il a disposé, par legs ou fidéicommis, d'une valeur égale au 1/4 des biens héréditaires au profit de l'émancipé. Par la possession de biens *contra tabulas* ou *undè liberi*, l'émolument du *suus*, qui devait être de 3/4 seulement, à cause des charges dont il était grevé, se trouve réduit à moitié ; le préjudice causé n'est donc que de 1/3, et, d'après l'interprétation précédente, il n'a droit qu'au 1/3 des biens rapportables.

3° L'émancipé venant, en vertu de l'édit *de conjungendis*, en concours avec ses propres enfants retenus *in potestate avi*, leur enlève 1/2 de la part qui leur revenait sur les biens de l'aïeul ; donc les *nepotes*, en quelque nombre qu'ils soient, ne prendront à eux tous que 1/2 des biens rapportés par leur père, et ce dernier conservera l'autre 1/2, car il ne doit pas la *collatio* aux autres héritiers siens ; s'il y a deux émancipés auxquels s'applique l'édit *de conjungendis*, le rapport s'opère séparément, et dans la même proportion, entre chacun d'eux et ses enfants seulement (L. 1, § 11 et 13 D. *de conjung. cum emancip.*).

La loi 1, §§ 14 et 15 *eodem tit.* nous offre l'application de presque tous les principes posés jusqu'ici. Voici l'espèce :

Le *de cujus* laisse un fils héritier sien, et deux émancipés, 1[us] et 2[us] ; les enfants de 2[us] sont demeurés sous la puissance de l'aïeul. Les biens rapportés par 1[us] se partagent par 1/3 entre lui-même, son frère héritier sien, et ses neveux. 2[us] pourra-t-il réclamer à ses enfants une moitié de ce 1/3 qui leur est échu, comme il leur enlève 1/2 de leur part dans les biens héréditaires en vertu de l'édit *de conjungendis* ? Non, répond Ulpien ; les biens rapportés par le *patruus emancipatus* ne dépendaient pas de la succession de l'aïeul ; c'est seulement à l'occasion de cette succession qu'ils sont obvenus aux *nepotes* : « *Quod nepotibus confertur a patruo emancipato..... non de bonis avi, sed propria bona postea iis accessit.* » — Décider autrement, ce serait admettre que le rapport fait par un émancipé profite aux autres, résultat démenti par les textes les plus formels. Quant à 2us, qu'on suppose avoir une fortune de 100, il ne doit rien à 1us, mais donnera 50 à ses enfants ; s'il y a parmi eux un fils, et deux petits-fils issus d'un fils prédécédé, le fils au premier degré prend 25, et chacun des petits-enfants 17 1/2.

Il peut arriver enfin que l'émancipé ne conserve aucune portion des biens dont il doit le rapport ; voici ce qu'on peut supposer pour cela : 1us a un fils 2us, qu'il a émancipé, et un petit-fils, issu de 2us et émancipé pareillement ; 1us et 2us meurent en même temps, laissant chacun un héritier sien ; le *nepos* se présente dans les deux successions comme *bonorum possessor*, soit aux lieu et place de son père décédé, soit de son propre chef ; et, par l'effet du rapport, il se trouve en définitive ne rien conserver de son patrimoine, puisqu'il doit la 1/2 à l'égard de l'une des deux hérédités, et que son obligation est la même à l'égard de l'autre (L. 2 § 6, D. *de coll.*).

—Nous n'avons parlé jusqu'ici que du rapport fait en nature. Il reste à dire un mot du rapport en moins prenant. Nous supposerons, pour plus de simplicité, qu'il n'y a qu'un émancipé ; chacun des héritiers siens, ou chaque souche si le partage se fait *in stirpes*, prélève sur la succession une valeur égale au total des biens rapportables, et le reste est réparti comme à l'ordinaire entre les enfants. L'égalité se trouve de la sorte parfaitement rétablic. — On ne peut plus procéder de la même manière s'il y a plusieurs émancipés ; car ce mode de calcul donnerait beaucoup trop aux *sui*. On commence par rechercher ce que les divers émancipés auraient si l'on avait fait le rapport en nature ; chacun d'eux, conservant les biens dont il aurait dû le rapport, en imputera la valeur sur cette part, et ne prendra, dans les biens héréditaires, que ce qui sera nécessaire pour parfaire l'excédant. Tout le reste de la succession demeure aux héritiers siens.

TITRE II

DE LA COLLATIO DOTIS

Ce qui précède est commun à tous les descendants, sans distinction de sexe. Pendant assez longtemps, il n'y eut d'autre *collatio* possible, même de la part des filles, que celle dont les règles viennent d'être tracées. Les émancipées seules étaient donc soumises au rapport. A l'égard des *filiæ-familias*, il ne pouvait même pas en être question. Et, en effet, tant qu'elles demeuraient sous la puissance paternelle, elles étaient incapables, comme leurs frères, de rien avoir en propre. Se mariaient-elles, la *manus*, suite habituelle, sinon conséquence nécessaire des justes noces, les faisait passer de leur famille d'origine, où elles perdaient tous leurs droits, dans celle du mari, où elles entraient, en quelque sorte, avec le titre et le rang de filles. En conséquence, tous leurs biens présents et à venir étaient acquis à leur époux : « Cum mulier viro in manum convenit, omnia quæ mulieris fuerunt viri fiunt, dotis nomine » (Cicéron, *Top.* ch. 4). Le mariage, sans doute, n'était pas toujours accompagné de la *manus* ; celle-ci finit même par disparaître, sous la double action des mœurs et des lois (Gaïus, Com. I, § 111). La notion de la dot proprement dite se dégage, dès lors, et se caractérise ; au lieu de se confondre, comme par le passé, avec le patrimoine entier de la femme, la dot ne comprend plus que les biens apportés par elle ou de sa part au mari, pour aider ce dernier à supporter les charges du mariage. Mais ces biens sont transférés au mari en pleine et irrévocable propriété ; la femme n'a sur eux aucun droit, même éventuel. Cet état de choses subsista pendant plus de cinq siècles, suivant le témoignage d'Aulu-Gelle (Nuits attiques, L. IV, ch. 6). — Mais une plaie jusqu'alors inconnue pénétra dans la société romaine ; les divorces, grâce au relâchement des mœurs, se multiplièrent d'une façon effrayante, et l'on dut pourvoir à l'intérêt des femmes, leur assurer la restitution de leur dot, afin qu'elles pussent trouver à se remarier. D'abord les jurisconsultes imaginèrent dans ce but les *cautiones rei uxoriæ*. Puis on en vint à regarder la conservation et la restitution de la dot comme choses d'ordre public ; une action spéciale fut créée (l'action *rei uxoriæ*), non plus restreinte à la seule hypothèse du divorce, mais applicable à tous les cas de dissolution du mariage, et l'on reconnut à la femme, sur les objets composant sa dot, un véritable droit de propriété, s'affirmant à un double point de vue : au regard du mari, d'abord ;

quoiqu'il fût toujours en théorie *dominus dotis*, son droit de disposition se trouva néanmoins restreint, dans une notable mesure, par le principe de l'inaliénabilité du fonds dotal ; et la dot, même durant le mariage, était bien réellement la chose de la femme, qui pouvait exercer certaines actions y relatives, l'action en garantie par exemple (L. 75, D. *de jure dotium*), et avait le droit d'en exiger la restitution si elle survivait à la dissolution du mariage.

A l'égard du père, l'action *rei uxoriæ* ne pourra être intentée par celui-ci qu'avec le consentement exprès ou présumé de sa fille, que la constitution de dot émane de lui-même ou d'un étranger (Ulpien, *Reg.*, T. VI, § 6). Les jurisconsultes disent, comme Paul, que la dot est commune entre le père et la fille, ou même, comme Ulpien, qu'elle est la propriété de cette dernière « dos communis est patris et filiæ, » — « ipsius filiæ dos est. » (L. 2, §§ 1 et 2. — L. 3, D. *soluto matrim.*). Et si le père était mort avant d'avoir intenté l'action en restitution, la fille garderait sa dot *jure proprio*, et ne serait pas obligée de l'imputer sur la *quarte falcidie* qu'elle a le droit de retenir dans l'hérédité, « quia dos in hereditate patris non inveniretur, » (L. 14, pr. D. *ad legem falcidiam*).

La fille dotée se trouvait donc dans une situation beaucoup plus avantageuse que les autres héritiers siens; sa position, quant aux biens dotaux, se rapprochait de celle d'un émancipé relativement à l'ensemble de son patrimoine. De là, pour la fille, l'obligation de rapporter sa dot en venant à l'hérédité paternelle ; seulement, il ne s'agit plus ici, comme dans la *collatio* ordinaire, d'indemniser les cohéritiers d'un concours qu'ils n'auraient pas dû subir d'après le droit civil, puisqu'il est question d'une *heres sua* ; le but de cette institution a été le rétablissement de l'égalité entre la fille dotée et ses frères et sœurs ; cette idée même n'est pas la seule qui ait inspiré le préteur (1) ; car elle ne suffirait pas pour motiver le rapport, quand la constitution n'émane pas du *de cujus* ; mais on a pris pour point de départ une certaine incompatibilité entre la qualité d'héritier et celle de propriétaire d'objets non compris dans la masse commune, en sorte que l'on n'admit pas la fille à prendre sa part des biens paternels, tout en conservant pour elle seule la propriété de sa dot.

Je me conformerai, pour l'étude de cette *collatio*, à l'ordre déjà suivi dans le titre précédent ; et, comme un grand nombre de règles sont communes aux deux matières, je n'aurai souvent qu'à renvoyer aux développements donnés plus haut.

(1) La *collatio dotis* est bien une institution prétorienne ; c'est à tort que Vinnius a prétendu le contraire (Chap. 2, n° 5, *de col.*). Il en attribue l'origine à un rescrit d'Antonin le Pieux. Mais le rapport de la dot existait antérieurement, et ce texte, ainsi que nous le verrons plus bas, ne fait qu'en étendre l'application à un cas non prévu par le texte de l'édit.

§ I — *Dans quels cas, et entre quelles personnes a lieu la collatio dotis.*

I. *Dans quels cas s'applique-t-elle?* — Il faut d'abord, comme pour la *collatio* ordinaire, que la fille succède *ab intestat*, ou vienne par la *bonorum possessio contra tabulas*: « filiæ dotem in medium ita conferre coguntur, si vel ab intestato succedant, vel contra tabulas petant.... » (Const. de Gordien, L. 4, C. *de collat.*).—Cette dernière hypothèse demande quelques explications. D'après le droit civil, l'omission du fils annulait seule le testament ; la fille et le petit-fils, qui n'avaient été ni institués ni exhérédés, n'avaient que le droit de concourir pour une certaine part avec les héritiers institués: *scriptis heredibus in partem adcrescunt*. Le préteur, en leur accordant la possession de biens *contra tabulas*, leur permit de faire tomber le testament lui-même. Mais un rescrit d'Antonin le Pieux vint restreindre l'effet de cette *bonorum possessio* pour les filles, qui, par cette voie, ne purent désormais rien recueillir au-delà de ce qu'elles auraient obtenu par le *jus adcrescendi*. Cette disposition était sans intérêt pour le cas qui nous occupe ; la fille, concourant avec ses frères et sœurs, prenait toujours une part virile, avant comme après le rescrit (Gaïus, Com. 2, §§ 124 à 126).

Le texte de l'édit ne la soumettait au rapport de sa

dot qu'autant qu'elle invoquait un mode prétorien de succession, la possession de biens *unde liberi* ou *contra tabulas*. Elle pouvait donc s'y soustraire en s'en tenant à son titre d'héritière suivant le droit civil; les dispositions de l'édit restaient donc souvent à l'état de lettre morte; mais Antonin le Pieux enleva cette ressource à la fille, en décidant que le seul fait de son immixtion dans les biens paternels l'obligerait à la *collatio* (L. 1 pr. D. *de dotis collatione*).

Mais la fille ne rapporte pas sa dot, quand elle a été instituée par son père, à moins que celui-ci ne l'y ait assujettie formellement. Les textes, à ce sujet, sont nombreux et explicites : « Si filia fuerit heres instituta, collatione dotis non fungetur.... » (L. 3, D. *hoc tit.*) — « Filiam, testamento patris institutam heredem, fratribus iisdemque coheredibus dotem conferre non oportere, nisi pater hoc ipsum specialiter designaverit, explorati manifestique juris est » (L. 7, C. *h. t.* Const. de Philippe).

Cette exemption du rapport s'applique, encore bien que l'institution demeure sans effet parce que l'omission d'un autre enfant du *de cujus* donne ouverture à la *bonorum possessio contra tabulas*, pourvu que la fille ne recueille pas, dans ce nouveau règlement de la succession, une part plus forte que celle pour laquelle elle avait été instituée : « dicendum est, quoniam nullam injuriam fratri facit, non debere eam dotem conferre; nam, quod habuit ex judicio convertitur ad contra tabulas bonorum possessionem. » Dans le cas contraire, le rapport serait dû, mais elle pourrait s'y soustraire en se contentant de la portion que lui avait assignée le testateur. C'est la décision de la loi 3 D. *h. t.*, déjà citée dans le titre précédent. (Voir aussi L. 23 D. *si quis omissa causa test.*)

La loi 5 *in pr.* nous fournit encore l'application du même principe. Le *de cujus* a institué pour héritiers un fils et une fille soumis à sa puissance, en omettant un émancipé. Celui-ci, au lieu de demander la *bonorum possessio contra tabulas*, invoque la possession de biens *ab intestat;* les autres enfants partagent son erreur, et viennent par la *possessio unde liberi*. Papinien décide que la fille ne devra pas le rapport de sa dot ; car le 1/3 qu'elle recueille dans l'hérédité lui était assuré déjà, et au-delà, par la volonté du testateur. Il ne faut pas qu'elle souffre d'une erreur de forme, qui ne doit amener aucun changement dans le fond du droit. — Il y a également dispense de rapport, dans tous les cas où la fille se trouve appelée à recueillir une fraction des biens paternels par une disposition de dernière volonté, quoique non plus à titre d'héritière instituée. Si, par exemple, exhérédée ou omise par son père, elle se contente du legs qui lui a été fait, « habebit etiam dotem præcipuam et legatum » (L. 4, D. *de dot. coll.*) ; ou si elle a reçu un fidéicommis (L. 10 C. *de collat.*) ; et, généralement, toutes les fois qu'elle vient *extero jure*, comme le pourrait faire toute autre personne, et sans se prévaloir de son titre de fille; ce n'est, en effet, qu'en cette dernière qualité qu'elle doit la *collatio dotis*. Mais la décision serait différente, si elle obtenait quelque chose de plus que ce dont le *de cujus* avait disposé en sa faveur ; comme si, outre les codicilles faits à son profit, elle venait, comme héritière *ab intestat*, prendre une part dans les autres biens de la succession : « filiam, cum fratribus suis coheredibus intestato patri succedentem, ultra relictum codicillis non conferentem dotem, judicio familiæ erciscundæ nihil posse consequi, summa cum ratione, placuit. » (L. 16, C. *de collat.*, Const. Dioclét. et Maxim.)

II. *Qui doit le rapport?* La fille *heres sua* ; c'est là une différence essentielle avec la *collatio bonorum*. Quant à la fille émancipée, elle rapporte sa dot, comme tous ses autres biens en général, et d'après les mêmes principes, mais ce n'est plus la *collatio dotis* dont nous traçons ici les règles spéciales. Nous verrons tout à l'heure l'application de cette idée.

III. *A qui est dû le rapport?* — Supposons d'abord que la fille dotée soit une *filia-familias* ; il faut encore distinguer, suivant que les frères et sœurs avec lesquels elle concourt sont eux-mêmes des héritiers siens, ou des émancipés. Les premiers ont droit au rapport, qu'il s'agisse d'une dot profectice ou d'une dot adventice. — En ce qui concerne les émancipés, les jurisconsultes étaient loin de s'entendre ; ces controverses durèrent jusqu'en 240; à cette époque, une constitution de l'empereur Gordien décida que les enfants n'appartenant pas à la famille civile du *de cujus* ne pourraient exiger que le rapport de la dot profectice: « Nec dubium est, profectitiam seu adventitiam dotem, a patre datam vel (1) constitutam, fratribus qui in potestate fuerunt conferendam esse. His etenim qui in familia defuncti non sunt, profectitiam tantummodo dotem, post varias prudentium opiniones, conferri placuit. » (L. 4, C. *de collationibus*).

Pourquoi cette distinction entre la dot profectice et la dot adventice? La fille, a-t-on dit, ne rapportera pas la dot adventice aux émancipés, *ne duplici incommodo afficiatur*; le concours de son frère émancipé la privant déjà d'une portion des biens paternels, il serait trop rigoureux de lui enlever encore une partie de sa dot adventice. Mais qui ne voit que ce prétendu motif s'applique aussi bien à la dot profectice, dont pourtant le rapport est dû? Cujas voit la véritable raison de distinguer dans la différence même d'origine entre les deux espèces de dots; l'une (la dot adventice) a été constituée par un étranger, elle n'est pas sortie de la masse commune; l'autre, au contraire, provient du patrimoine du père, et aurait fait retour

(1) Le texte est évidemment défectueux en cet endroit, puisque, entendu littéralement, il parle d'une dot *adventice constituée par le père*. Il faut, avec Vinnius, au lieu de *vel constitutam*, lire: *vel aliàs* ou *ab alio constitutam*.

à ce dernier si le mariage s'était dissous par la mort de la fille; on devait donc se montrer plus disposé à en ordonner le rapport; de là la décision de Gordien : *facilius recurrit unde profecta est.*

De la part de la fille émancipée, il ne peut être question que d'une seule espèce de rapport, celui de l'ensemble du patrimoine; sa dot s'y trouve comprise avec ses autres biens, et suivant les mêmes règles; ainsi, la *collatio* n'est due qu'aux héritiers siens ; les autres émancipés n'y ont aucun droit, même en ce qui concerne les biens dotaux. Et, en effet, la loi 9 C. *hoc tit.* dit d'une manière très-générale : « Si emancipati utrique à patre fuistis, collatio cessat. » (Voir en ce sens Vinnius, *de col.*, chap. 12, n° 5). Il est vrai que les émancipés profitent du rapport fait par une *filia-familias,* quand la dot est profectice; et Cujas pense qu'il en doit être de même lorsque la fille dotée se trouve être une émancipée. Mais les deux situations sont bien différentes, et l'on ne peut raisonner par analogie de l'une à l'autre. Si les émancipés bénéficient du rapport de la dot, quand leur sœur est une *heres sua,* c'est que cette dernière a droit, de leur part, à la *collatio bonorum.* L'émancipée, au contraire, est complétement exclue des biens rapportés par ses frères; admettre ces derniers à prendre une part de la dot de leur sœur, ce serait établir entre les enfants une inégalité choquante, et aller directement contre le but même de l'institution.

La *collatio dotis* n'a-t-elle lieu qu'entre enfants succédant *eodem jure?* L'affirmative ne serait pas douteuse, à ne consulter que la loi 7 D, *hoc tit.* Mais, pour être sainement entendu, ce texte ne doit pas rester isolé de la loi précédente, qu'il est destiné à compléter dans la pensée des compilateurs du Digeste. Voici l'hypothèse, déjà étudiée en partie à propos de la *collatio bonorum.*

Un père institue son fils émancipé, et exhérède une *filia-familias,* qui intente la *querela inofficiosi testamenti.* Le testament n'est rescindé qu'en partie; l'émancipé conserve moitié des biens paternels, et il les conserve *ex testamento.* Quant à la fille, elle arrive *ab intestat.* La loi 6 décide que l'émancipé n'est pas tenu du rapport, et la loi 7 ajoute que sa sœur ne rapportera pas non plus sa dot : « nec ipsa dotem « fratribus suis conferet, cum diverso jure fratres « sunt heredes. » (1) — Cette solution est parfaitement juste, et s'appuie, indépendamment du motif donné par Paul, sur des considérations particulières à notre espèce; puisque les émancipés conservent l'intégralité

(1) Les rédacteurs du Digeste ont rapproché ces deux textes, empruntés d'ailleurs à deux jurisconsultes différents, sans prendre garde qu'ils ne concordaient pas de tous points ensemble, puisque le premier parle d'un seul frère, tandis que l'autre en suppose plusieurs. — Quelle hypothèse Paul prévoyait-il dans le passage qui forme la loi 7 ? On l'ignore, mais la place qu'occupe ce fragment ne laisse pas de doute sur l'application qu'en ont voulu faire les rédacteurs du Digeste.

de leur patrimoine, *æqualitatis ratione*, leur sœur doit être également dispensée du rapport de sa dot. Mais que faut-il penser de la règle elle-même formulée par le jurisconsulte en termes si absolus ? Elle existait certainement dans l'édit du préteur, qui n'avait introduit le rapport qu'entre personnes venant en qualité de *bonorum possessores*. Mais cette dernière condition ne fut pas maintenue, et nous avons vu que la fille *heres sua*, s'immisçant dans les biens paternels sans demander la possession de biens, devait la *collatio*, même à des émancipés qui ne pouvaient invoquer que ce mode prétorien de succession. La loi 7, prise isolément, semble dire le contraire; mais on peut l'expliquer en admettant que le jurisconsulte parlait de la dot adventice, dont le rapport n'était pas dû aux émancipés; peut-être aussi Paul leur refusait-il toujours le rapport, même dans le cas d'une dot profectice, car la question avait donné lieu à de grandes controverses, ainsi que le constate la loi 4, C. *hoc tit.* — Que si, dans l'espèce de la loi 6, l'institué était un *filius-familias*, et non un émancipé, pourquoi lui refuser la *collatio*, à laquelle il aurait eu droit s'il avait puisé dans la loi seule sa vocation à l'hérédité ? Est-ce que cette circonstance, qu'il y a été appelé par la volonté paternelle, peut avoir pour effet de rendre sa situation moins favorable ? — Il faut donc reconnaître que la fille rapporte sa dot, toutes les fois qu'elle succède autrement que *ex voluntate defuncti*, à quelque titre que ses frères et sœurs viennent à la succession. Mais il faut qu'ils se présentent en qualité d'héritiers. Si le défunt les a exhérédés, en leur laissant un simple legs, dont ils se contentent sans réclamer contre le testament, et, à plus forte raison, s'ils s'abstiennent de l'hérédité, ils n'auront pas droit au rapport.

La *collatio* n'est due qu'à ceux qui souffrent de la présence de la fille ; ainsi, en cas de partage par souches, ceux-là seuls y ont droit qui viennent en concours avec elle sur la même portion. La loi 1, §§ 2, 3 et 4, renferme des applications de ce principe. — Le *de cujus* laisse un fils, et deux petits-enfants issus d'un autre fils prédécédé; la petite-fille ne rapporte sa dot qu'au *nepos* son frère, et non à son oncle (qui garde intégralement la 1/2 à laquelle il aurait eu droit, si son frère avait survécu). Si le fils prédécédé n'avait qu'une fille, elle devrait le rapport à son oncle, et, le cas échéant, à ses cousins-germains issus d'autres fils prédécédés. S'il y a deux petites-filles, nées de pères différents, et toutes deux dotées, chacune doit le rapport à l'autre et au *patruus*; si elles ont le même père, la *collatio* ne se fait qu'entre elles.

Le droit d'exiger la *collatio dotis* passe aux héritiers, quels qu'ils soient, descendants ou autres (bien que la loi 14 C. *hoc tit.* ne parle que des descendants de celui au profit duquel ce droit s'est ouvert). La même transmissibilité existe passivement, à l'encontre des héritiers de la fille en la personne de laquelle est née l'obligation au rapport.

Le *nepos* qui recueille la succession de son aïeul, non plus par transmission, mais par représentation de son père prédécédé, peut exiger le rapport auquel son père aurait eu droit s'il eût survécu au *de cujus* (L. 1 § 3 D. *hoc tit.*). — Mais, à l'époque classique, la fille n'est pas représentée par ses propres descendants, qui sont sans droit sur la succession de leur aïeul maternel. L'obligation de *conferre dotem* ne peut donc naître que dans la personne même de la fille dotée, et il n'en saurait être question si elle meurt avant son père.

La volonté, expresse ou implicite, du père de famille peut dispenser la fille, même venant *ab intestat*, du rapport de sa dot. Il y a dispense tacite, d'après la loi 39 § 1 D. *fam. ercisc.*, quand le *de cujus* a partagé, par voie de codicilles *ab intestat*, tous ses biens entre son fils et sa fille dotée, en attribuant au premier une plus forte part; l'intention du père a été, bien évidemment, d'autoriser la fille à conserver sa dot, en assurant d'une autre manière le maintien de l'égalité entre ses enfants. Mais si tous les biens du de cujus n'avaient pas été compris dans ce partage, la fille ne pourrait, sans être tenue du rapport, réclamer sa part des objets restés dans l'indivision.

La renonciation à l'hérédité paternelle dispense-t-elle la fille du rapport de sa dot? Cela est incontestable pour l'émancipée, d'après les principes posés au titre I. Mais il paraît que la question avait souffert difficulté relativement à la *filia-familiás*, du moins en ce qui concerne la dot profectice. Les partisans de la négative envisageaient probablement cette dot comme un avancement d'hoirie, dont on ne pouvait garder une portion quelconque qu'à la condition de se porter héritier. Mais cette idée, qui devait plus tard inspirer nos coutumes de stricte égalité, fut condamnée en droit romain par un rescrit de Marc-Aurèle : « fuit quæstionis an, si sua heres filia patri cum fratribus, contenta dote, abstineat se bonis, compellatur eam conferre? Et divus Marcus rescripsit, non compelli abstinentem se ab hereditate patris. » Si la dot a été simplement promise, et que le paiement n'en soit pas encore effectué, elle pourra, dans le même cas, l'exiger de ses frères et sœurs ; car il y a là une dette de la succession, qui incombe à chacun d'eux en proportion de sa part héréditaire. (L. 9, D. *de dotis collatione.*)

§ II. — *De l'étendue de la collatio, et de la manière de l'effectuer.*

L'obligation de *conferre dotem* est très-générale. Que le mariage de la fille soit déjà dissous quand meurt le *decujus* ; que la dot ait été constituée par le père, ou par toute autre personne, (sauf que, dans ce dernier cas, la *collatio* n'est pas due aux émancipés); qu'elle ait déjà été livrée, ou qu'elle ne soit encore que promise; que la promesse soit pure et simple ou conditionnelle; il y a toujours lieu au rapport, à moins que la dot ne doive pas appartenir à la femme, même en cas de survie de cette dernière, ce qui arrive quand le constituant en a stipulé le retour à son profit pour l'époque de la dissolution du mariage.

Relativement à la manière dont se fait la *collatio*, plusieurs hypothèses doivent être distinguées :

1°. *Le mari a reçu tradition de la dot* (*dos data*). — Si le mariage dure encore, on ne peut contraindre le mari à la restituer; car il ne doit pas souffrir d'un fait qui ne le concerne nullement. Bien plus, il ne pourrait pas faire de lui-même une restitution anticipée; car ce serait une libéralité, et les libéralités sont prohibées entre époux pendant le mariage. (L. un. C. *si dos constante matrimonio soluta fuerit.*). Le rapport en nature est donc impossible; mais, d'un autre côté, comme la femme tire profit de sa dot, même *constante matrimonio*, il est juste d'exiger d'elle le rapport, qui se fera *minùs capiendo*, en imputant le montant de la dot sur ce qui doit revenir à la femme dans l'hérédité paternelle, grossie fictivement de la valeur à rapporter; ou en faisant prélever par chacun des autres enfants une somme équivalente sur les biens de la succession. En cas d'insuffisance de ceux-ci, force serait de recourir pour le surplus à une *cautio ;* la femme prendrait l'engagement, garanti par un nantissement ou par une fidéjussion, de compléter le rapport aussitôt qu'elle serait rentrée dans sa dot, ou qu'elle aurait de quoi indemniser ses cohéritiers.

Si la dissolution du mariage s'est produite antérieurement à l'ouverture de la succession (et il ne peut être ici question que du divorce, ou du prédécès du mari), la dot, restituée à la femme, est par elle rapportée en nature, c'est-à-dire mise en commun pour être distribuée entre les ayants-droit. On opère comme pour la *collatio bonorum*, c'est-à-dire que chaque tête ou chaque souche copartageante, y compris la fille elle-même, prend une part égale (L. 1, § 24, *in fine*, D. *de collat.*). On peut confondre la dot avec les biens héréditaires, et ne faire qu'un seul et même partage, s'il s'agit d'une dot profectice, ou s'il n'y a que des *sui*. Si la dot est adventice, et qu'il y ait d'autres enfants sortis de la famille civile du *de cujus*, le partage de la dot s'effectuerait séparément entre la fille et les héritiers siens seulement.

L'objet du rapport, c'est ce qui est *in dote*, c'est-à-dire ce que le mari doit restituer à la femme *soluto matrimonio*. Or, l'obligation de restituer ne s'applique pas toujours aux biens mêmes qui ont été constitués en dot ; si, par exemple, il s'agit de choses fongibles, ou d'objets estimés lors de la constitution (ce qui vaut vente au profit du mari), la restitution à faire par ce dernier, comme la *collatio* due par la femme, portera, dans un cas, sur des choses de même espèce et quantité ; dans l'autre, sur une somme égale au montant de l'estimation ; sans qu'il y ait à s'occuper de ce que sont devenus les objets constitués primitivement. S'agit-il, au contraire, de corps certains livrés au mari sans estimation, ce seront ces corps certains eux-mêmes qui, lors de la dissolution du mariage, devront être rendus à la femme, et par elle rapportés ; ils sont à ses risques, et à ceux de la succession à laquelle se fait la *collatio*. Il faut, je crois, appliquer par analogie la règle suivie en matière de *collatio bonorum*. On appréciera donc la consistance des biens rapportables au jour de la mort du de cujus ; et la femme, à partir de cette époque, doit veiller à leur conservation, en répondant non-seulement de son dol, mais encore de sa faute légère (L. 2 § 2, D. *de collatione*). On respectera, bien entendu, les actes de disposition légalement faits par le mari.

En ce qui concerne les impenses dont la dot a été l'objet de la part du mari, la loi 1 § 5, D. *de dot. col.* distingue : les impenses nécessaires (autres, bien entendu, que celles qui sont la charge des fruits) diminuent la dot de plein droit ; en conséquence, le mari est autorisé, lors de la restitution, à défalquer sur les sommes dotales le montant des déboursés ; et, si la dot ne se compose que de corps certains, à les retenir jusqu'à ce qu'il ait été désintéressé complétement

(L. 5 pr. D. *de imp. in res dot. factis*). Par contre, on déduit aussi le montant de ces impenses pour fixer le quantum du rapport. Mais on n'opère aucune déduction à raison des autres impenses. Cette décision ne me semble pas juste, au moins pour les dépenses utiles; car, bien qu'elles ne diminuent pas la dot de plein droit (L. 7 § 1, D. *de imp. in res dot. fact.*), cependant le mari a pu contraindre sa femme à lui tenir compte de la plus-value produite, soit au moyen de l'exception de dol, soit même par voie de déduction (L. 8, D. *eod. tit.* — L. 23, *sol. matrim.*) quand elles ont été faites du consentement de la femme; soit, depuis Justinien, qui a supprimé toutes les rétentions autrefois usitées en matière de dot, par les actions *mandati* ou *negotiorum gestorum* (L. un. § 5 C. *de rei uxoriæ. act.*). La succession profitait donc, sans bourse délier, d'une plus-value dont les frais restaient pour le tout à la charge de la fille, et s'enrichissait ainsi aux dépens de cette dernière.

Les intérêts ou les fruits de la dot sont dus par la femme, du jour où elle est en demeure de faire le rapport (L. 5, § 1, D. *hoc tit.*).

Lorsque le mari est insolvable, l'action *rei uxoriæ* se trouve frappée d'une inefficacité partielle ; car, à raison du bénéfice de compétence dont il jouit (L. 12, D. *sol. matrim.*), il ne peut être condamné que *in quantum facere potest*. Suivant Ulpien (L. 1, § 6, D. *hoc tit.*), la femme n'était tenue de rapporter,

en pareil cas, que ce qu'elle avait pu recouvrer (1). Décision bien équitable, car l'obligation de la femme doit être limitée au bénéfice qu'elle a retiré de la constitution de dot ; elle n'avait, d'ailleurs, aucun moyen pour prévenir ce résultat, puisque, pendant la durée du mariage, elle ne pouvait demander la restitution de sa dot que quand l'insolvabilité du mari était bien établie, « ex quo evidentissime apparuerit mariti facultates ad dotis exactionem non sufficere » (L. 24, D. *solut, matrim.)*, et que l'hypothèque légale établie par Justinien, pour sûreté de cette restitution, était inconnue à l'époque classique. — Cependant cette opinion d'Ulpien semble n'avoir pas prévalu, et il paraît que l'on obligeait la femme à rapporter le montant intégral de sa dot. C'est du moins ce que nous dit Justinien dans la novelle 97, ch. 6 : « Et novimus quidem pluri-
« mis judiciis duritiam posteà sic judicatam, et mulie-
« rem coactam conferre dotem, aut certe reputare pro
« se datam, ex qua nullum ei omnino contigit effectum
« in ipsis rebus recipere. » Nous reviendrons plus tard sur ce texte, qui a réglementé ce point a nouveau.

2°. *Dot promise et non encore livrée.* — S'il s'agit

(1) Le mari restait néanmoins obligé pour le surplus, et devait s'engager, par voie de *cautio*, à le payer dès qu'il serait revenu à meilleure fortune (L. 8, C. *sol. matrim.* — L. un. § 7, C. *de rei uxoriæ act.*). La femme devait aussi, je crois, en prévision de cette éventualité, donner caution pour le supplément du rapport dont elle pourra être tenue.

d'une dot profectice, et que la promesse ait été faite à la fille, celle-ci doit libérer ses frères et sœurs, pour la part qui incombe à chacun d'eux dans la dette contractée par le père, et devenue la dette de la succession : « Dos ita conferenda est, ut pro portionibus fratres a necessitate præstandæ ejus liberentur » (L. 2, C. *de collationibus*. — L. 1, § 8, D. *de dot. collat*). Le père s'est-il engagé envers son gendre ? La fille doit se charger de l'obligation tout entière, et obtenir de son mari la libération des autres enfants du *de cujus* ; si elle n'y parvient pas, elle doit s'engager à les défendre contre les poursuites qui pourront être dirigées contre eux.

Lorsque la dot a été promise par une autre personne que par le père, la fille donne caution de faire le rapport quand la dot aura été livrée. — Il faut encore recourir à la *cautio*, quand la dot, bien que profectice, a été promise conditionnellement. Tant que la condition n'est pas accomplie, il ne saurait être question de libérer les cohéritiers d'une obligation qui n'existe pas encore ; et l'on ne peut faire une acceptation conditionnelle (L. 4, D. *de acceptil.* — L. 77, D. *de reg. juris.*) : « Si sub conditione pater, vel extraneus « dotem promiserit, cautione opus erit, ut tunc con- « ferat mulier dotem cum dotata esse cœperit. » (L. 1, § 7, D. *de dotis collatione*).

Relativement à la sanction de la *collatio dotis*, on peut appliquer ce qui a été dit pour la *collatio bono-*

rum. Ce n'est pas une condition préalable de l'admission à l'hérédité, c'est une conséquence de cette admission même, et, si la fille n'y satisfait pas, sa vocation est regardée comme non avenue ; on ne l'admet pas au partage, et on lui refuse l'exercice des actions héréditaires (LL. 12, 14 et 15, C. *de collat.*) ; sa part accroît alors aux autres enfants. Pour éviter cette déchéance, il n'est pas besoin d'effectuer de suite le rapport, quand il doit se faire en nature. Il suffit que la fille s'oblige par voie de *cautio* à le réaliser postérieurement. La *cautio* serait même nécessaire, s'il y avait contestation entre les parties sur le quantum des biens à rapporter.

Quand le rapport se fait *per cautionem*, si la fille, *propter inopiam*, ne pouvait trouver de fidéjusseurs, elle ne serait pas déchue pour cela de sa part héréditaire, mais on aurait recours aux mesures conservatoires indiquées au titre précédent.

Enfin, si le partage avait été fait sans qu'on eût procédé au rapport, les cohéritiers ayant été trompés sur l'existence même ou sur le quantum de la dot, il y aurait lieu à une opération supplémentaire, et il entrerait dans la mission du juge de contraindre la fille à restituer ce qu'elle se trouverait avoir reçu de trop, en gardant exclusivement pour elle des valeurs qui devaient être partagées entre tous les enfants. — Suivant Vinnius (chap. 12, n° 10), les autres enfants auraient directement, dans ce but, contre leur sœur, une *condictio indebiti.* —. Que s'ils étaient encore en possession des biens héréditaires, la fille qui demanderait la délivrance de sa part sans faire *collatio* serait repoussée par l'exception de dol. (Vinnius, chap. 12, nº 10).

———

DEUXIÈME PARTIE

DE LA COLLATIO

D'APRÈS LES CONSTITUTIONS IMPÉRIALES, C'EST-A-DIRE D'APRÈS LE DROIT DU CODE ET DES NOVELLES.

Entre la *collatio* dans la période que nous avons étudiée jusqu'ici, et la *collatio* telle que nous la verrons organisée dans le dernier état du droit et après les travaux législatifs de Justinien, le contraste est frappant. D'un côté, une institution prétorienne, sorte de transaction entre le droit honoraire et le droit civil, destinée à indemniser les *sui* du préjudice que leur cause le concours de leurs frères sortis de la famille du *de cujus* ; ne s'appliquant qu'à la succession *ab intestat* du père ou des ascendants paternels ; imposée aux seuls émancipés, et portant, en principe, sur tous les biens, sauf ceux qui, pour un fils de famille, eussent constitué le pécule castrens. De l'autre, une institution ayant pour but le maintien de l'égalité entre descendants, quels qu'ils soient, héritiers *ab intestat* ou testamentaires d'un ascendant quelconque, et ne comprenant guère que les biens ayant fait autrefois partie du patrimoine du *de cujus*. Les différences, on le voit, sont nombreuses et essentielles, soit quant au caractère, soit quant à l'objet de la *collatio*, soit quant aux personnes entre lesquelles elle a lieu. Une transformation aussi considérable ne fut pas le produit d'une réforme radicale, mais l'œuvre des siècles, et la conséquence de réformes plus larges portant sur la constitution même de la famille, la capacité des enfants et l'organisation du régime successoral. — Entre les deux limites extrêmes, l'intervalle est rempli par de nombreux textes législatifs, émanés presque tous des princes du Bas-Empire. Parmi les modifications qu'ils introduisent, les unes existaient déjà en germe dans le droit de l'époque classique, et ne sont que le développement de principes déjà posés ; les autres découlent de l'extension donnée au droit de succession en ligne directe, et de la vocation héréditaire reconnue au profit des enfants vis-à-vis de la mère ou des ascendants maternels.

On peut rapporter ces modifications à trois époques principales, à chacune desquelles nous consacrerons un chapitre distinct :

1° Les constitutions impériales antérieures à Justinien.

2° Les constitutions de Justinien insérées au Code.

3° Les novelles de cet empereur.

CHAPITRE I

CONSTITUTIONS IMPÉRIALES ANTÉRIEURES A JUSTINIEN.

Elles modifient la *collatio*, soit quant à son objet, soit quant aux personnes qui y sont assujetties.

SECTION PREMIÈRE

Modifications concernant les biens soumis à la collatio.

Nous avons vu, dans notre première partie, qu'il y a corrélation entre les biens dont le rapport est dû par l'émancipé, et les biens qui sont acquis au père de famille par l'intermédiaire du fils soumis à sa puissance. Et, comme celui-ci, incapable à l'origine de rien avoir en propriété, acquérait tout pour son père, il s'ensuit que tous les biens de l'émancipé, sans exception, étaient sujets à la *collatio*.—Au commencement de l'Empire s'introduisit une première exception, dont nous avons constaté déjà l'existence. Auguste, Nerva, Trajan, désireux de s'attacher par des priviléges la faveur des soldats, qui devaient bientôt pouvoir, suivant leur bon plaisir, faire ou défaire des empereurs, créent le pécule castrens. Sans entrer ici dans des détails étrangers à notre sujet, on peut dire que ce pécule comprend : les objets mobiliers que le fils de famille, lors de son départ pour l'armée ou dans le cours de son service, a reçus de ses amis, de ses proches, de son père et de sa mère (L. 4 pr. et L. 11, D. *de castr. pec.* — L. 1, C. *eod. tit.*) ; sa part dans le butin fait à la guerre ; les économies réalisées sur sa solde ; les biens, même immobiliers, acquis avec les sommes en provenant ; les dispositions testamentaires, legs ou institutions d'héritier, faites en sa faveur par un compagnon d'armes, ou par tout autre, *qui non alias notus esse potuerit, nisi per militiæ occasionem* (L. 1 C. *de castr. pec.*); et en général, suivant Macer, *omne quod, nisi militaret, adquisiturus non fuisset* (L. 11, D. *eod. tit.*). Mais les acquisitions dont l'origine serait étrangère au service militaire n'entrent pas dans le pécule ; par exemple : l'hérédité maternelle, *quamvis in militia delata sit* ; l'institution d'héritier faite *ab agnato commilitone*, mais *ante commilitium* ; parce que le mobile du testateur était plutôt dans son affection pour son parent, que dans le sentiment de la confraternité militaire (L. 19 pr. D. *eod. tit.*).

Le pécule castrens fut pendant longtemps la seule dérogation aux principes sur la puissance paternelle. Mais, sous les empereurs de Constantinople, le droit de propriété devint accessible aux fils de famille dans une plus large mesure. Deux nouveaux pécules sont créés : le quasi-castrens et l'adventice.

En 320, Constantin (L. un. C. *de castr. omnium palatin. pecul.*) décida que tout ce que les officiers du palais acquerraient pendant la durée de leurs fonctions, par leur travail personnel ou par libéralités reçues de l'Empereur, leur appartiendrait en propre, et qu'ils le garderaient par préciput à la mort de leur père. Telle fut l'origine du pécule quasi-castrens. La même prérogative fut étendue, par la suite, à beaucoup d'autres personnes. Par Honorius, Théodose et Valentinien, aux avocats prétoriens, à plusieurs fonctionnaires du prétoire préfectoral, aux assesseurs et avocats de toutes les juridictions (LL. 4 et 8, C. *de advoc. divers. judic.* — L. 6, C. *de castr. pecul.* — L. 7, C. *de adsessoribus*). Par Léon et Anthémius, aux évêques, aux prêtres et aux diacres orthodoxes (L. 34 C. *de episcopis et clericis*). Il faut ajouter à cette nomenclature les sous-diacres et autres ordres du clergé (Nov. 123, chap. 19). Enfin la faculté d'avoir un pécule quasi-castrens paraît encore avoir été reconnue, même avant Justinien, aux proconsuls, préfets des légions, présidents des provinces, et à tous les autres fonctionnaires, pour le traitement qu'ils touchent sur les fonds du trésor public, et pour les gratifications provenant de la munificence impériale (L. 37, C. *de inoff. test.*).

Le pécule adventice fut également institué par une

constitution de Constantin portée en 319. Il ne comprit d'abord que les biens recueillis par l'enfant dans la succession, testamentaire ou *ab intestat*, de sa mère prédécédée (L. 1, C. *de bonis maternis*). Arcadius et Honorius y firent entrer, d'une manière générale, les choses provenues des ascendants maternels, par libéralité à quelque titre que ce soit, don, legs, fidéicommis, institution d'héritier, ou par succession *ab intestat* (L. 2, C. *de bonis maternis*), ce qui comprenait la donation entre-vifs faite par la mère, laquelle ne rentrait pas dans la loi précédente. Ce même pécule s'accrut, sous Théodose et Valentinien, des libéralités faites par un époux à l'autre, et des autres gains nuptiaux (LL. 1 à 3, C. *de bonis quæ liberis*) ; sous Léon et Anthémius, des avantages entre simples fiancés (L. 5, C. *eod. tit.*). Ce pécule se distingue des deux autres en ce que les biens dont il se compose sont à l'enfant pour la nue-propriété seulement, l'usufruit appartenant au père de famille.

Cette théorie des pécules ne concernait pas l'émancipé (L. 182, D. *de verb. signif.*) ; car, en sa qualité de *sui juris*, tout ce qu'il acquérait à un titre quelconque entrait dans son patrimoine, et devenait sa propriété, sans aucune des distinctions précédentes, et avant même que les constitutions impériales ne fussent venues adoucir la condition des *sui*. Ce n'est pas à dire, néanmoins, que ces innovations demeurèrent pour lui indifférentes ; elles eurent cette conséquence de soustraire à la loi du rapport les biens rentrant dans l'une des catégories ci-dessus désignées.

Ce résultat est incontestable pour ceux qui, entre les mains d'un fils de famille, eussent constitué un pécule castrens ou quasi-castrens (L. 1, § 15, D. *de collat.*, interpolée par l'addition des mots *quasi-castrense*). Ces deux pécules étaient, quant à la matière qui nous occupe, régis par les mêmes règles, quelles que soient les différences qui aient pu les séparer à d'autres points de vue, avant leur assimilation complète par Justinien, notamment en ce qui touche le droit pour le *filius-familias* d'en disposer par testament.

Pour le pécule adventice, la loi 21 C. *de col.*, émanée de Justinien, est le premier texte qui contienne dispense formelle du rapport, et l'Empereur s'exprime de manière à faire croire que des difficultés s'étaient élevées avant lui à cet égard, « ut nemini de cætero super collatione dubietas oriatur. » Néanmoins, on doit admettre, sans hésiter, que les biens compris dans ce pécule échappaient à la *collatio*, même pour l'époque antérieure à Justinien ; car un *suus* en aurait eu également la propriété, et les eût conservés pour lui seul, à l'exclusion des autres enfants, lors du partage. Mais, d'après les mêmes principes, le rapport est dû à raison des revenus produits jusqu'à la mort du *de cujus* par les biens adventices, dont le père aurait eu la jouissance s'il se fût agi d'un *filius-familias*.

C'est l'avis de Cujas, de Vinnius (chap. 11, n° 3) qui, toutefois, y apporte un tempérament : il faudra tenir compte, dit-il, des aliments fournis par le père aux enfants restés sous sa puissance, aliments qui ont été pris sur la masse commune, tandis que l'émancipé a dû pourvoir à ses propres frais à son entretien.

Mais l'ancienne règle subsistait pour tout ce qui n'avait pas été érigé en pécule castrens, quasi-castrens ou adventice. L'émancipé devait donc rapporter encore : les biens qu'il avait gagnés par son travail et son industrie, ou qui lui étaient obvenus par don de fortune ; ceux acquis à titre gratuit ou onéreux d'un étranger ; les biens reçus du père de famille. Il est vrai que la loi 17, *in fine*, C. *de collat.* ne fait mention que des biens d'origine paternelle ; mais on pense généralement qu'elle a dû être interpolée par les rédacteurs du Code, pour la mettre en harmonie avec le droit nouveau introduit par Justinien ; car, avant cet empereur, le pécule adventice n'était pas encore arrivé à comprendre toutes les choses provenues *aliundè quam ex substantia patris* (Voir notamment M. Machelard, à son cours). — Est-il bien nécessaire, toutefois, de supposer ici une interpolation ? En admettant même que nous ayons là le texte véritable de la constitution de Léon, le silence qu'elle garde à l'endroit des autres catégories de biens ne serait nullement exclusif. Ce n'est qu'accessoirement, et d'une manière fort secondaire, qu'elle s'occupe de la *collatio* due par l'émancipé ; on n'en peut donc tirer d'argument *à contrario* pour soustraire au rapport des choses qui, d'après les principes, doivent y rester soumises, et qui n'en ont pas été dispensées par un texte formel. La loi 17 s'en est d'ailleurs référée sur ce point aux règles suivies antérieurement, « pro tenore præcedentium legum ».

Quant à la *dotis collatio*, elle se trouva aussi nécessairement modifiée par la création du pécule adventice. Ainsi, la fille dut être dispensée du rapport de la dot à elle constituée par sa mère ou par un ascendant maternel, vis-à-vis même de ses frères et sœurs *in potestate*, dès l'instant où ceux-ci purent, de leur côté, acquérir en propriété les biens d'origine maternelle. Les revenus eux-mêmes produits par cette dot pendant la durée du mariage, échappaient à la *collatio*, car ils avaient une affectation spéciale, et appartenaient au mari pour l'aider à subvenir aux charges du mariage.

Mais la dispense ne s'étendait pas à toute dot adventice en général. Celle constituée par un collatéral ou par un étranger devait toujours être rapportée, du moins aux héritiers siens, suivant l'ancienne distinction. Godefroy émet cependant l'avis que la dot profectice seule était soumise au rapport sous les princes du Bas-Empire ; il s'appuie sur une constitution d'Arcadius et d'Honorius, qui forme la loi 1, au Code Théod., *unde liberi* (Liv. 4, Tit. 2). Mais l'argument *à contrario* qu'il tire de cette loi ne forme pas une base suffisante pour introduire une innovation aussi considérable ; il vaut mieux s'en tenir à la disposition si impérative de la loi 4 C. Just. *de collat.*, relativement au rapport de la dot adventice, pour tous les cas dans lesquels les principes ne commandent pas de faire exception.

D'un autre côté, une institution matrimoniale, inconnue à l'époque classique, s'introduisit plus tard dans la législation romaine : la donation *antè nuptias*, faite à la femme par le mari, ou par un tiers en son nom. Les premières traces n'en remontent qu'aux empereurs Valentinien et Théodose (L. 17, C. *de don. ante nupt.*). — Dans le principe, elle devait précéder le mariage, d'où la dénomination d'anténuptiale. Mais, depuis Justin, on put l'augmenter *in matrimonio* (L. 19, C. *eodem tit.*) ; et Justinien, qui permit même de la constituer pour la première fois durant le mariage, changea son nom en celui de donation *propter nuptias* (L. 20, C. *eodem tit.*). — Ce n'était pas une donation ordinaire, transférant à la femme un droit immédiat sur les objets qui s'y trouvaient compris ; mais elle servait de garantie et de compensation à la dot. Ainsi, les biens donnés *propter nuptias* échappaient aux poursuites des créanciers du mari ; en cas d'insolvabilité de ce dernier, la femme pouvait s'en faire mettre en possession au moyen d'une action réelle ; seulement, tant que durait le mariage, elle n'avait que le droit d'en percevoir les revenus et de les employer à l'entretien de la famille (L. 29, C. *de jure dotium*).—L'époux qui, par sa faute, avait donné lieu au divorce, perdait sa dot s'il s'agissait de la femme, la donation à cause de noces s'il s'agissait du mari. (L. 8, §§ 4 et 5. C. *de repudiis*). —Lorsqu'il avait été stipulé au profit du mari survivant une retenue sur la dot, une retenue semblable avait lieu, sur la donation *propter nuptias*, au profit de la femme, dans le cas de survie de cette dernière (L. 9, C. *de pactis conventis tam super dote.* — Just. Nov. 97, chap. 1).

Enfin la donation *propter nuptias* formait pour le fils, quoique soumis à la puissance paternelle, un véritable patrimoine. C'était vraiment la dot du mari, *antipherna*, comme l'appelle Justinien dans la loi 20, C. *de don. propt. nupt.*; et l'empereur ajoute : « et nomine, et substantia, nihil distat a dote ante nuptias donatio ».

En présence d'une assimilation aussi complète, il semble rationnel de penser que la donation *propter nuptias*, dès l'instant où l'usage s'en introduisit, fut sujette à la *collatio*, même de la part d'un *suus*, et suivant des règles identiques à celles de la dot. Dans ce système enseigné par Cujas, la loi 17, C. *de collat.*, dont nous parlerons tout à l'heure, n'aurait fait, en ce qui touche la donation *propter nuptias*, que consacrer en principe un usage antérieur, tout en y apportant du reste de sérieuses modifications. Mais ce n'est là qu'une conjecture, que semble même démentir la loi 29, C. *de inoff. testam.* où nous voyons le rapport de la donation *antè nuptias* présenté comme une innovation de l'empereur Léon.

SECTION II

Modifications relatives aux personnes entre lesquelles se fait la collatio.

Nous avons toujours supposé jusqu'ici qu'il s'agissait de la succession du père, ou de tout autre ascendant investi de la *patria potestas*, c'est-à-dire d'un aïeul paternel. C'est dans cette hypothèse seule que peut se rencontrer la distinction, fondamentale en notre matière, des héritiers siens et des enfants non compris dans la famille civile du *de cujus*.

D'après l'anciendroit civil, les enfants succédaient à leur mère lorsqu'elle leur était unie par les liens de l'agnation, c'est-à-dire lorsque la *manus* avait existé entre elle et son mari. Il en était de même de l'aïeule paternelle, quand elle avait été sous la *manus* de l'aïeul. En pareille occurence, les *liberi* succédaient moins à une ascendante, qu'à une *soror consanguinea* ou à une *amita*. Sauf ce cas unique, ils ne pouvaient se présenter que par la *bon. pos. undè cognati*.

Cette *bonorum possessio* était même leur seule ressource, lorsqu'il s'agissait de l'hérédité d'un ascendant maternel, à la famille duquel ils étaient toujours étrangers, *quia patris, non matris, familiam sequuntur*; ressource bien insuffisante, qui ne leur donnait rang qu'après tous les agnats, même les plus éloignés.

Une première réforme date du sénatus-consulte Orphitien (rendu sous le règne de Marc-Aurèle et de Commode, en 178 après J.-C.), qui appela les enfants à l'hérédité *ab intestat* de leur mère, indépendamment de toute *conventio in manum* de celle-ci, en première ligne, et à l'exclusion des agnats. (Inst. Just. pr. *de S.-C. Orphitiano*. — Ulp. *reg*. T. 26, § 7).

Ce sénatus-consulte ne s'était pas occupé de la succession des ascendantes autres que la mère, ni de celle des ascendants maternels. L'ancien état de choses persistait à leur égard, et ne fut modifié qu'en 389, par une constitution des empereurs Valentinien, Théodose et Arcadius. Prévoyant d'abord le cas où le *de cujus* laisserait des enfants, ses héritiers siens, et des petits-enfants issus d'une fille prédécédée, la loi décide que ces *nepotes* prendront, non pas la totalité, mais les 2/3 de la part que leur mère survivante aurait recueillie ; l'autre tiers allant accroître la portion des héritiers siens, leurs oncles et tantes maternels. Si le défunt n'a pas laissé d'autres descendants, mais seulement des agnats qui, d'après le droit antérieur, aurait exclu les *nepotes ex filia*, ceux-ci ne recueilleront pas toute la succession, comme aurait fait leur mère si elle avait survécu, mais ils en laisseront 1/4 aux agnats, comme une sorte de Falcidie.

Les mêmes règles doivent s'appliquer à la succession de l'aïeule paternelle ou maternelle : « Hæc eadem quæ de avi materni bonis constituimus, de aviæ maternæ, sive etiam paternæ, simili æquitate sancimus. » (L. 4, C. Théodos. *de legit. hered.*).

Justinien (L. 12, C. *de suis et legit.*) supprima l'ancienne retenue du quart au profit des agnats, qui, désormais, seront toujours complétement exclus par les descendants quels qu'ils soient ; et, en insérant dans son Code, où elle forme la loi 9 *eodem tit.*, la constitution précitée de Valentinien, Théodose et Arcadius, il eut soin d'en remanier le texte, pour ne plus laisser subsister que la disposition relative à la retenue d'un tiers au profit des héritiers siens. Cette dernière retenue est encore mentionnée aux Institutes, qui nous en donnent le motif, « ut amplius aliquid sit eis, qui non solum naturæ, sed etiam veteris juris suffragio muniuntur » (Instit. *de hered. quæ ab intestato*, § 15) ; mais elle devait disparaître à son tour, et la novelle 18, chap. 4, supprima ce dernier vestige de l'ancienne supériorité des descendants par les mâles sur les descendants *per fœmininum sexum*.

Les descendants appelés par les lois nouvelles, étrangers à la famille civile du *de cujus*, puisaient uniquement dans le lien du sang leur qualité d'héritiers; aussi l'émancipation, comme toute autre *capitis deminutio minima*, était-elle ici chose indifférente, et ne mettait pas d'obstacle à la successibilité, puisque la puissance paternelle n'avait jamais pu appartenir au défunt sur les descendants dont il s'agit, même abstraction faite de toute diminution de tête. C'est assez dire que la *collatio*, tant qu'elle demeura conforme aux principes qui formaient sa base première, ne put recevoir d'application dans les successions nouvelles. Et d'abord, en ce qui concerne la mère ou l'aïeule, privées de la puissance paternelle, et n'ayant jamais aucun droit sur les acquisitions faites par leurs enfants, ceux-ci se trouvaient tous dans une situation identique, sans qu'il y eût à tenir compte de leur qualité de *sui* ou d'émancipés; et le concours des uns ne pouvait causer aux autres aucun préjudice dont ils fussent fondés à demander la réparation, ce qui écarte toute idée de *collatio*.—Dans la succession de l'aïeul maternel, les *nepotes ex filia* ne devaient pas non plus le rapport de leur propre chef; mais, comme représentants de leur mère, ils étaient tenus, aux termes d'une constitution d'Arcadius et d'Honorius portée en 396, de rapporter la dot qui lui avait été constituée, et dont elle-même aurait dû, en cas de survie, faire *collatio* aux autres enfants du *de cujus*. Sur la dot ainsi rapportée, comme sur tous les autres biens compris dans la masse partageable, les *nepotes*, à eux tous, prenaient seulement les 2/3 de la part qu'aurait recueillie leur mère survivante. — Je crois, avec Vinnius, qu'ils devaient ce rapport, alors même qu'ils auraient répudié la succession de leur mère; car cette renonciation n'empêche pas qu'ils ne la représentent, et qu'ils ne doivent dès lors supporter les charges auxquelles elle-même eût été soumise. La loi 5 C. théodos. *de legit. hered.* ne fait, d'ailleurs, aucune distinction à cet égard, et ne leur donne qu'un seul moyen d'échapper à l'obligation qu'elle leur impose, c'est de s'abstenir de l'hérédité de l'aïeul : « Nepotes ex filia avis pro rata parte hac conditione succedant, qua et matres, si viverent, hereditatem patrum cum fratribus sibi vindicarent. Scilicet ut, mixtis matrum suarum dotibus, avi hereditatem, pro rata parte quam lex divalis censuit, cum avunculis partiantur... Nec amplius his quidquam de avitis facultatibus tribuatur, quam legis dudum latæ sanctio comprehendit; scilicet detracta tertia partis ejus quæ eorum matri, si dotem jungeret, debebatur. Si vero dotem matris miscere noluerint, maternis ac paternis facultatibus oportet esse contentos, quos constat alienæ jam familiæ esse procreatos. » — Mais il n'y a pas lieu au rapport, si les *nepotes ex filia* ne concourent qu'avec des agnats du *de cujus*. (Vinnius, chap, 7, n° 3).

Ainsi la loi 4, C. Théod. subrogeait les petits-enfants, incomplétement il est vrai, dans les droits qu'aurait eus leur mère en cas de survie; corrélativement, la loi 5 vint les assujettir aux mêmes charges; c'était une conséquence équitable, un complément naturel de la première disposition, plutôt qu'un pas bien prononcé dans le sens de l'application du rapport aux successions nouvelles.

Mais, en 467, Léon, novateur plus hardi, rompit d'une manière complète avec les anciens principes, du moins en ce qui concerne la *dotis collatio*. On ne s'attache plus aux différences existant dans la situation juridique des enfants, et au préjudice qui en résulte pour quelques-uns d'entre eux; il n'est plus nécessaire qu'il s'agisse d'un ascendant investi de la puissance paternelle, et acquérant ainsi par l'intermédiaire de ses enfants. La pensée de l'Empereur, très-nettement formulée dans les termes mêmes de la constitution, c'est le rétablissement de l'égalité entre les descendants; c'est que l'un ne doit pas recueillir plus que l'autre dans les biens ayant appartenu au *de cujus*. En conséquence, tous les descendants, émancipés ou *sui*, quels que soient leur sexe et leur degré, succédant *ab intestat* à un ascendant quelconque, père, mère, aïeul ou aïeule paternels ou maternels, se devront réciproquement le rapport de la dot ou de la donation *ante nuptias*, donnée ou promise à chacun par le défunt; peu importe que cette dot ou cette donation *ante nuptias* ait été constituée directement par l'ascendant au nom de son successible, ou par ce dernier lui-même, mais avec des valeurs reçues à cet effet du *de cujus* : « Ut liberis, tam masculini quam « fœminini sexus, sive sui juris, sive in potestate con- « stitutis, quocumque jure intestatæ successionis... « æqua lance pariquo modo prospici possit, hoc « etiam, æquitatis studio, præsenti legi credidimus « inserendum, ut, in dividendis rebus ab intestato « defunctorum parentum, tam dos quam ante nuptias « donatio conferatur, quam pater vel mater, avus vel « avia, proavus vel proavia, paternus vel maternus, « dederit vel promiserit pro filio vel filia, nepote vel « nepte, pronepote vel pronepte ; nulla discretione « intercedente, utrum in ipsas sponsas pro liberis « suis memorati parentes donationem contulerint, « an in ipsos sponsos earum, ut per eos eadem in « sponsas donatio celebretur ; ut in dividendis rebus « ab intestato parentis, cujus de hereditate agitur, ea- « dem dos vel ante nuptias donatio ex substantia ejus « profecta conferatur... »

En résumé, trois innovations capitales découlent de ce texte important :

1° Les émancipés se rapportent mutuellement ce qu'ils ont reçu du défunt à titre de dot ou de donation *ante nuptias*. C'est une dérogation à la règle suivant laquelle *inter emancipatos cessat collatio*.

2° La *collatio dotis* ou *donationis propter nuptias*

aura lieu désormais dans la succession de la mère ou de l'aïeule. Et les *nepotes ex filia*, que la loi 5 C. théod. *de legit. hered.* obligeait déjà au rapport de la dot de leur mère prédécédée, devront rapporter aussi la dot ou la donation *ante nuptias* qu'ils auraient reçue personnellement.

3° Enfin, on peut soutenir, sur le témoignage de l'empereur Zénon, que la donation *ante nuptias* a été pour la première fois soumise à la *collatio* par la constitution qui nous occupe : « quoniam novella constitutio divi Leonis ante nuptias donationem a filio conferri, ad similitudinem dotis quæ a filia confertur, præcepit. » (L. 29 C. *de inoff. testam.*).

— Remarquons, en terminant, que la loi 17 C. *de collat.* ne s'est occupée que de la dot et de la donation *ante nuptias* profectices, en donnant à cette dernière expression un sens plus large qu'autrefois, et en l'appliquant aux biens provenus de l'ascendant, quel qu'il soit, de la succession duquel il s'agit : « ut in dividendis « rebus ab intestato parentis, cujus de hereditate « agitur, eadem dos vel ante nuptias donatio ex sub« stantia ejus profecta conferatur... » — Pour tout le reste, on demeure sous l'empire des anciens principes. Ainsi, dans la succession du père ou de l'ascendant paternel, la dot adventice, sauf celle d'origine maternelle, doit toujours être rapportée aux héritiers siens.

Enfin les derniers mots de la loi 17 réservent formellement la *collatio* à la charge de l'émancipé. J'ai exposé ci-dessus les transformations subies par l'ancienne *collatio bonorum*, et l'état de cette institution à l'époque à laquelle nous sommes parvenus. Je ne puis que renvoyer à ce que j'en ai dit.

CHAPITRE II.

DE LA COLLATIO D'APRÈS LES CONSTITUTIONS DE JUSTINIEN.

Les constitutions dont nous venons de présenter l'analyse, tout en introduisant le principe de la *collatio* dans les successions nouvelles, avaient laissé place à beaucoup d'incertitudes et de controverses, pour le cas où des descendants de degrés inégaux se trouveraient appelés concurremment à la succession. Ainsi, d'après la loi 5 C. théod. *de legit. hered.*, les *nepotes ex filia* devaient rapporter la dot constituée par le *de cujus* à leur mère prédécédée; mais, comme le texte ne leur imposait expressément cette obligation qu'envers leurs oncles, *avunculi*, ils en avaient argumenté *à contrario* pour refuser le rapport à leurs tantes, *materteræ*. — D'autre part, la loi 5 ne parlait que de la succession de l'*avus maternus*. Fallait-il, par extension, l'appliquer à l'hérédité de l'aïeule ?

Le champ de la controverse s'étendit encore, quand la donation *ante nuptias* vint figurer à son tour parmi les biens rapportables; et l'on eut, dès lors, à se demander si les *nepotes ex filio* devaient rapporter à leurs *patrui* et à leurs *amitæ* ce que le fils prédécédé avait reçu à ce titre du défunt. — La loi 17 ne tranchait pas cette question, puisqu'elle ne s'était occupée que des choses données au successible lui-même.

Enfin, et malgré les termes si généraux de cette loi 17, il paraît qu'on n'avait voulu l'appliquer qu'entre descendants de même degré; car les fils et filles, en concours avec des petits-enfants issus d'une fille prédécédée, et même d'un fils (s'il s'agit de la succession d'une *avia*), leur refusaient le rapport « eo quod nulla constitutio super hujusmodi collatione posita esset. »

L'attention de Justinien se porta d'abord sur ces distinctions subtiles, qui pouvaient bien résulter de l'interprétation littérale des textes, mais que rien ne justifiait au point de vue rationnel, et il les supprima par la loi 19 C. *hoc. tit.*—En conséquence : 1°. Les fils ou filles, qui auraient reçu du de cujus une dot ou une donation *ante nuptias*, en devront le rapport, non-seulement à leurs frères et sœurs, mais aux *nepotes*, leurs neveux et nièces, issus d'enfants prédécédés. Justinien ne fait, à cet égard, que généraliser les règles de l'ancienne *collatio dotis*, que les *nepotes ex filio* pouvaient exiger de leur *amita* dans la succession de l'aïeul.

2°. Les *nepotes ex filio* ou *ex filiâ* devront rapporter à leurs oncles et tantes, sans distinction, *patrui, amitæ, avunculi, materteræ*, la dot ou la donation *ante nuptias* constituée par l'aïeul au *parens* qu'ils représentent.

La loi 19, *in fine*, maintient d'ailleurs l'ancienne retenue du 1/3 imposée aux *nepotes* par la constitution de Valentinien, Théodose et Arcadius (L. 9 C. *de suis et legit. hered.*), retenue frappant sur toute la masse partageable, y compris les biens rapportés. Justinien avait donc principalement en vue les successions nouvelles introduites par cette constitution. Toutefois, le *nepos ex filio*, succédant d'après l'ancien droit civil à son *avus paternus*, n'en sera pas moins tenu de rapporter à ses *patrui* et à ses *amitæ* la donation *ante nuptias* que son père avait reçue, et qu'il aurait dû rapporter en cas de survie; car son enfant le représente, et ne peut avoir plus de droits que lui-même. Mais la retenue du tiers est ici sans application. Elle a d'ailleurs été supprimée, et d'une manière générale, pour tous les descendants, par Justinien, dans la novelle 18, chap. 4.

Quid enfin de la dot et de la donation *antè nuptias* reçues par le *nepos* lui-même? Il en doit incontestablement le rapport (L. 17 — L. 20 § 1 C. *hoc. tit.*); mais à qui? Est-ce seulement aux *nepotes ex eodem parente*, à l'exclusion de ses oncles et tantes? Cujas le soutient, en se fondant sur les lois 1 §§ 2, 3, 4, D.

de dotis col. et 1 § 18 D. *de conjung. cum emancip.* — Mais prenons garde que ces textes se réfèrent à l'ancienne *collatio*, basée sur l'idée d'un préjudice causé, et ne profitant qu'à ceux qui encourent ce préjudice. On ne peut donc transporter ces décisions en notre matière, régie par des principes tout différents. Qu'il s'agisse de libéralités faites à l'un des membres d'une souche copartageante, ou à l'auteur même de cette souche, l'égalité n'en est pas moins détruite, et elle ne peut être rétablie qu'à la condition de remettre dans la masse les biens sortis du patrimoine du de cujus, pour les partager, *in stirpes*, entre tous les descendants, comme les autres biens héréditaires (Voir, en ce sens, Vinnius chap. 12, nº 2, et Voët). Les *nepotes* profitent du rapport effectué par leurs oncles et tantes. Pourquoi ceux-ci ne pourraient-ils invoquer le bénéfice de la réciprocité?

Les autres innovations de Justinien sont principalement relatives à l'objet de la *collatio*. Il en est qui s'appliquent à tous les descendants en général : nous nous en occuperons d'abord; puis nous verrons ce qu'est devenue la *collatio emancipati*, et nous étudierons, à ce sujet, l'importante question des donations simples profectices.

§. I. — Les enfants exhérédés par le père de famille, omis par la mère ou par un ascendant maternel, sans cause légitime, pouvaient attaquer et faire tomber le testament comme inofficieux, quand ils n'avaient pas reçu d'ailleurs, soit au moyen de dispositions à cause de mort, soit même par certaines libéralités entre-vifs, le quart au moins de ce qui devait leur revenir ab intestat, ce qu'on nommait la quarte légitime ou falcidie. — Entre la matière du rapport et celle de l'imputabilité sur la quarte, une certaine corrélation tendit d'assez bonne heure à s'établir. Ainsi, dans une constitution déjà citée (L. 29 C. *de inoff. testam.*), Zénon déclare imputables sur la quarte la dot et la donation anté-nuptiale constituées par le de cujus, en se fondant précisément sur ce que l'empereur Léon (L. 17. C. *de coll.*) les avait soumises au rapport. — Justinien, en 529, (L. 20 C. *hoc. tit.*) généralisa cete idée, et décida « ut omnia quæ in quartam portionem ab intestato computantur his qui ad actionem de inofficioso testamento vocantur, etiam si intestatus is decesserit ad cujus hereditatem veniunt, omnimodo coheredibus conferant. » — Ces expressions, toutefois, sont trop absolues, et ont besoin d'un tempérament. Les legs, fidéicommis, et donations *mortis causâ* s'imputent certainement sur la légitime, et néanmoins ne sont pas rapportables ; car ces actes ne produisent effet qu'à la mort du disposant, et il est de principe que tout ce que le successible acquiert après le décès du de cujus échappe à la *collatio*. C'est là une règle fondamentale, à laquelle rien n'annonce que Justinien ait voulu déroger ici, en présence des textes nombreux qui la consacrent.

(L. 4 D. *de dotis col.* — LL. 6, 13, 15, C. *de col.*) — Notre loi 20 ne concerne donc que les libéralités entre vifs, parmi lesquelles sont imputables sur la quarte :

1°. La dot et la donation *propter nuptias* (L. 29 C. *de inoff. test.*). Nous nous en sommes déjà occupés, et n'avons plus à y revenir.

2°. *La donatio simplex*, faite sous condition d'imputation, « eâ conditione ut hæc inter vivos donatio in quartam ei computetur » (L. 35 § 2 C. *de inoff. testam.* — L. 25, D. *eodem tit.*). Nous en parlerons plus loin.

3° Enfin, la donation faite *ad militiam emendam*. On appelait *militiæ*, au temps du Bas-Empire, certaines fonctions, principalement des emplois du palais impérial (*adjutores quæstoris, scriniarii, silentiarii*). Plusieurs d'entre les *militiæ*, mais non pas toutes, étaient de véritables offices vénaux, cessibles entre-vifs à prix d'argent, ou transmissibles héréditairement, sinon pour la fonction, du moins pour la finance, comme on dirait aujourd'hui. Le successeur devait au titulaire précédent ou à ses héritiers une somme, qui, dans certains cas, avait été législativement déterminée (LL. 7 et 11 C. *de proximis sacr. scriniorum.* — Nov. 35, *de adjutoribus quæstoris*).

Lorsque ce sont les deniers du *de cujus* qui ont servi à pourvoir l'enfant d'un de ces offices, il est tenu d'en imputer l'émolument sur sa légitime. A cet effet, on calcule, en s'attachant au grade occupé par lui lors du décès de son ascendant, quelle somme le successeur devrait verser aux héritiers de l'officier, en cas de vacance survenue par la mort de celui-ci ; et c'est de pareille somme que se fera l'imputation (L. 30 § 2 C. *de inoff. testam.*). Les mêmes principes serviront à déterminer l'étendue du rapport, dans la succession *ab intestat* de l'ascendant donateur. Une seule exception avait été admise, en faveur des *silentiarii* (officiers chargés de veiller pendant la nuit à la tranquillité du palais). Une constitution d'Anastase (L. 5 C. *de silentiariis*) les avait dispensés de toute imputation sur la quarte, et de toute *collatio* à raison de leur office. Justinien leur confirme cette prérogative, et en général toutes celles qui leur avaient été concédées (L. 30 C. *de inof. testam.* — Nov. 53, chap. 5, § 1 *in fine*).

Il faut donc bien se garder de confondre ces *militiæ* avec les *honores* ou *dignitates*, titres purement personnels à celui qui en est revêtu, et qui, à sa mort ou à son remplacement, ne laissent rien dans son patrimoine. Les impenses faites par le père pour procurer à son fils une *dignitas*, ou pour l'aider à en supporter les charges, ne sont pas rapportables, et les engagements contractés par le père dans le même but grèveraient toute sa succession, et n'incomberaient pas exclusivement à celui *qui dignitatem meruit* (L. un. C. *de peric. success. par.*). Cela est vrai de l'émancipé comme du *suus*. Mais il y a une particularité de plus à noter pour le *suus* investi d'un *munus publicum*; c'est que le père se trouve, de plein droit, tenu des charges qui y sont attachées, lorsque la nomination a eu lieu de son consentement exprès ou tacite(L. 2 pr. D. *ad municip.* — L. 1 C. *de filiisfam. et quemadm.*). En conséquence, ce fils pourrait prélever, dans la succession paternelle, une somme égale à celle dont sa gestion l'aurait constitué débiteur ou reliquataire, bien loin de devoir aucun rapport pour ce que le *de cujus* aurait déjà eu de ce chef à débourser (L. 20, § 6, D. *fam. ercisc.*).

§ 2.—La *collatio* primitive, celle imposée aux *liberi emancipati* dans la succession du père de famille, s'était maintenue durant la période précédente, mais avec de notables restrictions, résultant surtout de l'introduction du pécule adventice. Justinien fit dans cette même voie un pas considérable ; par une constitution de l'an 529 (L. 6, C. *de bonis quæ liberis*), il rangea dans le pécule adventice, *ad exemplum tam maternarum quam ex nuptialibus causis adquisitarum rerum*, tous les biens provenus *aliunde quam ex patris substantia*. L'enfant les acquérait dès lors en propriété, et le père n'en avait plus que l'usufruit. Tout ce qui échappait ainsi, en faveur du *suus*, à l'acquisition paternelle, devait corrélativement, entre les mains de l'émancipé, être dispensé du rapport. C'est ce qui résulte positivement de la loi 21 C. *de collat.*, rendue peu de temps après la constitution précitée, dont elle est comme le corollaire. La *collatio* ne comprenait donc plus désormais, d'une manière absolue, que les biens profectices, et l'usufruit de tous les autres biens, à l'exception de ceux qui figuraient dans les pécules castrens et quasi-castrens. « Hodie igitur », disent les Basiliques, « liberi emancipati profectitia tantum et « usumfructum adventitiorum conferunt. »

Les objets dont le père dispose en faveur de ses enfants par voie de donation simple (par opposition à la dot, à la donation *propter nuptias*, et à la donation *mortis causa*), sont certainement profectices. Et, cependant, le point de savoir si le rapport en est dû a soulevé de grandes controverses parmi les interprètes. La question est complexe. Nous l'envisagerons successivement à l'égard du fils de famille et de l'émancipé, d'après la législation antérieure à Justinien, et suivant le droit introduit par ce prince.

I. Primitivement, en ce qui touche le fils de famille, la question ne pouvait pas se présenter. Car, en vertu des principes sur la puissance paternelle, le père, en donnant à son enfant, se donnait à lui-même, et faisait un acte nul : « Si pater filio, quem in potestate habet, donet, deinde decedat, filius pro donato non capiet usu : quoniam nulla donatio fuit. » (L. 1, § 1, D. *pro donato*. — *Confer*, L. 2, § 2, D. *pro herede*). La propriété continuait donc de résider sur la tête du père, et, à sa mort, les objets donnés, que le fils détenait seulement à titre de pécule, figuraient de plein droit, et sans qu'il y eût besoin de rapport, dans la masse héréditaire. Cependant si, par un acte de dernière volonté, le père avait expressément déclaré, ou même implicitement donné à entendre qu'il voulait que la donation produisît son effet, on respecterait ses intentions.—La loi 8 D. *de dotis col.* en fournit un exemple. Un père avait doté sa fille, et lui avait remis en outre, au moment de son mariage, certaines valeurs, *præter dotem* ; puis il l'avait instituée son héritière, en concours avec ses autres enfants, sous cette condition : « si dotem, et cætera quæ nubenti tradidit, contulisset. » La fille s'abstient de l'hérédité paternelle ; elle est dispensée de plein droit du rapport de la dot. Quant aux autres objets, dont la donation avait été nulle *ab initio*, s'agissant d'une *filiofamilias*, ses frères et sœurs pourraient strictement les revendiquer, comme faisant partie de la masse commune ; mais leur action serait repoussée par l'exception de dol, fondée sur ce que le père avait entendu autoriser sa fille, si elle ne se portait pas héritière, à conserver tout ce qu'elle avait reçu en se mariant.

Toutefois, remarquons-le bien, il ne suffisait pas que le donateur fût mort *non mutata voluntate*. Il fallait qu'il eût pris la peine de marquer spécialement son intention de confirmer la donation. Cela résulte d'un autre passage de Papinien (*Vatic. fragm.* § 294) : « Quod pater filiæ, quam habuit ac retinuit in potestate, donavit, cum eam donationem testamento non confirmasset, filiæ non esse respondi ; nam et peculia non prælegata communia fratrum esse constabat. » (*Confer* L. 12 C. *de col*). Et insistant à dessein sur cette idée, le jurisconsulte ajoute : s'il s'agissait d'une donation outrepassant le taux de la loi Cincia, et que le donateur eût persévéré jusqu'à sa mort dans sa volonté première, alors l'exception tirée de la loi Cincia serait paralysée par une réplique de dol. Mais ici les choses se passent tout différemment ; « nihil prodest non mutari voluntatem, quoniam quod præcessit totum irritum est. »

Mais on se relâcha plus tard de cette rigueur. Dès l'époque classique, nous voyons que Paul n'allait pas aussi loin, et déclarait la donation confirmée *morte et silentio donatoris*. Voici comment il s'exprime dans ses *Sentences* (L. 5, Tit. XI, § 3) : « Pater si filiofamilias aliquid donaverit, et in ea voluntate perseverans decesserit, morte patris donatio convalescit. »

Et nous trouvons dans les fragments du Vatican de nombreux rescrits, dont quelques-uns, il est vrai, sont inspirés par des motifs de faveur personnelle, qui valident de semblables donations, lorsque le père est mort *non revocata liberalitate, nec mutata voluntate* (*Vatic. fragm.* §§. 278 et 281).

Mais, dans ce système comme dans celui de Papinien, la donation s'analyse, en définitive, en une libéralité à cause de mort : «....tamen, perseverantia voluntatis, ad instar mortis causa donationis hujuscemodi liberalitatem redigi oportere, retro principum rescriptis cognosciturc esse concessum. » (*Vatic. fragm.* § 274). En conséquence, elle échappait au rapport. (L. 18 C. *fam. ercisc.*)

Les principes que je viens d'exposer ont subi, sous Justinien, une notable modification. Ainsi (L. 25, C. *de don. int. vir. et uxor.*), toutes les donations faites par le père à l'enfant soumis à sa puissance sont validées, comme auparavant, soit par une manifestation formelle de volonté, soit même par le silence du donateur. Mais la confirmation, exprimée ou tacite, opère rétroactivement ; en sorte que les donations sont considérées comme ayant produit leur effet du jour même de leur date. Il n'y a d'exception que pour celles qui, à raison de leur importance, devaient être *insinuées*, et à l'égard desquelles cette formalité n'aurait pas été remplie. Pour celles-ci, la confirmation ne peut résulter que d'une déclaration expresse de dernière volonté, et, à ce titre, elles n'ont d'effet qu'au décès du *de cujus*.

Faut-il, avec Cujas, conclure de cette réforme que les donations en question soient désormais rapportables ? Je ne le pense pas. Sans doute, du moment où la donation est confirmée rétroactivement, le donataire a acquis la propriété du vivant même du donateur ; donc la raison qui vient d'être donnée plus haut, pour établir la dispense du rapport, devient inapplicable. Mais il ne faut pas perdre de vue cette idée, que le rapport n'est exigé du fils de famille que par exception, et qu'il faudrait, pour l'y obliger, un texte formel qu'on chercherait vainement ici.

Ensuite, comme le fait judicieusement remarquer Vinnius, pourquoi dire que la donation est confirmée rétroactivement à la mort du disposant, du moment où, par l'effet du rapport qui lui serait imposé, le donataire ne conserverait que sa part héréditaire, dans les objets à lui donnés comme dans le reste de la succession ? On arriverait alors à cette conséquence inadmissible, que Justinien, qui, par la loi 25 C. *de donat. inter vir. et uxor.*, a certainement voulu favoriser le donataire, l'aurait, au contraire, moins bien traité qu'il ne l'était antérieurement, puisqu'il lui imposerait un rapport dont il n'était pas tenu jusque-là.

Cela est si vrai que le même Empereur a cru nécessaire d'édicter une loi pour soumettre la donation simple au rapport, dans un cas particulier. C'est lorsque l'enfant, qui a reçu cette donation d'un ascendant quelconque, paternel ou maternel, a pour cohéritiers, dans la succession de cet ascendant, d'autres enfants auxquels le *de cujus* aurait constitué une dot ou une donation *propter nuptias*, dont le rapport serait dû. Justinien décide (L. 20 § 1 C. *de col.*), pour maintenir l'égalité, que l'enfant qui a reçu la donation simple sera lui-même obligé de la rapporter.

Nous pouvons invoquer à l'appui de notre opinion la loi 18 *pr. C. fam. ercisc.* D'après Cujas, cette loi suppose que l'enfant donataire a été institué héritier, et c'est pour cette raison qu'il est dispensé du rapport; sans cette circonstance, la *collatio* lui serait imposée, ainsi que cela résulte clairement de la loi 13 C. *de coll.* Mais cette hypothèse n'est nullement justifiée. La loi 18 s'exprime en termes généraux, et parle de la règle qu'elle établit comme d'un principe consacré par des textes nombreux : « sæpe rescriptum est. » — La loi 13, qui semble décider le contraire, est d'autant moins inconciliable avec la première, qu'elles sont toutes deux l'œuvre du même législateur. Ne peut-on pas, en effet, dire avec Vinnius que, dans l'espèce prévue par la loi 13, l'intention du père de famille a été de faire, non pas une véritable donation, mais une simple concession à titre de pécule; en sorte que le bien donné devrait être considéré, non comme sujet à rapport, mais comme n'étant jamais sorti de la masse héréditaire? (1)

II. — Que décider à l'égard de l'enfant émancipé? Les donations qui lui sont faites par le chef de famille

(1) De nombreuses conciliations ont été proposées sur ces deux lois. Celle que nous adoptons a l'avantage de ne faire subir aux textes aucune correction. Quelques auteurs prétendent qu'il s'agit, dans la loi 13, d'une fille hors puissance, et insèrent une négation, « filiæ familias non constitutæ ». Quant à Faber (*De error. pragm.*, Dec. 40, n° 1), il lit dans la dernière phrase *matre* au lieu de

ont toujours été aussi valables que celles faites à un étranger. L'émancipé devait donc le rapport des biens à lui donnés par son ascendant, comme de tous autres composant son patrimoine. Telle est la décision à peu près universellement admise, pour l'époque antérieure à Justinien (L. 1 C. *de coll.*, *a contrario*). Vinnius, toutefois, donne une décision différente ; se fondant sur ce que les enfants restés dans la famille n'avaient pas à rapporter ces donations, et sur le principe que l'émancipé n'est pas tenu au rapport de ce qu'il aurait prélevé par préciput s'il fût resté soumis à la puissance paternelle. Il argumente de la loi 2, C. *de inoff. donat.*; cette loi suppose qu'un père, ayant deux enfants, a épuisé tout son patrimoine par une donation au profit de l'un d'eux, émancipé; le second enfant n'a d'autre droit que celui de réclamer sa légitime, laquelle se déduira des biens donnés et en diminuera d'autant le quantum. (Voir dans le même sens les lois 5, 7 et 8 C. *eodem tit.*). D'où Vinnius conclut que le donataire émancipé n'est pas soumis au rapport, puisque, par l'effet de la *collatio*, ce n'est pas la quarte que

patre. Le donateur est, non pas le père de famille, mais la mère (ou un étranger), et, comme le pécule adventice n'était pas encore connu sous Dioclétien, auteur du rescrit, la donation est valable, mais acquise au père, en sorte que, au décès de celui-ci, elle se trouve comprise dans la masse partageable, mais de plein droit et sans qu'il soit besoin de rapport.

son frère obtiendrait dans les biens donnés, mais sa part héréditaire, c'est-à-dire la moitié.

Je ne crois pas, néanmoins, que ce texte soit suffisant pour baser une dérogation aussi considérable aux principes. L'argument tiré de la loi 2 n'aurait de force que si l'on supposait que l'émancipé, ayant reçu par acte entre-vifs tout le patrimoine de son père, s'avisait de demander la possession de biens. Or, on le conçoit, c'est ce qu'il se gardera bien de faire.

La loi 2 n'avait pas à prévoir ce cas, puisque les principes ordinaires sur le rapport pourvoyaient suffisamment aux intérêts de l'autre enfant. Elle se réfère au cas (et ce sera de beaucoup le plus fréquent) où l'émancipé s'en tiendra à sa donation, et ne demandera pas une possession de biens qui ne lui serait d'aucune utilité, nanti qu'il est déjà de presque tout l'avoir paternel. C'est alors que son frère ne pourra réclamer que sa légitime, conformément à la loi 2. — Du reste, la loi 17 C. *de coll.* constate formellement, à la charge de l'émancipé, l'obligation de rapporter les donations qu'il aura reçues de l'ascendant émancipateur.

Vinnius prétend, à la vérité, qu'il s'agit, dans la loi 17, non pas de donations simples, mais de certaines libéralités faites dans un but déterminé, *ob causam*; par exemple, de ce que l'émancipé aurait reçu pour frais d'établissement, et afin de se mettre en état d'exercer une profession, *ad sustentandam familiam vel negociationem exercendam.* Cette distinction me semble arbitraire; je la regarde comme l'œuvre de Vinnius et des commentateurs ses contemporains, mais je n'en vois aucune trace dans le texte en question.

Loin de là, les termes de la loi 17 sont très-généraux; peu importe le but de la libéralité; qu'il s'agisse de ces donations qui accompagnaient d'ordinaire l'émancipation, « ut adsolet fieri », et qui sont précisément celles auxquelles Vinnius fait allusion; ou de donations faites depuis, et qui peuvent avoir un tout autre caractère.

Pour le droit consacré par Justinien, l'opinion que nous venons de combattre a rencontré plus de faveur. On prétend que ce rapport n'est dû que dans les deux cas prévus par la loi 20, C. *de coll.*; à savoir : lorsque l'ascendant donateur en a exprimé l'intention, ou quand l'enfant gratifié se trouve en présence d'un autre ayant reçu une dot ou une donation *propter nuptias* qu'il doit rapporter. — Il est bien vrai que cette loi 20 semble appliquer les mêmes principes aux enfants émancipés qu'aux fils de famille ; mais on lui donne une portée que je lui conteste. Elle a pour but d'étendre les cas où le rapport serait dû, mais nullement d'en restreindre l'application. Ainsi, cette loi innoverait en ce sens : 1° que les enfants, sans distinction entre les *sui* et les émancipés, succédant à un ascendant maternel, rapporteront les donations simples qu'ils auront reçues de cet ascendant, dans les deux cas prévus par la loi 20 ; 2° dans les mêmes cas, que les fils de famille, succédant au père ou à l'aïeul paternel, se devront entre eux le rapport de la donation simple, et le devront aussi à leurs frères émancipés ; 3° que le rapport aura lieu dans les mêmes termes entre enfants émancipés.—On ne peut faire résulter davantage cette conséquence de la corrélation introduite par Justinien entre la *collatio* et l'imputation sur la quarte. De ce que la *collatio* comprenait toutes les libéralités entre-vifs imputables sur la légitime, il ne s'ensuit pas qu'elle ne dût comprendre que cela ; loin de là, la loi 20 donne à entendre qu'il est des biens rapportables, quoique non imputables sur la légitime. Il faut remarquer, en effet, que, pour l'émancipé, la règle originaire a été le rapport de tout son patrimoine, et qu'il doit rapporter tout ce dont il n'est pas dispensé par un texte formel. De l'aveu de tous, antérieurement à la loi 20, les biens profectices étaient pleinement soumis à la *collatio*. Si donc cette loi avait eu en vue la *collatio emancipati*, elle ne se serait pas exprimée comme elle le fait, en disant qu'il s'agit d'un cas où, sans la réforme qu'elle introduit, « illa persona, quæ simplicem tantummodo donationem meruit, ad collationem ejus minime coarctanda est. » — Je crois donc que, sous Justinien, l'émancipé, en concours avec un fils de famille, lui devait le rapport de la donation simple d'origine paternelle, alors même que le *suus* n'aurait reçu ni dot ni donation *propter nuptias* qu'il fût lui-même tenu de rapporter.

Sans cela, comment s'expliquer l'insertion au Digeste de titres supposant la persistance de quelques vestiges au moins de la *collatio* primitive ? Pourquoi également Justinien se serait-il approprié, en les insérant dans son Code, les constitutions d'Alexandre (loi 1), et de Léon (loi 17, *de collationibus*), qui consacrent à la charge de l'émancipé l'obligation de rapporter la donation simple profectice ? Il y a plus ; on trouve jusque dans les Basiliques la consécration de ce système, et la preuve manifeste qu'il s'était encore maintenu une différence, au point de vue du rapport, entre le fils de famille et l'émancipé : « Si quis, cum « duos liberos haberet, unum ex his emancipaverit, « alterum vero in potestate retinuerit, et decesserit, « filius emancipatus, accepta bonorum possessione, « quam prætor liberis tam emancipatis quam suis « promittit, quæcumque post emancipationem habuit, « nec habiturus erat si in potestate mansisset, sed « patri acquisiturus, hoc est à patre sibi donata........ « fratri suo conferre cogitur. » (Liv. 41, T. 7, § 19 ; Tome 5, page 508).

— Nous venons de voir à quels biens était réduite l'ancienne *collatio emancipati* ; il nous reste à étudier quelles personnes y étaient soumises d'après les changements survenus.

On ne connaissait, à l'origine, qu'un seul mode d'émancipation (*per venditiones et intercedentes manumissiones*). En 503, Anastase (L. 5, C. *de emancip. lib.*) en introduisit un nouveau, par suite duquel l'émancipation put se faire, en outre, *per oblationem precum, et imperiale rescriptum*. Ce mode d'émancipation avait cela de particulier qu'il laissait subsister, pour ou contre l'émancipé, les droits dérivant du lien de famille, comme ceux de succession, de tutelle et autres, du moins lorsque les parties en avaient fait la demande : « minime legitima jura per « emancipationem extinguuntur » (LL. 11 C. *de legit. hered.* — 4 C. *de legit. tut.*). — Justinien fit une réforme plus radicale encore. Il supprima l'ancien mode d'émancipation, qu'Anastase avait laissé subsister concurremment avec le mode nouveau qu'il introduisait. Justinien conserva l'émancipation anastasienne, et il institua un autre procédé plus simple encore. Il suffit désormais que l'ascendant se présente devant le magistrat, et déclare son intention de faire sortir l'enfant de sa puissance (L. 6, C. *de emancip. lib.*). Cette émancipation laisse subsister aussi les *legitima jura*, même sans demande spéciale ; et la même prérogative est étendue aux enfants de l'émancipé (L. 15 C. *de legit. hered.*). Mais l'émancipé n'en continue pas moins à devoir le rapport, « ad similitudinem cæterorum qui « emancipati ex antiquo jure sunt. » Il faut généraliser pour tous les émancipés ce qu'Anastase a dit, dans la loi 18 C. *de collat.*, pour le cas où l'émancipation s'opère par rescrit impérial. On peut voir là l'indice d'un changement considérable dans l'idée qui sert de base au rapport. On ne s'attache plus à l'origine différente de la vocation héréditaire des enfants ; l'idée nouvelle, c'est une sorte d'incompatibilité entre la qualité de successible, et celle de propriétaire de biens étrangers à la masse commune, que l'on conserverait à l'exclusion de ses cohéritiers.

Nous y trouvons encore la preuve que l'ancienne *collatio* avait subsisté, modifiée il est vrai, mais assez caractérisée pour se distinguer encore du rapport plus récemment introduit. Autrement, si les émancipés n'étaient assujettis au rapport que dans les mêmes termes que tous les descendants en général, est-ce que les changements apportés dans le mode et les effets de l'émancipation auraient pu avoir quelque influence sur le point qui nous occupe ? Dans notre système, au contraire, l'insertion au Code de la loi 18 se conçoit parfaitement, puisque la portée nouvelle donnée à l'émancipation pouvait faire naître des doutes sur le maintien de la *collatio* en question, doutes que la loi 18 a précisément pour objet de trancher.

— Nous avons vu que le rapport était dû aux héritiers siens, enfants naturels ou adoptifs; et, d'autre part, que les enfants qui, après avoir été donnés en adoption par leur père, étaient sortis à leur tour de la famille adoptive, obtenaient, comme les émancipés, la possession des biens de leur père naturel, à la charge pareillement de faire le rapport.

Justinien conserva à cet égard les anciens principes, lorsque le père adoptif est un ascendant; mais, pour l'enfant donné en adoption à un collatéral ou à un étranger, il acquiert simplement le droit de succéder ab intestat à l'adoptant, sans néanmoins passer sous sa puissance, ni sortir de celle de son père naturel. Il faudra donc désormais l'assimiler, au point de vue du rapport, aux enfants demeurés dans leur famille d'origine : « Ita cum permanere, quasi non fuisset in alienam familiam translatus. » (Inst. § 2, *de adopt.*). — Lorsque la valeur des biens à rapporter était supérieure à la part qu'il devait recueillir dans la succession, le parti le plus sage pour l'enfant était de ne pas se porter héritier. Il ne pouvait pas échapper aux conséquences préjudiciables du rapport, même en acceptant sous bénéfice d'inventaire. La loi 22 C. *de jure delib.* dit, à la vérité, que celui qui use de ce bénéfice doit « sine damno discedere.... hereditatem sine periculo habere. » Mais ces expressions, malgré leur généralité apparente, doivent être interprétées *secundùm subjectam materiam.* Or, si l'acceptation bénéficiaire protége l'héritier contre les poursuites des créanciers, lorsque l'actif est insuffisant pour acquitter les dettes héréditaires, il n'est dit nulle part qu'elle protége l'enfant contre ses cohéritiers, en le dispensant du rapport, condition *sine qua non* de sa vocation à l'hérédité.

CHAPITRE III.

DE LA COLLATIO D'APRÈS LE DROIT DES NOVELLES.

Plusieurs modifications dérivent encore des Novelles.

I. Le rapport n'avait lieu que dans les successions ab intestat, et, dans la succession testamentaire, au cas seulement où le défunt l'aurait ainsi ordonné (L. 1 C. *de collat.*). En 537, Justinien, dans la novelle 18, ch. 6, renverse cette règle, du moins en ce qui concerne le rapport de la dot et de la donation *propter nuptias*. — Le rapport a lieu indistinctement dans les successions, soit ab intestat, soit testamentaires, à moins que le défunt n'en ait formellement dispensé ; « nisi expressim designaverit ipse se velle non fieri collationem. » On suppose qu'aux approches de la mort le donateur a perdu de vue sa libéralité, ou qu'il a négligé de l'astreindre au rapport, mais que son intention n'était pas, néanmoins, de détruire l'égalité entre ses enfants. — Cette libéralité n'est donc regardée que comme un simple avancement d'hoirie, du moment où le donateur n'a pas dit le contraire ; et, s'il dispense du rapport, cela constituera un second avantage venant s'ajouter au premier : « Sed habere eum qui cogitur ex lege conferre, et quod jam datum est, et ex jure testamenti. » — L'empereur réserve d'ailleurs l'application des autres règles sur le rapport. Si donc le père avait institué un étranger en concours avec ses enfants, la *collatio* n'aurait lieu qu'entre ceux-ci, et l'étranger n'aurait aucune part dans les biens rapportés.

II. — En 540, la novelle 97, ch. 6, réglementa à nouveau le rapport de la dot, dans un cas particulier. S'il arrivait que la femme, à raison de l'insolvabilité du mari, et du bénéfice de compétence dont jouit ce dernier, ne pût recouvrer, en tout ou en partie, sa dot, Ulpien (L. 1 § 6, D. *de dotis col.*) décidait, comme nous l'avons vu, que l'obligation de la femme, quant au rapport, se limitait à ce qu'elle pouvait obtenir de son mari. — Justinien mentionne cet avis : « Et novimus Ulpianum sapientissimum talia quæsisse, et, inope viro comperto, juvisse mulierem, et in quantum vir idoneus est collationem ei fieri voluisse. » Mais il paraît que cette décision n'avait pas prévalu dans la pratique, et qu'on obligeait la femme à rapporter en entier cette dot perdue pour elle, ou à moins prendre dans l'hérédité : « et novimus quidem jam in plurimis judiciis duritiam posteà sic judicatam, et mulierem coactam conferre dotem, aut certe reputare pro se datam, ex quâ nullum ei omnino contigit effectum in ipsis rebus recipere. » C'était là, on le comprend, une rigueur injuste pour la femme, sur laquelle on faisait peser souvent un préjudice qui ne lui était nullement imputable. La novelle 97 revient, en conséquence, aux principes posés par Ulpien, et déclare que la femme sera tenue de rapporter seulement son action en restitution de dot, « nudam actionem », à moins que ce ne soit par sa faute qu'elle souffre de l'insolvabilité du mari. — Il faut savoir, en effet, que la femme pouvait se faire restituer sa dot, même durant le mariage, *si male res maritus gubernet*, au moins dans certaines circonstances :

1° Lorsqu'il s'agit d'une fille hors puissance et âgée de plus de 25 ans : « si quidem suæ potestatis et perfectæ ætatis mulier est. »

2° Alors même qu'elle serait en puissance, si son père exerce en son nom, ou l'autorise à intenter elle-même la *rei uxoriæ actio*. — Elle pouvait même agir indépendamment du consentement paternel, si la dot était considérable.

Dans ces différents cas, elle ne peut s'en prendre qu'à elle de n'avoir pas réclamé sa dot en temps utile, « sibimet culpam inferat, cur, mox viro inchoante male substantia uti, non percepit, et non auxiliata est sibi », et elle devra le rapport intégralement. Mais dans tout autre cas, où la femme n'a rien à se reprocher, la perte ne restera pas à sa charge exclusive, et retombera sur l'hérédité tout entière. Cette décision est l'origine de l'art. 1573 du Code Napoléon.

III La novelle 118 transforma d'une manière complète le système successoral romain. Jusque-là quelques vestiges du droit des Douze-Tables survivaient encore, et, malgré les échecs nombreux qu'avait subis le principe, la famille civile, avec son organisation antique et rigoureuse, demeurait toujours la base, nominale plutôt que réelle, mais enfin la base officielle du droit de succession.

A ce système, Justinien en substitua un autre plus homogène et plus simple, fondé uniquement sur les affections naturelles et les liens du sang. Et, pour nous attacher exclusivement à l'ordre des descendants, le seul dont nous ayons à nous occuper, plus de distinction entre les successions du droit civil, du droit prétorien et des constitutions impériales. Les enfants, de quelque sexe ou degré qu'ils soient, et sans distinguer s'ils appartiennent ou non à la famille du défunt, viennent en premier ordre à l'hérédité de l'ascendant, père, mère, aïeul, aïeule paternels ou maternels. S'ils sont tous au premier degré, ils succèdent par têtes et par portions égales; dans le cas contraire, le partage se fait par souches, et les descendants, en quelque nombre qu'ils soient, ne comptent que pour l'enfant qu'ils représentent. Ainsi, l'agnation n'existe plus; la cognation et la proximité du degré, ou la représentation, sont seules prises en considération pour régler la dévolution des biens. — Notons, du reste, que la novelle 118 n'est relative qu'à l'hérédité *ab intestat*. Si le père de famille laisse un testament dans lequel il ait omis un émancipé, celui-ci devra recourir à la *bon. posses. contra tabulas*.—Quelle fut, sur notre matière, l'influence de la novelle 118? L'émancipé excluant ses enfants, et n'ayant plus à subir leur concours, toutes les combinaisons qui font l'objet du titre de *conjung. cum emancip. lib. ejus* durent disparaître. Mais je crois que la *collatio emancipati*, telle que nous l'avons vue dans son dernier état, survécut à la novelle 118; et, en effet, il en est encore parlé dans plusieurs passages des Basiliques.

On a prétendu, cependant, qu'il ne pouvait plus en être question; que les émancipés, comme les fils de famille, succédant en vertu du droit civil, ne devront plus la *collatio bonorum*, qui est une conséquence de la *bonorum possessio*. Mais nous venons de voir que, depuis la novelle, l'émancipé a besoin encore, dans un cas particulier, d'invoquer la *bonorum possessio contra tabulas*; et, quand même il succèderait en vertu de la novelle, l'argumentation qu'on nous oppose ne serait rien moins que concluante, puisque nous avons vu l'émancipé anastasien, et, depuis Justinien, tous les émancipés en général, continuer à devoir le rapport, bien que l'émancipation laissât subsister les *jura legitima*. La *collatio* était donc fondée, dans le dernier état du droit, non plus tant sur ce que les émancipés ne succédaient à leur père que *prætorio jure*, que sur l'inégalité de situation dans laquelle l'émancipation les plaçait par rapport aux fils de famille, et au désavantage de ceux-ci. Le maintien du rapport en ce qui les concerne se justifie donc toujours par leur qualité de *sui juris*, qui leur permet d'acquérir pour eux-mêmes des biens qu'ils eussent acquis pour leur père, s'ils fussent demeurés sous sa puissance. — D'ailleurs, une loi générale sur les successions n'a pu abroger, sans le dire expressément, une matière aussi spéciale que celle de la *collatio emancipati* (V. Faber, *de error. pragm.* Déc. 42, Err. 10).

DROIT FRANÇAIS

INTRODUCTION HISTORIQUE

Nous avons trouvé, dans la législation romaine, l'origine la plus ancienne et la plus incontestable du rapport. Est-ce à dire que cette origine soit la seule, et qu'on ne puisse assigner une autre source, une source nationale, à l'institution qui nous occupe ? — Quels étaient, sur ce point, les usages des tribus germaniques qui envahirent notre sol ? Le rapport était-il en vigueur parmi elles? Les documents font défaut pour l'époque correspondante à la conquête. Et, quand plus tard l'existence nous en est révélée, faut-il y voir une institution nationale, ou au contraire un emprunt fait par les vainqueurs au droit des peuples soumis, un résultat de cette influence que le droit romain ne put manquer d'exercer sur les lois barbares avec lesquelles il se trouva en contact ? La première opinion n'a rien que de très-vraisemblable ; le principe de l'égalité entre cohéritiers cadre parfaitement avec les idées germaniques, qui reconnaissaient au profit de tous les membres de la famille une sorte de copropriété sur les biens du *de cujus*, et qui allaient primitivement jusqu'à défendre à celui-ci de dépouiller ses héritiers du sang au moyen de dispositions testamentaires. Mais, d'autre part, comment expliquer, dans ce système, l'exclusion du rapport qui se remarque dans un certain nombre de coutumes, et cette autre circonstance que les premiers monuments de notre histoire juridique où figure le rapport, nous le montrent assez semblable à ce qu'il était en droit romain, notamment au point de vue de la possibilité de faire des libéralités préciputaires, genre de disposition dont l'interdiction n'apparaît qu'à une époque plus récente?

Mais, quel que soit le parti que l'on adopte sur cette question, il faut du moins reconnaître qu'en passant dans nos coutumes, le rapport se transforma d'une manière notable; qu'il revêtit, à beaucoup d'égards, une physionomie tout à fait originale; et que des théories y prirent naissance, dont on ne trouverait même pas le germe dans la *collatio* romaine.

Il est certain que cette institution existait en France à une date très-reculée. Marculfe, dans la onzième formule du Livre 2 de son recueil, dont la composition se place au VIIe siècle de notre ère, nous montre un père employant les termes les plus énergiques pour avantager par préciput un de ses enfants, qu'il veut récompenser de sa piété filiale. « Ideo, pro bonitate et pro respectu servitutis tuæ, qua circa me desudas, cedo tibi, cessumque in perpetuum esse volo, et de meo jure in tuam transfundo dominationem et potestatem, absque consortio fratrum tuorum vel filiorum meorum, locum nuncupantem illum; quidquid ibidem nunc, tam de alode parentum, quam de reliquo adtractu visus sum tenuisse..... tibi, ut diximus, a die præsenti volo esse concessum. Ita ut, ab hac die, cum cum omni integritate sua habeas, teneas, possideas, vel quidquid exinde facere volueris, absque consortio fratrum tuorum vel filiorum meorum, liberam in omnibus habeas potestatem. » Ainsi, le père devait expliquer clairement sa volonté en ce sens, pour que l'enfant pût conserver hors part la libéralité qui lui était faite.

Au XIIIe siècle, il résulte d'un passage de Beaumanoir (Coutumes de Beauvoisis, chap. XIV, des Héritages), que l'enfant devait rapporter les avantages qu'il avait reçus de ses père et mère, à moins de renoncer à leur succession ; que le rapport des *héritages*, c'est-à-dire des immeubles, s'effectuait en nature, avec les améliorations survenues à l'héritage, « car li amendemens qui est fes en l'héritage qui puet revenir en partie, doit estre el pourfit de chascun de ceux qui partie y puuent avoir » ; que, s'il avait détérioré l'héritage, il devait tenir compte de la moins-value à la succession, et « raporter le valor de tant coume il valoit au tans qu'il li fut bailliés, car li empiremens qu'il a fet en l'éritage ne doit pas estre el damage d'autrui. » L'auteur, on le voit, insiste sur la théorie des dégradations, toute française, et dont on rencontre à peine quelques traces au Digeste. — Il est aussi question du rapport dans le *Coutumier normand* et dans les *Établissements de Saint-Louis*, contemporains, ou à peu près, du livre de Beaumanoir; et, au xve siècle, dans la *Somme rurale* de Bouteiller. Suivant ce dernier, les libéralités faites aux enfants sont considérées comme faites en avancement d'hoirie ; en conséquence, « ils sont tenus de rapporter leurs dits assennes ou dons, s'ils veulent être parchonniers avec leurs frères ou sœurs » (Liv. I, tit. 75); à moins, ajoute un peu plus loin Bouteiller, que le père n'ait donné avant part, et n'ait autorisé son enfant à cumuler ledit avantage avec sa part héréditaire : « Si sça-« chez que, jaçoit ce que plusieurs coustumiers « maintiennent, que, de raison et coustume, les en-» fants doivent faire rapport au commun mont de ce « dont ils ont été amendés de leur père et de leur « mère avant les autres frères et sœurs, si ils veu-« lent avoir parchon avec les autres, il est à sçavoir « que y appartient déclaration ; c'est à entendre, « s'ainsi n'est que le père ait ordonné en son testa-« ment qui vueille que ce que ainsi a donné et or-« donné à tel soit avant part, et que pour ce ne veul-

« il pas que cil auquel il a ainsi ordonné soit forclos « de la parchon commune. Et ainsi le souffre bien et « veut coustume, et droict s'y accorde par plusieurs « lois escrites, qui conforment cette opinion.... » C'étaient encore les principes du droit romain.

Au XVIe siècle se place la rédaction officielle des coutumes, dont chacune forma dès lors le véritable Code de la province ou du bailliage pour lequel elle avait été rédigée. Toute la France cependant n'était pas coutumière. Dans une partie considérable du royaume (pays de droit écrit), le droit romain s'était maintenu, plus ou moins modifié, et formait encore le fond de la législation. — Ceci nous amène naturellement à diviser en deux chapitres ce que nous avons à dire sur le droit ancien de la France, avant 1789.

CHAPITRE PREMIER

DROIT ÉCRIT

Après avoir retracé le dernier état de la législation romaine en matière de *collatio*, Merlin ajoute : « Les provinces qui se gouvernent par le droit écrit « s'y sont conformées sans difficulté ni restriction, « et, actuellement encore, elles ne connaissent pas

« d'autres lois sur le rapport que les règles qu'elles « y ont puisées. » (Rép. v[is] *Rapport à succession*, § 1, n° 2). — Je les résume :

1°. Le rapport n'avait lieu qu'en ligne directe descendante ; peu importait, d'ailleurs, que l'hérédité fût *ab intestat* ou testamentaire.

2°. Il était loisible au *de cujus* d'en dispenser, aux termes de la Novelle 18, ch. 6 ; l'enfant avantagé pouvait, du reste, toujours s'y soustraire, en renonçant à la succession. Mais, dans tous les cas, la légitime de ses frères devait demeurer intacte ; la libéralité par lui conservée ne pouvait l'entamer.

3°. Les avantages résultant de dispositions testamentaires ou de donations à cause de mort n'étaient pas sujets à rapport. Il n'y avait aucune incompatibilité entre la qualité d'héritier et celle de légataire. C'était un point universellement admis en succession ascendante ou collatérale. Pour la ligne descendante, Lebrun, et Ricard (Traité des donations entre-vifs et des testaments, section 15, n°s 640 et 641), prétendaient trouver cette incompatibilité écrite dans la Novelle 18, ch. 6. Suivant eux, l'enfant ne pouvait, même en pays de droit écrit, réclamer l'exécution d'un legs fait en sa faveur, qu'autant que le testateur aurait disposé par préciput. Mais cette doctrine est le résultat d'une confusion, comme on peut s'en convaincre par la lecture attentive de la Novelle. Justinien, dans ce texte, a voulu simplement étendre à la succession testamentaire le principe de la *collatio*; mais il n'a nullement innové en ce qui regarde les biens soumis au rapport, dont les dispositions *mortis causa* continuent d'être affranchies de plein droit, sans qu'il y ait besoin pour cela d'une clause de préciput (*Conf.* Merlin, rép., v° *héritier*, sect. 6, § 10).

CHAPITRE II

DROIT COUTUMIER

La variété infinie que présentent les coutumes, en cette matière plus encore que dans les autres parties du droit, ne permet pas d'en entreprendre une exposition détaillée. Je me bornerai donc à une étude sommaire des deux règles principales auxquelles se rattachent ces dispositions si diverses, et qu'il convient d'examiner séparément; le rapport proprement dit, ou le rapport des dons entre-vifs, et l'incompatibilité entre les qualités d'héritier et de légataire.

SECTION PREMIÈRE.

Du rapport des avantages entre-vifs.

Quoique admis dans la plupart des pays coutumiers, il avait été rejeté d'une manière complète, ou du moins notablement restreint dans son application, par un certain nombre de coutumes du nord de la France. Voyons d'abord ces dernières.

Coutumes exclusives. — La coutume de Valenciennes (art. 105) ne réputait faites en avancement d'hoirie que les donations où il s'en trouvait une clause non équivoque, et, par suite (art. 107), elle excluait le rapport, toutes les fois qu'il n'avait été ordonné ni expressément ni tacitement par le *de cujus*. La jurisprudence avait consacré les mêmes règles dans le Hainaut (Arrêt du parlement de Flandre du 31 janvier 1764). — La coutume d'Artois (art. 148) allait plus loin; non-seulement le rapport n'avait pas lieu de plein droit, mais elle en dispensait toutes les libéralités, celles même en avancement d'hoirie, qui pourtant semblent bien n'être faites que par forme d'à-compte sur la succession future. Cet état de choses provoqua de justes réclamations, et, sur les instances des États d'Artois, deux édits, l'un de mars 1774, l'autre d'août 1775, appliquèrent à cette province le système des coutumes de préciput, dont nous parlerons plus loin.

Coutumes restrictives. — Les unes affranchissaient du rapport les donations en général, et y assujettissaient seulement les dons et avancements de mariage. (Châtellenie de Lille, tit. 2, art. 64 et 66. — Échevinage de Lille, ch. 1, art. 18 et 20; d'Orchies, ch. 1, art. 4; de Douai, chap. 1, art. 6). — D'autres, sans se préoccuper de la nature et du but des libéralités en elles-mêmes, faisaient la distinction suivante : si, parmi les enfants venant à la succession, il s'en trouvait un ou plusieurs qui ne fussent *ni mariés, ni adressés d'état honorable*, le rapport devait avoir lieu, et embrasser tout ce qui, de droit commun, y était sujet. Que si tous étaient établis lors de l'ouverture de la succession, ils ne se devaient réciproquement aucun rapport, « encore que l'un eût eu beaucoup plus en mariage que l'autre. » (Cambrésis, tit. 12, art. 27. — Amiens, art. 92 et 93).

Ces diverses règles n'avaient d'ailleurs rien d'absolu, et le disposant pouvait y déroger, soit dans la donation même, soit dans un acte postérieur, en prescrivant le rapport de libéralités qui, d'après la coutume, n'y devaient pas être soumises, et *vice versa*.

— Dans le plus grand nombre des coutumes, avons-nous dit, l'obligation au rapport était de droit commun ; mais elles la formulaient d'une manière plus ou moins rigoureuse, et laissaient plus ou moins de latitude à la volonté du disposant. Pothier les range, à ce point de vue, en trois catégories :

1° *Coutumes de préciput*, dans lesquelles le rapport n'est exigé qu'à cette double condition : 1° que le donataire se porte héritier ; 2° que le *de cujus* n'ait pas écarté l'application du rapport, soit par voie de défense formelle, soit en qualifiant sa libéralité de préciput. Mais, comme en droit écrit, et même à plus forte raison, la dispense devait être conçue en termes exprès ou non équivoques, car elle était odieuse et contraire à l'esprit du droit commun coutumier. Toutefois, bien entendu, le donataire ne pouvait conserver intégralement sa libéralité, qu'autant qu'elle ne portait pas atteinte à la légitime des autres. — Cette catégorie, assez peu nombreuse, comprenait notamment les coutumes de Berry (tit. 19, art. 42), Bourbonnais (art. 308), Nivernais (ch. 27, art. 11), Noyon (art. 16), Ribemont (art. 78), etc..

2° *Coutumes de stricte égalité*, ou *d'égalité parfaite*, qui, non contentes de prohiber les libéralités préciputaires, exigeaient le rapport du renonçant lui-même. En cela ces coutumes se montraient rigoureuses, mais parfaitement fidèles à l'idée qui leur servait de base; car la donation, grâce à son caractère indélébile d'avancement d'hoirie, n'étant qu'une attribution anticipée faite au successible de la totalité ou d'une fraction de sa part héréditaire, les biens donnés étaient forcément compris dans la succession, et l'on ne pouvait en conserver une portion quelconque qu'à la condition de se porter héritier. C'est ce que décidaient, pour les successions de personnes coutumières, c'est-à-dire roturières seulement, les coutumes de Touraine (art. 309), d'Anjou (art. 334 et 337), du Maine (art. 346 et 349); — pour toutes personnes, nobles et non nobles : Dunois (art. 64) ; Normandie, (par interprétation de l'art. 434).

3° *Coutumes de simple égalité*, qui tenaient le milieu entre les deux premières catégories. Le *de cujus* ne pouvait pas dispenser l'héritier du rapport, mais il était permis au successible avantagé de s'y soustraire, en renonçant à l'hérédité. C'était le droit de la grande majorité des pays coutumiers. Voir notamment Blois (art. 167), Calais (art. 95 et 96), Dourdan (art. 108), Vermandois (art. 91 et 94), Senlis (art. 151); et surtout les importantes coutumes de Paris (art. 303 et 307), et d'Orléans (art. 273).

Quelques coutumes appartenaient à une classe ou à une autre, suivant la nature des donations ou l'ordre d'héritiers dont il s'agissait. Ainsi Reims, préciputaire pour les meubles et acquêts (art. 317), était de stricte égalité pour les propres (art. 233). La coutume de Bourbourg (rubr. 12, art. 1, 2, 3), d'égalité simple en succession ascendante ou collatérale, et même en succession descendante s'il s'agissait de donations faites en avancement de mariage, était de stricte égalité pour toutes autres libéralités faites aux enfants.

Coutumes muettes. La renonciation à l'hérédité dispensait du rapport ; c'était le droit commun, applicable sans difficulté même aux coutumes demeurées muettes à cet égard, par cela seul qu'elles n'avaient pas expressément ôté au donataire le droit de s'en tenir à sa donation (Merlin, rép. V^{is} *Rapport à succession*, § 2, art. 3, n° 4). Mais que devait-on décider dans les coutumes qui ne s'expliquaient pas sur le point de savoir si le *de cujus* pouvait dispenser du rapport, sans néanmoins lui retirer cette faculté en lui défendant, comme les coutumes de Flandre, « de faire enfant chéri, enfant de prédilection » — ou, comme celle de Paris, « d'avantager les enfants, venant à la succession, l'un plus que l'autre » ? La question était controversée. Quelques auteurs étaient d'avis de s'attacher au droit romain, et de permettre les libéralités préciputaires (Merlin, *loc. cit.* § 2, art. 2, n° 3). Cette opinion est plus favorable sans doute, comme respectant mieux les intentions du disposant ; mais elle est moins conforme, à coup sûr, au génie de notre droit coutumier. Toutefois, elle ne pouvait souffrir de difficulté dans les coutumes qui, comme celles de Bourgogne et de Franche-Comté, s'en référaient au droit écrit pour tous les cas qu'elles n'avaient pas prévus, et ne contenaient aucune disposition qui tendît à établir une incompatibilité entre les qualités d'héritier et de donataire.

La matière du rapport étant de statut réel, on suivait la coutume dans le ressort de laquelle se trouvait l'immeuble donné, et non celle du lieu où la succession s'était ouverte (Ricard, *Don. entre-vifs*, partie I, ch. 3, sect. 15, n° 671. — Pothier, *Succes.* chap. 4, art. 2, § 1). Mais c'était cette dernière coutume qu'il fallait suivre, en cas de libéralité mobilière, à cause de la règle *mobilia ossibus personæ inhærent*.

Après cet aperçu sommaire sur l'ensemble du droit coutumier, nous nous attacherons plus particulièrement à la coutume de Paris, que son importance exceptionnelle recommande à notre choix, dans l'impossibilité où nous sommes de les étudier toutes. Nous rechercherons dans 6 paragraphes :

1° La notion générale et le fondement du rapport.

2° Entre quelles personnes il a lieu.

3° Quelles choses y sont soumises.

4° A qui faut-il que le don ait été fait pour donner lieu au rapport ?

5° A quelle succession se fait le rapport.

6° Comment il s'effectue, et quel en est l'effet.

Un septième paragraphe sera consacré à l'explication de l'art. 307 de la coutume de Paris.

§ I. — *Notion générale et fondement du rapport.*

Art. 278. « Meubles ou immeubles, donnés par « père ou mère à leurs enfants, sont réputés donnés « en avancement d'hoirie. »

Cette disposition a besoin d'être bien comprise. On pourrait aisément lui faire dire trop ou trop peu.

1° Prise à la lettre, elle signifierait que la donation faite à l'enfant n'est qu'une attribution anticipée sur la succession de l'ascendant donateur; qu'à la mort de celui-ci, le bien donné devra inévitablement se réunir à la masse partageable; que la renonciation du donataire, loin de le soustraire à cette nécessité, aura pour effet de lui enlever toute part dans l'objet de la donation, puisqu'il faut être héritier pour prétendre à quoi que ce soit dans les biens héréditaires. Tel était, comme on vient de le voir, le système des coutumes de stricte égalité; et ce sont celles, dit Pothier, qui paraissent avoir le mieux conservé l'esprit de notre ancien droit sur ce point. Nous verrons, au contraire, que le donataire pouvait, en répudiant la succession, se dispenser du rapport, en droit commun.

2° L'article 278 semble n'être qu'une interprétation de la volonté du donateur, en sorte qu'il devrait s'effacer devant la manifestation d'une volonté contraire, devant une disposition par préciput. Mais il n'en est rien. La clause de préciput ou hors part ne fait pas obstacle au rapport : toute donation à un descendant est réputée avancement d'hoirie; c'est là une présomption *juris et de jure*, contre laquelle nulle preuve contraire ne prévaut.

Ainsi, le véritable fondement du rapport, ce n'est pas l'intention du disposant, c'est la volonté de la loi elle-même. L'art. 302 de la coutume *veut* que l'égalité règne entre les enfants dans la succession de l'ascendant, et ce serait détruire cette égalité que de permettre à l'enfant avantagé de cumuler la donation avec sa part dans l'hérédité du donateur : s'il veut succéder à celui-ci, qu'il rapporte ce qu'il en a reçu. Mais, remarquons-le bien, cette condition n'affecte que la succession légitime ; elle devient inapplicable, dès lors que l'enfant puise sa vocation héréditaire ailleurs que dans la loi elle-même.

§ II. — *Entre quelles personnes a lieu le rapport.*

Quelques coutumes l'exigeaient de tous héritiers, même en ligne collatérale : Touraine (art. 302 et 304), Anjou (art. 260), Maine (art. 349), Blois (art. 167), Chauny (art. 44 à 47). — La Rochelle (art. 42), mais seulement pour les donations de propres.

Mais c'étaient des coutumes exceptionnelles. Celle de Paris (art. 301) dispensait formellement les collatéraux du rapport : « Peut toutefois, entre-vifs, être « donataire et héritier en ligne collatérale. » Nombre de coutumes disaient la même chose, et on étendait cette règle aux coutumes qui n'avaient pas de dispositions contraires (Ferrière, sur Paris, art. 301).

Certaines coutumes, en ordonnant le rapport, parlaient de la ligne *directe* en général, ce qui semblait bien comprendre les ascendants. Aussi avait-on prétendu quelquefois les y soumettre, et c'est ce que fit un arrêt du 24 Novembre 1644. Mais ce système ne prévalut pas. — Dumoulin (sur la coutume de Bourbonnais) décidait déjà qu'il fallait interpréter cette disposition d'après le droit commun, c'est-à-dire le droit romain : « secundum jus commune intelligitur, ad quod tacite refertur ; et ideo ascendentes non conferunt, quia jure non cavetur. » Nos anciens auteurs professent à l'envi la même opinion. En effet, les biens n'étaient pas dus aux collatéraux, ni même aux ascendants, comme ils l'étaient aux enfants, qui seuls avaient une légitime. Hors de la ligne directe descendante, la même importance ne s'attachait plus au maintien de l'égalité ; l'on ne présumait donc pas, disait Lebrun (Succes. liv. 3, ch. 6, sect. 2, n° 23), qu'une donation faite à un ascendant eût le caractère d'avancement d'hoirie (1). Aussi l'art. 304 de la coutume de Paris n'imposait-il le rapport qu'aux *enfants*; terme générique du reste, qui comprenait non-seulement les enfants au premier degré, mais les petits-enfants et autres descendants, *in infinitum*, succédant de leur chef ou par représentation. Notons aussi qu'il ne pouvait être question que d'enfants légitimes ou légitimés, car : « enfants bâ- « tards ne succèdent » (Coutume d'Orléans, art. 310).

Art. 304. « Les enfants, venant à la succession de

(1) Toutefois, comme un donateur peut imposer telle loi que bon lui semble à sa libéralité, il était permis, en donnant à un de ses héritiers présomptifs, collatéraux ou ascendants, de stipuler qu'il serait tenu de rapporter la chose donnée en venant à la succession.

« père ou mère, doivent rapporter ce qui leur a été « donné.... »

Ainsi, il fallait venir à la succession, plus exactement être héritier, pour devoir le rapport. Mais il suffisait d'être héritier sous bénéfice d'inventaire. La question, controversée, avait été tranchée en ce sens par un arrêt en robes rouges à la Notre-Dame de septembre 1599.

Étaient héritiers : les successeurs *ab intestat*; — les descendants qui, exclus de la succession par suite d'une renonciation anticipée faite dans leur contrat de mariage, ou par la présence d'enfants plus proches en degré, dans les coutumes qui n'admettaient pas la représentation, y avaient été rappelés *intra terminos juris* (1) (Lebrun. Successions, liv. 3, chap. 6, sect. 2, n° 1). — L'enfant institué contractuellement pour une quote-part de la succession ne devait pas le rapport, quoiqu'il eût le titre d'héritier, parce qu'il le tenait de la volonté de l'homme et non de la loi. Mais il en serait autrement s'il avait été institué pour la part qu'il devait avoir dans la succession *ab intestat*, puisque, pour déterminer le quantum de cette part, il était nécessaire de procéder au rapport. (Pothier, introd. au titre 17 de la coutume d'Orléans, appendice, § 2, n° 25).

(1) Le rappel *extra terminos*, concernant les collatéraux plus éloignés que le neveu, ne donnait que le titre de légataire.

Quant au successeur testamentaire, il n'était pas héritier. Aussi, suivant Lebrun, un père pouvait léguer à son fils sa part afférente en sa succession, outre et pardessus le don à lui fait entre-vifs, pourvu que la part ainsi léguée n'excédât pas le disponible, c'est-à-dire le quint des propres et la valeur des meubles et acquêts (Lebrun, liv. 3, chap 6, sect. 1, n° 15). — A l'égard des enfants au profit desquels le *de cujus* aurait fait démission de biens, Pothier les obligeait de rapporter, au partage des biens compris dans la démission, tous les avantages particuliers qu'ils auraient reçus ; car la démission, n'étant qu'une exécution anticipée de la loi des successions, devait être l'image de la succession légitime. (Introduction au titre 17 de la coutume d'Orléans, appendice, § 1, n° 60).

Vice versa, le rapport n'était dû qu'aux enfants *cohéritiers*. Ainsi le légataire d'une quote-part du patrimoine, enfant ou étranger, n'avait de droit que sur les biens qui y figuraient lors du décès, et ne pouvait prétendre aucune part sur les choses données entre-vifs à l'un des enfants (Ferrière, sur Paris, art. 304 ; — Bourjon, *Droit commun de la France, success.* 2e partie, chap. 6, sect. 1, art. 1). Toutefois, lorsque le *de cujus* avait donné une part d'enfant à son second conjoint, et qu'il laissait un enfant du premier lit, celui-ci précomptait sur sa part les choses dont son père l'avait gratifié. Mais cela ne faisait pas échec à notre principe. Pothier en donne pour raison que « la mesure de la donation faite « à la belle-mère était la quantité de ce que l'enfant « avait reçu des biens de son père, à quelque titre « que ce fût » ; sans quoi il serait au pouvoir du mari d'anéantir et de révoquer indirectement la donation faite à sa femme, en épuisant son patrimoine en libéralités au profit de son enfant (*Successions*, chap. 4, art. 2, § 4).

Le renonçant n'avait pas droit au rapport. Ce point faisait question dans les coutumes de stricte égalité, où quelques-uns prétendaient que le renonçant, débiteur du rapport, pouvait à son tour l'exiger de ses frères. Lebrun répondait avec raison que, décider ainsi, c'était mettre ces coutumes en contradiction avec le principe même qui leur servait de base ; car, si le renonçant devait lui-même rapporter, n'est-ce pas précisément parce que, les biens donnés étant censés compris dans la masse héréditaire, il fallait venir à la succession pour pouvoir y prétendre quelque chose ?

Le rapport n'était pas dû aux créanciers héréditaires, comme tels, c'est-à-dire quand ils n'étaient pas devenus les créanciers personnels de l'héritier, soit parce que la succession n'avait été acceptée que sous bénéfice d'inventaire, soit parce qu'eux-mêmes avaient demandé la séparation des patrimoines (Pothier, Introd. au T. 17 de la coutume d'Orléans, sect. VI, art. 3, § 3, n° 89 — et section VII, art. 3 n° 128).

Mais, en droit commun, les créanciers personnels des successibles (parmi lesquels il faut ranger les créanciers héréditaires en cas d'acceptation pure et simple), et en général tous ceux qui étaient aux droits d'un des héritiers, pouvaient, de son chef, exiger le rapport, dans la mesure de la part afférente à celui qu'ils représentaient. Si, par exemple, un des cohéritiers avait été condamné à une peine capitale après l'ouverture de la succession à son profit, il faudrait, je crois, admettre avec Pothier (traité des Success. ch. 4, art. 2, § 6), contrairement à l'opinion de Ferrière (sur l'art. 304 de la coutume de Paris), et de Lebrun (Success. Liv. 3, ch. 6), que le fisc pouvait demander le rapport, comme entrant dans tous les droits du condamné; décision d'autant plus remarquable que Pothier, comme on le sait, se montrait en général peu favorable aux prétentions du fisc.

§ 3 — *Des choses soumises au rapport.*

Comme en droit romain, il y a corrélation entre les choses rapportables et celles qui s'imputent sur la légitime. Seulement le cercle de ces dernières s'est étendu, puisque les donations simples entre-vifs sont, de plein droit, soumises à cette imputation. — Ainsi, deux conditions sont nécessaires pour donner ouverture au rapport : 1° qu'il y ait eu libéralité de la part du *de cujus* ; 2° que quelque chose soit sorti de son patrimoine pour entrer dans celui de son successible. — Nous les étudierons séparément, nous examinerons ensuite un rapport spécial introduit par le droit coutumier, celui des dettes. Nous verrons enfin quels avantages sont dispensés du rapport.

I. Il fallait, avons-nous dit, que le successible eût été avantagé par le *de cujus*. Les coutumes s'expliquaient à cet égard dans les termes les plus larges.

Coutume de Paris, art. 303. « Père et mère ne « peuvent, par donation entre-vifs, par testament et « ordonnance de dernière volonté, ou autrement en « quelque manière que ce soit, avantager leurs en- « fants, venant à leurs successions, l'un plus que « l'autre. »

Et l'art. 302 de la coutume de Touraine, que nous citons parce qu'il était plus explicite encore, disait : « Personne coutumière ne peut, directement ou « indirectement, par contrat de donation, encore « que ce fût en faveur de mariage, vendition, arren- « tement, échange, ou autrement par quelque autre « contrat que ce soit, faire la condition de l'un de « ses héritiers meilleure ou pire que l'autre, soit que « lesdits contrats soient faits avec l'héritier présomp- « tif, ou l'héritier de l'héritier présomptif, ou avec « autre personne étrangère, en faveur de lui, pour « le lui rendre ; fors toutefois pour cause de récom-

« pense de services ou mérites bien et dûment véri« fiés, et qui méritâssent ledit don qui pour ce aurait « été fait. »

Pas de difficulté s'il s'agissait d'une donation entre vifs (1), mobilière ou immobilière, faite ouvertement au profit d'un des successibles ; — d'une remise de de dette ; — d'une constitution de dot ; — d'une donation en faveur du mariage. Mais, à côté des avantages ostensibles, il pouvait y avoir ce que Pothier appelait avantage indirect, et ce que, dans la langue juridique actuelle, nous appellerions plus exactement libéralité déguisée ; et cela de deux manières :

1° Le *de cujus* gratifiait une tierce personne, qui n'était qu'un prête-nom, et devait remettre à l'enfant l'objet de la libéralité. Le rapport était incontestablement dû par cet enfant. L'interposition de personne, quand elle ne résultait pas d'une clause de l'acte, ou d'une contre-lettre par laquelle le tiers s'obligerait à

(1) *Quid* d'une donation rémunératoire ? Auzanet la déclarait rapportable, sauf au donataire à exercer son action en rémunération des services rendus, s'ils étaient susceptibles d'évaluation pécuniaire. Ferrière (sur l'art. 304, cout. de Paris) et Lebrun pensaient, au contraire, qu'une telle donation n'était pas sujette à rapport, pourvu que les services qu'elle avait pour but de reconnaître fussent constants, et la récompense non exagérée ; (c'était aussi la disposition de la coutume de Touraine). Mais une allégation vague de la part du donateur ne suffisait pas pour établir l'existence des services, et, en cas de contestation, c'était au donataire à en justifier. Pas de rapport non plus pour les donations avec charges, quand ces charges étaient à peu près l'équivalent de la donation. Lebrun voyait là une sorte de contrat *do ut des, do ut facias*.

restituer au véritable donataire, pouvait s'induire de circonstances dont l'appréciation appartenait au juge. Nous verrons même plus loin, § 4, que l'interposition était légalement présumée, quand le donataire apparent se rattachait par certains liens étroits de famille au successible ; il suffisait même, dans la coutume de Touraine, qu'il fût son présomptif héritier.

2° L'acte fait directement avec le successible pouvait présenter les apparences d'un acte à titre onéreux, et contenir au fond une véritable libéralité. — Passons en revue les différents cas qui avaient fixé principalement l'attention de nos anciens auteurs.

La vente faite à l'enfant moyennant un prix qu'on était convenu de ne point exiger, ou dont l'acte contenait quittance encore qu'il n'eût point été versé, se résumait en une véritable donation du bien vendu, et devait être traitée comme telle (Ferrière, sur Paris, art. 303). — *Quid* de la vente d'une chose pour un prix inférieur à sa juste valeur ? Il y avait incontestablement avantage, dans une certaine mesure, et, par conséquent, matière à rapport. Mais deux difficultés surgissaient. Un profit quelconque retiré par l'enfant ne suffisait évidemment pas. Quelle importance devaient donc atteindre, et la lésion éprouvée par le *de cujus*, et l'avantage obtenu par le successible, pour mettre celui-ci dans le cas du rapport ? — En second lieu, que devait-on précisément rapporter? Était-ce la chose elle-même, ou le supplément du juste prix? Une question analogue s'était élevée en droit romain, dans l'espèce d'une vente à vil prix faite par un conjoint à l'autre malgré la loi qui défendait les avantages entre époux. Julien (de l'école des Sabiniens) pensait que la vente était entièrement nulle, comme faite en vue de couvrir une donation prohibée, et accordait à l'époux vendeur le droit de répéter sa chose, en rendant le prix qu'il avait reçu. Nératius (proculien) s'attachait à l'intention des parties. Il admettait l'opinion de Julien, si le vendeur n'avait eu d'autre but que de couvrir un avantage qu'il voulait faire à son conjoint; mais, s'il avait eu effectivement le dessein de se défaire de sa chose, si par exemple il l'avait offerte en vente à d'autres personnes, Nératius maintenait la vente, et l'autorisait seulement à se faire payer la somme nécessaire pour parfaire le juste prix. (L. 5, § 5, D. *De donat. int. vir. et uxor.*). Enfin Pomponius (L. 31, § 3, D. *eod. tit.*) annulait la vente au prorata de la différence entre le prix stipulé et la valeur réelle de la chose, et déclarait la chose commune entre les époux dans cette même proportion. Ainsi, le mari avait-il vendu à sa femme pour 10 un objet de la valeur de 15, les deux conjoints en devenaient copropriétaires, le mari pour 1/3, la femme pour 2/3...— Pothier, qui mentionnait cette controverse en l'appliquant à la matière du rapport, regardait le sentiment de Nératius, auquel Lebrun s'attachait également, comme plus exact en doctrine; mais, dans la pratique, il inclinait à suivre celui de Julien, pour éviter les procès et les discussions sur le mobile qui avait fait agir le *de cujus* (Successions, ch. 4, art. 2, § 2). — Du reste, le droit romain n'allait pas jusqu'à interdire, *a priori* et d'une manière absolue, la vente entre personnes auxquelles il était défendu de s'avantager. C'est pourtant ce que faisait la coutume de Montargis, ch. 15, art. 1 : « Père ou mère ne peuvent avantager en leur succes- « sion l'un de leurs enfants plus que l'autre, tellement « que lesdits père et mère ne pourront vendre, bailler « à rente, ferme ou location, leurs héritages, ou partie « d'iceux, à l'un ou à plusieurs de leurs enfants; « s'ils le font, les autres le pourront avoir pour le « prix, si bon leur semble, chacun pour leurs por- « tions, en remboursant, à ce regard, le prix qu'ils « auront baillé, dont seront tenus affirmer. Et se « pourront lesdits enfants dire saisis, en remboursant « comme dessus. » On éludait de la sorte les difficultés auxquelles nous avons fait plus haut allusion, mais on dépassait le but par cette rigueur excessive.

Le de cujus pouvait vendre à l'un de ses successibles moyennant une rente viagère. Cette opération n'était pas prohibée, et n'entraînait pas forcément le rapport du bien vendu (Arrêt du parlement de Rouen du 21 août 1750, cité par Merlin, Rép. V[is] Rapport à succession). — Mais on appliquait les principes qui viennent d'être indiqués, si elle contenait un avantage indirect au profit du successible. — On citait encore comme exemples d'avantages indirects : la transaction sur un compte de tutelle, par laquelle le père exagérait la somme dont il se trouvait débiteur envers son enfant; la reconnaissance de dettes supposées, les obligations souscrites au profit de l'enfant, les quittances ou décharges à lui données, sans qu'il ait réellement compté les deniers, acquitté sa dette, ou rendu compte des biens paternels dont la gestion lui avait été confiée. Nos anciens auteurs rapportent à ce sujet un arrêt du 16 février 1682, rendu dans l'espèce suivante. Un père avait acheté à son fils une charge de conseiller à la Cour des Aides, moyennant 120,000 livres, dont il lui avait donné quittance. Cette quittance s'étant trouvée en la possession du père lors de son décès, et attachée à son testament, fut jugée peu sérieuse; d'autant plus que l'enfant, n'ayant aucun bien personnel, ne pouvait justifier de quels deniers il aurait fait ce remboursement. Aussi fut-il condamné, sur la demande de ses frères, à payer ladite somme de 120,000 livres.

Du reste, on n'admettait pas facilement la simulation ; et, « à moins de circonstances extrêmement « fortes, dit Pothier, la cause se devait décider « par le serment de l'enfant, s'il avait effectivement « payé. » Aussi Merlin regarde-t-il l'arrêt précité comme une décision d'espèce, ne devant pas être aisément tirée à conséquence. Annuler trop légèrement les cédules et obligations par lesquelles un père se déclarerait débiteur envers un de ses enfants, ce serait, disait de son côté Ferrière (sur Paris, art. 303), détourner ceux-ci de venir en aide à leur père, et lui ôter les moyens de trouver dans ses besoins un secours qu'il ne pourrait peut-être pas se procurer ailleurs. — Il y aurait présomption de fraude, suivant le même auteur, si l'obligation avait été faite peu de temps avant le décès du père, ou si elle contenait cette clause que le fils n'en pourrait rien demander au père pendant sa vie; on est plus porté à faire des libéralités, quand il ne nous en doit rien coûter de notre vivant.

Le partage de la communauté, qui avait existé entre le de cujus et son premier conjoint, pouvait lui fournir le moyen d'avantager ses enfants du premier lit ; soit en leur permettant d'exercer des reprises ou de réclamer des récompenses auxquelles ils n'avaient pas droit, ou d'en exagérer le quantum ; soit en négligeant de se prévaloir de celles qui lui étaient dues à lui-même, ou en ne s'en faisant pas remplir intégralement. Tout cela donnait lieu à rapport en faveur des enfants d'un second lit.

Mais, lorsque le *de cujus* disposait de ce qui lui était advenu à titre lucratif de son premier conjoint au profit des enfants issus de cette première union, cela ne constituait pas pour ceux-ci un avantage rapportable. Car ils n'étaient pas censés tenir ces biens du *de cujus*, mais du conjoint prédécédé, dont ils étaient en quelque sorte les donataires au deuxième degré. L'époux survivant, aux termes du dernier chef de l'édit des secondes noces, était grevé à leur profit d'une espèce de fidéicommis légal, et tenu de leur réserver ces biens, à l'exclusion des enfants d'un subséquent mariage; aussi les auraient-ils recueillis indépendamment de toute disposition de la part du *de cujus*, et sans avoir besoin de venir à son hérédité. — Mais, si la disposition n'avait pas été faite en faveur de tous les enfants du premier lit, ou que l'un eût été plus avantagé que l'autre, il y aurait lieu au rapport pour rétablir entre eux l'égalité. Lebrun le décidait ainsi, bien qu'il reconnût au conjoint survivant le droit de disposer des choses dont il s'agit au profit de tel des enfants du premier lit qu'il lui plaisait de choisir. C'était se montrer assez peu conséquent avec soi-même, car, cette faculté une fois admise, on ne pouvait plus voir une libéralité dans une inégale répartition faite par le *de cujus*. Mais l'opinion de de Lebrun était critiquée sur ce point par Pothier (Don. entre-vifs, sect. 3, art. 8, § 2), qui regardait le survivant comme débiteur de ces biens envers tous les enfants, appelés chacun pour une égale portion au bénéfice du fidéicommis légal. C'était aussi le sentiment de Ricard (Donations, partie 3, ch. 9, glose 6, n°s 1400 à 1406). — Toutes ces questions n'ont plus aujourd'hui qu'un intérêt purement historique, le deuxième chef de l'édit des secondes noces n'ayant pas été reproduit par le Code Napoléon.

II. — Il fallait, en second lieu, pour donner ouverture au rapport, que quelque chose fût sorti du patrimoine du *de cujus* pour entrer dans celui d'un de ses enfants. « Cette condition, dit Pothier, résulte » de l'idée même que renferme le terme de rapport ; » car *rapporter* signifie remettre à la masse des biens » du donateur quelque chose qui en est sorti ; on ne » peut pas y remettre, y *rapporter* ce qui n'en est » pas sorti. »

Ainsi, par exemple, qu'un père commue ses fiefs en censives, le droit d'aînesse ne s'exerce plus sur ces héritages ; c'est là un avantage incontestable pour les puînés; mais ce n'est pas un avantage sujet à rapport, car le père n'a fait en cela qu'user de sa liberté naturelle de transformer ses biens comme il l'entend, sans en rien faire passer à ses puînés. Réciproquement, la conversion d'une censive en fief n'obligerait pas l'aîné au rapport de l'avantage qui en résultera pour lui dans la succession paternelle.

L'espèce suivante était de nature à se présenter souvent dans les coutumes où les mâles n'excluaient les femmes sur les biens nobles qu'en ligne collatérale, et non en ligne directe. Une mère, ayant des enfants des deux sexes, a renoncé à la succession de son frère unique, composée principalement de fiefs, de sorte que ces fiefs qui, en passant par ses mains, se seraient partagés également (sauf le droit d'aînesse) entre tous ses enfants, suivant les règles admises pour la ligne directe, sont dévolus aux seuls enfants mâles, qui les recueillent, à l'exclusion de leurs sœurs, dans la succession de leur oncle. Lebrun, touché du changement que cette renonciation apportait à l'ordre naturel des choses, obligeait les fils à rapporter ces fiefs dans la succession maternelle, comme s'ils eussent été, relativement à ces biens, donataires de leur mère. Mais Pothier donnait une solution opposée. La mère, par sa renonciation, avait perdu, disait-il, toute espèce de droit sur les biens de son frère ; on ne pouvait donc pas dire qu'elle eût fait passer à ses enfants mâles quelque chose qui lui eût appartenu. Les biens dont il s'agit, les fils ne les tenaient pas de leur mère; ils les tenaient de leur oncle, auquel ils avaient succédé, non comme cessionnaires des droits maternels, mais de leur chef, et comme personnellement appelés par la loi.

Et Merlin nous apprend qu'on décidait de même, en droit commun, dans tous les cas où le *de cujus*, en répudiant une succession à laquelle il était appelé, se trouvait avoir avantagé quelqu'un de ses enfants; celui-ci ne devait donc, de ce chef, aucun rapport. — Il paraît, néanmoins, que le parlement de Rouen suivait une jurisprudence contraire, lorsque l'hérédité ainsi répudiée par le *de cujus* était une hérédité directe ; cela tenait sans doute à l'influence de ces idées de copropriété familiale, qui faisaient envisager la succession paternelle moins comme le point de départ d'une propriété nouvelle dans la personne des enfants, que comme la continuation de celle qu'ils étaient censés avoir partagée avec leur père lui-même, et de son vivant ; en sorte que, renoncer à une succession directe, c'était vraiment se dépouiller d'un bien déjà acquis.

Des questions parallèles se présentaient en matière de communauté. — Supposons qu'une mère, pour favoriser ses enfants d'un premier lit, renonce à la communauté opulente qui avait existé entre elle et son premier conjoint ; ou, à l'inverse, accepte cette communauté, quoique notoirement mauvaise, tandis qu'elle eût pu, en renonçant, reprendre ses apports francs et quittes. Pothier, d'accord cette fois avec Lebrun, avait d'abord enseigné que les enfants ainsi avantagés ne devaient aucun rapport à leurs frères de l'autre lit (Introduction au titre 17 de la Cout. d'Orléans, Sect. 6, art. 3, § 1). Il raisonnait comme plus haut. Par sa renonciation, la mère est réputée n'avoir jamais eu de droit sur les biens de la communauté. L'accepte-t-elle, au contraire ? elle n'a jamais eu le droit de reprendre son rapport. Donc elle n'a rien fait passer à ses enfants ; donc pas d'avantage rapportable.

Mais il revint plus tard sur cette première décision, et, dans son traité des successions (ch. 4, art. 2, § 2), il envisage la question sous une autre face. Il voit dans la conduite tenue par la mère, dans l'une et l'autre hypothèse, une sorte de remise de dette en faveur de ses enfants. Le mari, en contractant communauté avec sa femme, a contracté l'obligation de lui accorder part dans tous les biens de la communauté, lors de sa dissolution. La même obligation incombe dès lors aux enfants, comme héritiers de leur père, et c'est une véritable remise que la mère leur en a faite en renonçant à cette communauté. On peut comparer la position de la femme à celle d'un associé en commandite, qui abandonne sa part dans la société pour être quitte des dettes. Si un père s'était associé en commandite avec un de ses fils, et lui avait abandonné sa part dans une société manifestement opulente, c'eût été assurément un avantage rapportable.

Dans la seconde espèce, la mère était bien créancière de la reprise de son apport; créancière conditionnelle sans doute, mais sous une condition potestative, qu'elle pouvait réaliser à son gré en renonçant à la communauté. C'est donc volontairement qu'elle s'est placée dans l'impossibilité de retirer son apport; et l'on peut dire qu'elle décharge ses enfants d'une restitution qu'elle avait droit d'exiger d'eux.

De tout ce qui précède, on devrait, ce semble, conclure au rapport; mais Pothier ne se prononce pas, et dit que ces questions lui paraissent souffrir beaucoup de difficulté.

Lorsque le *de cujus* achetait de ses deniers un héritage au nom d'un de ses enfants, contre lequel il n'entendait exercer aucune répétition, la libéralité portait sur les deniers fournis pour cette acquisition, et non sur le bien lui-même, qui, n'ayant jamais appartenu au *de cujus*, était passé directement du vendeur à l'enfant; aussi formait-il entre les mains de ce dernier un acquêt, et non un propre (Pothier, traité des propres, section 1, art. 3, § 1). Le même principe devait faire décider que ce n'était pas l'héritage en nature qui était rapportable à la succession du père, mais le prix employé à l'acquérir (Ferrière sur l'art. 304 de la coutume de Paris). On s'explique difficilement que Merlin ait pu formuler une opinion différente (Rép. V[is] Rapp. à Succes.)

Ce jurisconsulte admettait encore le rapport en nature dans le cas où le *de cujus* aurait exercé, au nom d'un de ses enfants, un retrait lignager qu'il pouvait exercer pour son propre compte. Mais, si l'héritage ainsi retrayé appartenait à une ligne étrangère au *de cujus*, qui, dès lors, n'avait pas qualité pour opérer le retrait de son chef, on ne pouvait plus dire que ce bien était sorti du patrimoine du père pour entrer dans celui de l'enfant, et le prix déboursé pour le retrait était seul rapportable.

Rapport des dettes. — Quoique le droit romain ne

paraisse pas avoir connu le rapport des dettes tel que nous le verrons pratiqué dans notre ancienne jurisprudence, on peut cependant induire par *a contrario* d'un texte du Digeste, que l'enfant émancipé pouvait être tenu d'imputer sur sa part héréditaire les sommes que son père lui avait avancées, pourvu que ces avances n'eussent pas été faites *animo donandi*. « Quæ « pater, dit Ulpien, filio emancipato studiorum causa « peregre agenti subministravit, si non credendi ani- « mo pater misisse fuerit comprobatus, sed pietate « debitâ ductus, in rationem portionis quæ ex defunc- « ti bonis ad eum filium pertinuit, computari æquitas « non patitur. » (L. 50 D. *fam. ercisc.*). — Mais c'est dans la jurisprudence coutumière que se place l'origine véritable de cette institution. L'esprit d'égalité, qui inspirait nos anciennes coutumes en cette matière, conduisit à exiger de l'enfant le rapport, non-seulement de ce qui lui avait été *donné*, mais aussi de ce qui lui avait été *prêté* par son père. Là encore, on voyait un avancement d'hoirie, un avantage indirect. Les jurisconsultes sont unanimes pour le proclamer. « Cette jurisprudence, dit Lebrun, est fondée « sur ce que le père qui prête, et qui n'exige pas pen- « dant sa vie, est présumé donner par anticipation « de succession. D'ailleurs, le prêt fait par le père « deviendrait un avantage s'il n'était pas sujet à rap- « port; et la première règle du rapport est l'égalité, « qui se trouverait autant blessée par le défaut de

« rapport de ce qui a été prêté que de ce qui a été « donné. » — Comment cela ? Pothier va nous le dire : « Ce serait un avantage indirect, si un père « faisait par ce moyen passer son argent comptant à « l'un de ses fils, pendant que les autres n'auraient « à sa place qu'une simple créance contre leur « frère. »

Ecoutons enfin Bourjon (Droit commun de la France, T. 17, des Success. 2e partie, ch. 6. sect. 2 distinct. 1re, n° 9) : « Le rapport embrasse tout ce que le père a « prêté au fils. L'égalité parfaite, qu'il faut conserver « dans les branches, nécessite ce rapport; outre que le « prêt, lorsqu'il est fait par un ascendant, est plus « avancement d'hoirie que prêt. »

Voici maintenant les conséquences de cette idée. Au lieu de se diviser entre tous les héritiers au *prorata* de leurs parts héréditaires, la créance était placée tout entière dans le lot de l'héritier débiteur, qui l'éteignait par confusion sur lui-même. C'est-à-dire, en pratique, que le successible imputait le montant de sa dette sur la part à laquelle il avait droit de prétendre, celle des autres s'en trouvant augmentée d'autant. Cela équivalait à reconnaître, au profit des cohéritiers, un véritable droit de préférence sur sa part dans la succession, à l'encontre des autres créanciers personnels de l'héritier débiteur ; l'intérêt en était manifeste, en cas d'insolvabilité de celui-ci. — On justifiait ce droit de préférence en le faisant dériver de l'obligation privilégiée de garantie qui existe entre cohéritiers(Lebrun.–Bourjon, *Loc. cit.* Sect. 4, nº 56). Contraindre les autres héritiers à prendre aussi une part de cette mauvaise créance, ç'eût été leur causer un préjudice dont ils auraient demandé la réparation, par privilége sur les biens compris dans son lot, à leur cohéritier débiteur, seul garant en définitive, puisque le préjudice provenait de son fait, et que d'ailleurs, se payant à lui-même ce qu'il se devait, il n'éprouvait personnellement aucune perte, *quisque semper sibi solvendo censetur*. Or, l'imputation conduisait au même résultat, par une voie abrégée et en évitant un circuit d'actions. Au fond, c'était encore le principe de l'égalité qu'on invoquait, bien que sous une autre forme, et auquel on se trouvait forcément ramené. On pouvait dire encore, avec Pothier, que les biens compris dans le lot de chaque héritier sont hypothéqués par hypothèque privilégiée au rapport des sommes à lui prêtées, comme ils le seraient aux soultes ou retours dont ce lot pouvait être chargé, et généralement à toutes les obligations résultant du partage ; car, chaque cohéritier ne succédant qu'à la charge de ces obligations, les biens par lui recueillis s'y trouvent affectés ; ce n'est que déduction faite de cette charge qu'ils entrent dans son patrimoine et dans le gage de ses autres créanciers, car *nemo plus juris ad alium transferre potest quam ipse habet*.

Chacun des autres enfants pouvait aussi, d'après

Bourjon (*Loc. cit.* n° 57), prélever, à son choix, des biens de la succession, jusqu'à concurrence de ce qui était dû par leur frère.

Il y avait lieu au rapport immédiat, bien que la dette ne fût pas encore arrivée à l'échéance au jour de l'ouverture de la succession (Bourjon, *loc. cit.*, n° 54) : « Elle devient un avancement d'hoirie, lorsqu'au temps « de l'ouverture de la succession elle ne se trouve pas « acquittée. »

Que s'il s'agissait, non plus d'un prêt ordinaire, mais d'une somme reçue par l'enfant pour prix d'une rente constituée par lui au *de cujus*, cette somme n'en était pas moins rapportable, quoique aliénée à son profit, et, par suite, devenue inexigible. On voyait, dans cette aliénation même du capital, un avantage indirect sujet à rapport (Bourjon, n° 55 ; — arrêt du 28 juin 1614 ; — Ferrière, sur Paris, article 304, n° 6 ; — Pothier).

Il pouvait arriver que l'enfant, tombé en faillite ou en déconfiture, eût fait avec ses créanciers, au nombre desquels se trouvait son père, un contrat dit *d'atermoiement*, par lequel les créanciers se seraient restreints à un dividende payable dans certains délais, et auraient fait remise du surplus. « Néanmoins, il n'est « pas douteux, dit Pothier, que l'enfant ne doive « rapporter la somme intégrale que lui avait prêtée « son père, sans même attendre les termes du contrat « d'atermoiement. »

Que si la dette de l'enfant dépassait le montant de sa part dans les biens héréditaires, en sorte que le prélèvement et l'imputation fussent insuffisants, il était tenu, pour le surplus, au paiement effectif et immédiat ; c'est du moins ce qu'enseigne Bourjon, pour le rapport d'un capital prêté à constitution de rente (*Loc. cit.* n° 9).

Le rapport des dettes avait cela de particulier, qu'il s'appliquait même en succession collatérale. Pothier, sans faire de distinction entre les diverses lignes, le range parmi les prestations personnelles auxquelles tous les successibles sont respectivement obligés, et peuvent se contraindre mutuellement par l'action en partage (Suc. ch. 4, article 1, § 3), avec privilége sur les biens compris au lot de l'héritier débiteur (art. 5, § 4).

Avantages dispensés du rapport. C'était une règle constante en droit coutumier que « les nourritures, « entretènements, instructions et apprentissages « d'enfants ne se rapportent. » (Art. 309, C. d'Orléans). Ceci s'appliquait d'abord, sans difficulté, au cas où les parents étaient tenus de pourvoir, à leurs frais, à la nourriture et à l'éducation de leurs enfants, soit que ceux-ci n'eussent pas de ressources personnelles, soit qu'ils eussent une fortune particulière dont la jouissance appartînt au père ou à la mère, dans les coutumes qui admettaient la garde noble ou bourgeoise au profit du survivant des époux. Mais les dépenses de ce genre, faites pour un enfant qui avait déjà des biens acquis et des revenus personnels, étaient sujettes à rapport, à moins que l'enfant ne les eût compensées en travaillant pour le compte du père ou de la mère. Toutefois, l'excédant de ces dépenses sur les revenus propres de l'enfant restait toujours à la charge de la succession; en effet, ses revenus étaient-ils insuffisants pour pourvoir à son entretien? les père et mère étaient tenus d'y suppléer; dans le cas contraire, il n'était pas permis aux parents d'imposer à l'enfant des dépenses hors de proportion avec sa fortune. La coutume d'Auxerre en avait une disposition précise, et cette disposition était généralement suivie (art. 253).

Enfin, pas de rapport lorsque l'aïeul avait pourvu de ses deniers à l'entretien de ses petits-enfants, bien que ces frais eussent profité au père et allégé d'autant les charges de son ménage; on voyait là moins une donation véritable qu'un *officium pietatis*, un moyen pour l'aïeul de satisfaire sa tendresse envers ses petits-enfants (Ferrière).

Les coutumes de Vermandois (art. 95) et de Châlons (art. 105) assujettissaient, en outre, la dispense de rapport à deux conditions, trop équitables, dit Merlin, pour n'être pas érigées en droit commun: la première, que les frais fussent modérés et proportionnés à la qualité des personnes; la seconde, que les enfants ne fussent pas mariés ou établis, quand on a fait pour eux ces dépenses (Conf. Pothier, sur l'art. 309 de la C. d'Orléans).

Les frais pour l'équipement militaire de l'enfant rentraient dans les dépenses d'entretien (Pothier, Succes. ch. 4, art. 2, § 3).

Les frais d'éducation, ce sont ceux qui ont pour but « l'institution des enfants tant ès arts libéraux que mé-« caniques. » — Ainsi les frais *d'apprentissage* d'un métier étaient dispensés du rapport; mais non ceux de *maîtrise*, qui procuraient au fils un établissement.

Pour l'éducation libérale, la dispense s'appliquait sans difficulté aux livres d'étude fournis à l'enfant. Toutefois, si la dépense excédait les proportions ordinaires, si le père avait composé à son fils une véritable bibliothèque, le rapport était exigible (Ferrière).

Aux frais faits pour acquérir les degrés, jusqu'à celui de licence inclusivement. Quelques coutumes (Reims, Châlons, Vermandois) soumettaient au rapport les frais de doctorat. Quid en droit commun? Bourjon (succ. 2e partie, ch. 7, sect. 2) et Pothier (*loco cit.*) les déclaraient rapportables comme ayant pour but l'établissement de l'enfant plutôt que son instruction. Ferrière (sur l'art. 304, C. de Paris), dont le point de vue me semble plus exact, les affranchissait du rapport : 1° parce que le simple titre de docteur était purement honorifique, et ne procurait pas d'établissement ; 2° parce qu'à la différence d'une maîtrise, il ne coûtait qu'une somme modique. Mais il déclarait rapportable le titre de docteur en médecine de la faculté de Paris, très-dispendieux.

Mais l'enfant devait rapporter, comme on l'a déjà remarqué, les fraits faits pour son établissement ; par exemple, la somme consacrée par son père à lui acheter une compagnie, à lui procurer un grade militaire, à moins qu'il ne s'agît d'un grade purement honorifique, tel que la chevalerie. La coutume de Berry en avait une disposition.

En ce qui touche les offices, on distinguait. Le rapport était dû pour les offices vénaux de judicature et de finance, dont un père avait pourvu ou fait pourvoir un de ses fils à ses frais. Au dire de Ferrière (sur l'art. 304 de la cout. de Paris), il y avait eu jadis controverse à propos des offices de judicature, qu'un arrêt du 7 septembre 1582 aurait même déclarés non rapportables. Mais, dans le dernier état du droit, le principe du rapport était admis sans contestation, et les difficultés ne portaient plus que sur la manière de l'appliquer. En effet, les offices de ce genre étaient dans le commerce, sinon pour le titre, du moins pour la finance ; ils faisaient réellement partie du patrimoine de l'enfant, et constituaient pour lui de véritables biens, dont il était redevable à la libéralité paternelle. —

On en disait autant, à *fortiori*, des offices domaniaux (comme celui de greffier).

Quant aux offices que Pothier (Traité des personnes et des choses, 2ᵉ partie, §. 2) appelait *purs personnels*, comme les gouvernements, les offices de la maison du roi, c'étaient des commissions révocables plutôt que de vrais offices; les titulaires ne les avaient pas *in bonis*; ils les tenaient moins du bienfait du *de cujus*, que du bon plaisir du roi, à la pleine disposition duquel ces charges demeuraient toujours. Il ne pouvait donc être question, ce semble, d'aucun rapport, ni de l'office lui-même, ni de son estimation; et c'est ce que décidèrent deux déclarations, l'une de juillet 1653, l'autre de janvier 1677. Toutefois, cela n'était rigoureusement vrai que dans le cas où le père n'avait rien déboursé, ayant résigné au profit de son fils, avec l'agrément du roi, une charge dont il était personnellement revêtu. Car, s'il n'avait pas l'office, et qu'il eût été obligé d'acheter en faveur de son fils la démission du titulaire, la somme déboursée à cet effet constituerait un avancement d'hoirie, dont l'enfant devrait le rapport (Rép. de Merlin; — Pothier, Succ. ch. 4, art. 2, § 7). La déclaration de 1677 ne faisait nullement obstacle à cette décision.

Que si le père, autorisé par le roi à vendre son office, l'avait cédé à son fils moyennant un certain prix, le fils était comptable de ce prix envers la succession paternelle, suivant les règles du rapport des dettes (Bourjon, Droit commun de la France, T. XVII, 2e partie, ch. 8, sect. 2, dist. 3, §. 3).

Passons à l'établissement par mariage. La dot constituée à l'enfant était incontestablement rapportable en droit commun. Quant aux dépenses faites à l'occasion du mariage, on distinguait entre celles qui avaient lieu *ad ostentationem*, pour faire honneur aux nouveaux mariés plutôt que pour leur procurer un avantage pécuniaire, et celles qui leur procuraient un profit appréciable. Ainsi, il n'était pas dû de rapport pour les frais de banquet nuptial (cout. de Reims, art. 322); c'était aussi le sentiment de la généralité des auteurs. Toutefois Ferrière en exigeait le rapport quand le festin avait été estimé par le contrat à une certaine somme (ce qui, nous dit cet auteur, se pratiquait souvent entre les bourgeois), ou s'il s'agissait de paysans, d'artisans, gens peu aisés et de basse condition, qui donnent peu de chose en mariage à leurs enfants, outre le festin. — Quant aux habits nuptiaux, aux joyaux ou trousseau, on s'accordait généralement à les soumettre au rapport. Mais il fallait qu'ils présentâssent une certaine importance; on pouvait alors les envisager comme une partie de la dot; sinon, ils rentraient dans cette catégorie des simples présents d'usage, « pure bienséance, dit Bourjon, que l'ascendant observe plus pour sa propre satisfaction, et suivant un juste penchant de la nature, que pour enrichir le descendant », et qui ne peuvent servir de base au rapport. —D'Argentré (sur la coutume de Bretagne) distinguait entre les habillements ordinaires et ceux de parade, qui n'étaient rapportables qu'entre personnes du commun.

Une remarque commune à tout ce qui précède, c'est que la dispense de rapport n'avait lieu que si les dépenses avaient été faites du vivant du *decujus*. Ainsi, le legs d'une pension alimentaire, celui d'une somme pour l'éducation ou l'apprentissage de l'enfant, étaient certainement sujets à rapport ; et la pension alimentaire donnée par acte entre-vifs n'en était exempte que pour ce qui aurait couru pendant la vie du père (Pothier, Success. ch. 4, art. 2, § 3).

Dans les coutumes autres que celles de préciput, le père ne pouvait obliger son enfant à faire le rapport de choses qui, légalement, en étaient exemptées ; car ce serait là modifier le régime légal de sa succession, et augmenter l'émolument de ses autres enfants. Toutefois, la coutume de Vermandois dérogeait ici à la rigueur des principes, en permettant à l'ascendant, afin de garder l'égalité et de compenser les dépens faits pour l'entretien d'un de ses enfants, de donner ou léguer aux autres, par préciput, une somme équivalente. Cette coutume devait-elle être restreinte à son territoire? Pothier le soutenait. Lebrun, moins absolu, pensait qu'on en devait suivre la disposition, comme plus équitable, et laisser au père la faculté de récompenser ses enfants des frais faits pour l'entretien de l'un deux, alors que ces frais avaient été considérables, ou qu'il n'avait pas, comme ses frères, aidé au travail du père commun.

Des fruits ou intérêts des choses données. — Coutume de Paris, article 309 : « Les fruits de la chose donnée par père, mère, aïeul ou aïeule, ne se rapportent, sinon du jour de la succession échue; et, s'il y a deniers baillés, les profits se rapporteront depuis ledit temps, à raison du denier vingt. »

Ainsi, le donataire gardait les fruits ou autres revenus perçus avant l'ouverture de la succession. Mais il devenait comptable, à partir de cette époque, de tous ceux que produirait l'objet donné. Tel était le droit commun, même dans les coutumes qui, comme celle de Montargis (chap. 12, art. 2), dispensaient indéfiniment du rapport des fruits; cela ne s'entendait que des fruits antérieurs au décès du *de cujus*. — Cette règle souffrait cependant exception, d'après Lebrun et Ferrière, dans le cas où, après la dissolution du mariage, le survivant des père et mère, qui n'avait pas fait d'inventaire et était demeuré en continuation de communauté avec ses enfants mineurs, donnait à l'un d'eux un bien de cette communauté ; le donataire était tenu d'un double rapport : rapport à la succession paternelle de la 1/2 du bien qui appartenait au père survivant, avec les fruits du jour du décès de ce dernier ; rapport à la communauté de l'autre 1/2, qui revenait aux enfants, avec les fruits à partir du jour où elle avait été distraite de la communauté, c'est-à-dire à partir du jour de la donation. Cette exception, cependant, au dire de Merlin, ne paraît pas avoir prévalu en jurisprudence.

Si la donation consistait en une somme d'argent, ou en objets mobiliers dont on rapportait l'estimation, on en devait les intérêts sur le pied du denier 20, du jour de l'ouverture de la succession.

Quid des sommes prêtées ? Duplessis et Bourjon voulaient n'en faire courir les intérêts que du jour de la demande formée par les cohéritiers ; autrement, disaient-ils, sous prétexte d'égalité, on tomberait dans l'usure qui est odieuse. La jurisprudence, au contraire, étendait, avec raison, à cette hypothèse, la décision de l'art. 309 ; car le rapport des dettes avait pour but le maintien de l'égalité, comme celui des dons ; or, si le successible débiteur ne devait pas *ipso jure* les intérêts, il profiterait, sans compensation, des fruits des héritages que rapportent ses cohéritiers.

Il faut remarquer que, lors de la réformation de la coutume de Paris, l'intérêt de l'argent était au denier 12. On le fixa au denier 20 en matière de rapport, pour en rapprocher le quantum du revenu des héritages, qui produisent toujours moins que les valeurs pécuniaires. Par la suite, et après plusieurs abaissements successifs, l'intérêt finit par n'être plus qu'au denier 20. En suivant la même proportion, on aurait dû ne plus calculer l'intérêt des valeurs rapportables que sur le pied du denier 33 ou 34 ; mais l'usage le maintint toujours au taux originaire. Cependant Lebrun (Succes. Liv. 3, ch. 6, sect. 3) proposait un tempérament ; suivant cet auteur, si, parmi les cohéritiers, 1us était donataire d'une somme de deniers, 2us d'héritages d'une égale valeur (mais ne produisant guère au delà du denier 25 ou 30), et que le partage eût été retardé par la faute de 2_{u}^{s}, ou tout au moins sans la faute de 1us, l'équité commanderait de faire descendre aussi au denier 30 le taux des intérêts dus par celui-ci, de manière à établir une plus exacte proportion avec les revenus rapportés par 2us. Autrement 1us souffrirait d'un retard qui ne lui est pas imputable ; il est possible, d'ailleurs, qu'il ait employé lui-même en achat d'héritages l'argent comptant qui lui avait été donné.

Par exception, l'art. 597 de la coutume de Bretagne ne faisait courir les fruits ou intérêts que du jour de la demande en partage judiciairement introduite; et celle d'Orléans(art. 309), du jour de la provocation en partage, disposition que l'usage avait interprétée de manière à la rapprocher du droit commun ; ainsi, dit Pothier, « la première démarche qui « tend au partage, par exemple la demande aux fins « qu'il soit procédé à l'inventaire, passe pour pro- « vocation à partage. » Et, quoique le tuteur n'eût pas qualité pour provoquer à un partage définitif, cependant il pouvait, il devait même, sous peine d'engager sa responsabilité, faire courir les intérêts au profit de son mineur, en formant contre ses cohéritiers une demande tendant à la confection d'un inventaire. Et si, aucun tuteur n'ayant été nommé, cette interpellation n'avait pu avoir lieu, la famille en serait responsable envers le mineur.

Le principe qu'il n'est pas dû de rapport pour les revenus perçus pendant la vie du *de cujus*, semblerait devoir fléchir lorsque ces revenus forment l'objet principal et direct, le capital même du don ; comme, par exemple, s'il s'agit de rentes viagères, pensions ou jouissances données par l'ascendant. Il n'en était rien cependant, parce qu'on regardait les arrérages comme tenant lieu d'aliments, et qu'on présumait que le donataire les avait consommés pour sa subsistance. A supposer, d'ailleurs, qu'ils excédâssent le taux ordinaire, le rapport de cet excédant absorberait souvent la portion héréditaire du fils, en sorte qu'on lui ferait ainsi consommer son fonds par de simples jouissances, ce qui est inadmissible. Mais ces raisons ne s'appliquaient qu'aux arrérages déjà perçus avant le décès de l'ascendant ; l'enfant ne pourrait donc réclamer ceux qui ne lui auraient pas encore été payés, quoique déjà échus à cette époque. L'art. 95 des placités de Normandie en avait une disposition. — Il en était ainsi, quand même le donataire justifierait avoir fait les diligences nécessaires. — On craignait, dit Merlin, qu'un père ne se laissât entraîner à des promesses excessives, dont on ne presserait pas l'accomplissement pendant sa vie, et qui, à sa mort, grèveraient lourdement son patrimoine au profit exclusif d'un de ses enfants. — Il n'y avait d'exception que pour les arrérages qui auraient couru pendant que l'enfant était sous la tutelle de l'ascendant qui les lui devait ; car, alors, *ipse sibi solvere debuisset*.

Enfin Lebrun, s'appuyant sur la loi 51 § 1, D. *de petit. hered.* prétendait que l'enfant, mis en demeure d'effectuer le rapport, devait les intérêts des revenus, au moins de ceux échus lors de la demande formée contre lui. Pothier (Successions, chap. 4, art. 2, § 3) critiquait cette opinion, parce que les revenus des choses rapportables, n'étant pas dûs *principaliter et per se*, ne pouvaient eux-mêmes produire d'intérêts, suivant la maxime: *accessio accessionis non est*. Et Merlin, tout en trouvant l'avis de Lebrun trèsjuridique, reconnaissait qu'il était en opposition avec l'art. 309 de la coutume de Paris.

§ IV. — *A qui faut-il que la donation ait été faite, pour qu'il y ait lieu au rapport.*

En général, on ne rapportait que ce dont on avait été personnellement gratifié. Cependant il y avait lieu au rapport, quand il existait entre l'héritier et le donataire certaines relations étroites de parenté. Ainsi :

I. — Art. 306 de la coutume de Paris. — « Ce qui « a été donné aux enfants de ceux qui sont héritiers, « et viennent à la succession de leurs père, mère, « ou autres ascendants, est sujet à rapport ou à moins « prendre, comme dessus. »

La coutume d'Orléans contenait une décision analogue ; et cela formait le droit commun.

Le fondement de cette disposition était encore la crainte des avantages indirects. Pothier en donnait pour motif, que le don fait au fils est censé fait indirectement au père ; car « regardant nos enfants comme « d'autres nous-mêmes, n'acquérant nos biens que « pour eux, nous devons réputer donné à nous- « mêmes ce qui leur est donné » ; d'autant plus que la donation faite par l'aïeul à ses petits-fils l'est, d'ordinaire, en considération de leur père, et tourne à sa décharge, comme disait Bourjon.

L'art. 306 ne devait s'entendre que des descendants légitimes ; le don fait au bâtard de l'héritier n'était pas rapportable.

Le rapport ne se faisait pas ici en nature, mais en moins prenant ; on estimait la chose donnée au petit-fils, et on en précomptait la valeur sur le lot de l'héritier.

Si le fils, par l'effet du rapport, se trouvait n'avoir pas sa légitime dans la succession du donateur, il pouvait s'en faire remplir au moyen d'un retranchement sur les biens donnés. Mais si le petit-fils les avait dissipés et qu'il fût devenu insolvable, en sorte que ce recours fût illusoire, le fils se retournerait alors contre la succession, car il ne pouvait être privé de sa légitime par aucun acte du *de cujus*. « La loi naturelle, qui veut que le fils ait sa légitime, devrait « l'emporter sur la loi arbitraire qui l'assujettit « au rapport de ce qui a été donné à quelques-uns « de ses enfants, et faire en ce cas cesser le rapport. »

Les coutumes du Maine, d'Anjou et de Touraine, donnaient beaucoup plus d'étendue à la présomption légale d'interposition de personnes. Elles prohibaient, d'une manière générale, tout avantage en faveur des héritiers des successibles; ce qui, toutefois, suivant Lebrun, devait s'interpréter restrictivement, et se limiter, en collatérale, aux héritiers immédiats, par exemple aux enfants des frères, les frères étant héritiers, mais non à leurs petits-enfants, aux enfants des neveux.

II. Art. 308 de la coutume de Paris. — « L'enfant « ayant survécu ses père et mère, et venant à la suc- « cession de ses aïeul ou aïeule survivant lesdits père « et mère, encore qu'il renonce à la succession de « sesdits père et mère, est néanmoins tenu rappor- « ter à la succession de sesdits aïeul ou aïeule tout « ce qui a été donné à sesdits père et mère, ou « moins prendre. »

Disposition fort juste, car, si le donataire eût survécu et succédé au donateur, il aurait dû rapporter ; son fils, qui le représente, ne pouvait avoir plus de droits que lui, et était soumis aux mêmes obligations; *qui alicujus jure utitur, eodem jure uti debet*. (Pothier, coutume d'Orléans, introd., n° 83, et art. 307, note 2). — Suivant Lebrun, cette règle aurait été introduite pour maintenir l'égalité des branches ; cette explication, au fond, revenait au même que celle de Pothier, car le partage ne s'opérait par branches que quand il y avait représentation, soit à l'effet de succéder (petits-enfants issus d'un fils prédécédé, en concours avec d'autres fils du *de cujus*), soit à l'effet de partager (entre petits-enfants, quand les enfants du premier degré sont prédécés ou renoncent). (Pothier, chap. II, sect. Ire, art. 1, § 4).

Cependant, au dire de Bourjon, tout en admettant le partage par souches quand tous les enfants au premier degré ont renoncé, on n'obligeait pas, en ce cas, les petits-enfants au rapport de ce qu'avait reçu leur père.

Peu importait d'ailleurs que, personnellement, le représentant eût profité ou non du don fait au représenté, qu'il eût accepté ou répudié sa succession : « encore qu'il renonçât à la succession de sesdits père et mère ». — Que si ce rapport absorbait toute sa portion héréditaire, il ne pourrait encore se plaindre, ni réclamer de légitime dans la succession de l'aïeul ; il en était censé rempli par la donation faite à son père, qu'il devait imputer sur sa légitime, comme son père l'aurait imputée lui-même (Pothier, Successions, ch. 4, art. 2, §. 1). Lebrun, qui s'était d'abord prononcé contre cette imputation pour le cas où le petit-fils avait renoncé à la succession du donataire, semble s'être rallié à l'opinion contraire dans une autre partie de son ouvrage. Mais Bourjon, en pareille hypothèse, donnait au petit-fils une action subsidiaire sur les biens de l'aïeul, si les biens laissés par le père (contre lesquels il devait préalablement recourir) ne suffisaient pas pour parfaire sa légitime. — L'avis de Pothier me semble préférable. Bourjon part de cette idée que le petit-fils est personnellement saisi de sa légitime dans la succession de son aïeul, qui ne peut, en quelque manière que ce soit, y donner atteinte. Ce raisonnement porte à faux ; c'est le petit-fils lui-même qui se prive, en répudiant l'hérédité paternelle, des objets destinés à composer sa légitime. Il y a plus ; personne ne contestait que le petit-fils, s'il avait succédé à son père, ne dût subir l'imputation des choses données à celui-ci, encore que le donataire les eût dissipées, et qu'il n'en eût pas laissé l'équivalent dans sa succession. Quelle raison y a-t-il de décider autrement, quand le fils se débarrasse, par une répudiation, de cette hérédité qu'il croit mauvaise, et comment ce fait serait-il de nature à nuire à ceux qui concourent avec lui dans la succession de l'aïeul ? J'ajoute, et c'est là le point capital, que ce n'est que du chef du représenté, et non personnellement, qu'il a droit à la légitime, et qu'il ne saurait y prétendre quand cette personne en a été remplie.

Une autre conséquence du même principe, c'est que quand, de plusieurs petits-fils issus d'un enfant prédécédé, les uns acceptent la succession de l'aïeul et concourent avec leurs oncles et tantes, tandis que les autres y renoncent ou sont eux-mêmes prédécédés, ceux d'entre eux qui se portent héritiers doivent rapporter les libéralités qui auraient été faites par le *de cujus* à leurs frères, quoique ceux-ci les aient dissipées. Car, en vertu de l'art. 306 précité, ce rapport aurait pareillement incombé au père ou à la mère qu'ils représentent. Il y avait donc une espèce de solidarité entre les enfants d'une même branche, quant aux donations faites à quelqu'un d'entre eux. Et les héritiers n'avaient pas, en principe, de récompense à exercer, de ce chef, contre leurs frères renonçants. Car ce serait contraindre ceux-ci indirectement au rapport, comme dans les coutumes de stricte égalité. Mais, en cas d'atteinte portée à leur légitime par l'effet du rapport, les petits-enfants héritiers auraient la même ressource que nous avons reconnue appartenir à leur père en pareil cas, sur l'art. 306 ; il y a identité de motifs. — Il paraît que, primitivement, les choses ne se passaient pas ainsi. D'anciens arrêts considéraient la donation faite aux renonçants comme prise sur toute la masse de l'hérédité, et, par suite, faisaient accroître leur portion à cette même masse, qui se partageait comme s'ils n'eussent pas existé. Mais un arrêt du 22 décembre 1606 consacra le système que nous avons exposé, système assurément plus juridique, puisque l'accroissement se fait, régulièrement, non à la succession tout entière, mais à la branche du renonçant. — Notons enfin que les art. 306 et 308, et tout ce que nous en avons dit, s'appliquaient tant au rapport des sommes prêtées ou avancées, qu'à celui des donations.

III. Nous venons de voir un premier cas dans lequel un frère pouvait être obligé de rapporter le don fait à son frère. — En voici un second. — Lorsqu'une fille avait renoncé, par son contrat de mariage, à sa part dans l'hérédité paternelle, en faveur d'un frère aîné, celui-ci ne pouvait recueillir cette part qu'en rapportant la dot constituée à sa sœur. Car la fille, aux droits de laquelle il est subrogé, n'aurait elle-même succédé qu'à cette condition.

IV. Voyons enfin dans quelle mesure la fille pouvait être tenue de rapporter ce qui avait été donné par son père à son mari. Cette question, d'ailleurs très-complexe, était différemment résolue par nos anciens auteurs, suivant le point de vue auquel se plaçait chacun d'eux. Et d'abord, on regardait assez généralement la donation faite par l'ascendant comme s'adressant en réalité à sa fille, le gendre n'y figurant qu'à cause de son droit d'administration et de jouissance, tant sur les propres de sa femme que sur les biens de la communauté ; à moins pourtant que le donateur n'eût positivement exprimé l'intention de gratifier son gendre, auquel cas surgissait la difficulté en ce qui concerne le rapport.

Plusieurs hypothèses peuvent se présenter :

1° Donation faite au gendre seul, et par lui acceptée en son privé nom. — Cette hypothèse doit se subdiviser à son tour :

A. Lorsqu'il y a des enfants issus du mariage, la femme, d'après Lebrun, doit toujours rapporter le montant intégral de la donation. Peu importe que cette donation ait été faite pour demeurer propre à son mari, ou qu'elle soit tombée en communauté ; soit que la femme ait accepté la communauté, soit qu'elle y ait renoncé, soit enfin que cette communauté subsiste encore quand le *de cujus* vient à mourir. La donation faite au père est censée faite aux enfants, et, par contre-coup, à leur mère. C'était abuser, en les cumulant, des fictions des art. 306 et 308 de la Coutume. Aussi Pothier n'admettait-il l'opinion de Lebrun qu'autant que la femme pouvait être considérée comme ayant profité de la donation, soit par elle-même, soit par l'intermédiaire de ses enfants (art. 306), c'est-à-dire quand les enfants avaient accepté la succession de leur père, ou elle la communauté. Et, s'il y avait des enfants d'un autre lit du donataire, Pothier ne la soumettait au rapport que pour sa portion (en cas d'acceptation de la communauté, et à supposer que l'objet donné y fût compris), et pour celle des enfants *nés de son mariage*.— Que si, enfin, le gendre survivait au beau-père donateur, la fille n'était tenue du rapport que provisoirement, et sauf la répétition dans le cas où il arriverait que, par sa renonciation à la communauté, et celle de ses enfants à la succession de leur père, ni elle ni ses enfants n'eussent profité de la donation.

B. Il n'y a pas d'enfants issus du mariage. — Une sous-distinction est nécessaire: a.— La donation a-t-elle été faite au mari pour lui demeurer propre? La fille ne doit aucun rapport. Tout le monde est d'accord làdessus. — b. — Si cette clause de propre n'existe pas, l'objet donné, meuble ou immeuble, tombe en communauté. Lebrun voulait alors que la femme rapportât le tout, si elle avait accepté la communauté, ou que celle-ci, lors du décès du donateur, fût encore subsistante; et rien, au contraire, si elle y avait renoncé. Cette doctrine implique contradiction. Si l'on regarde le don comme fait à la fille, le mari n'étant qu'une personne interposée, la fille devra le rapport intégral, alors même qu'elle aura renoncé à la communauté. Si l'on rejette ce point de vue (et nous l'avons écarté au début de notre discussion), tout se ramène à l'idée d'un profit réalisé par la femme, et l'on ne peut soumettre celle-ci (comme le fait Pothier) qu'au rapport de 1/2 de la donation, et dans le cas seulement où elle aurait accepté la communauté ; ou avec faculté de répéter le montant de ce rapport si, la communauté n'étant pas encore dissoute, elle prenait plus tard le parti d'y renoncer. Lebrun alléguait, il est vrai, à l'appui de son opinion, que le donateur, en s'adressant à son gendre, semblait n'avoir eu d'autre but que d'éluder, autant que possible, la loi du rapport ; qu'en effet, si la donation avait été faite personnellement à la fille, elle n'en serait pas moins tombée en communauté, et que pourtant la fille aurait dû la rapporter tout entière, encore bien qu'elle n'en eût pas retiré plus de profit que de celle faite à son mari. A cette objection (qui d'ailleurs se limite au cas où la donation est mobilière), Pothier répond victorieusement ; il y a, entre la donation faite au gendre et celle faite à la fille, cette différence décisive que, dans cette dernière hypothèse, « la fille, en acceptant le don, « se soumet elle-même au rapport ; que la chose « donnée lui est suffisamment parvenue pour cela..., « puisque c'est de son chef et par son canal qu'elle « est tombée en communauté. »

2° Si la donation avait été faite au gendre et à la fille conjointement, la fille, présumée véritable et unique donataire, devait toujours la rapporter intégralement, à moins que le père n'eût déclaré vouloir gratifier séparément, et sa fille, et son gendre, auquel cas la fille devait rapporter, outre sa 1/2, la 1/2 de la part afférente à son mari et tombée dans leur communauté, pourvu qu'elle eût accepté celle-ci (Ferrière); et même cette part entière, à tout événement, s'il existait des enfants issus du mariage. (Bourjon, Succes., partie I, ch. 6, sect. 2, dist. 2, § 1).

3° *Quid* de la donation faite par le beau-père à son gendre après la mort de sa fille ? Les petits-enfants en devaient-ils le rapport à la succession de leur aïeul maternel, comme de la donation que ce dernier aurait faite à leur mère ? Il faut remarquer que l'on ne se trouve plus ici dans le cas précis de l'art. 308. Aussi, à l'opinion de Lebrun, qui oblige toujours et indistinctement les petits-enfants au rapport, je préfère celle de Pothier, qui ne les y assujettit qu'autant qu'ayant succédé à leur père, ils ont profité de la donation; que si le donataire survit au donateur, ils devront seulement s'obliger à faire ce rapport lors de la mort de leur père, dans le cas où ils accepteraient sa succession.

4° Quant aux sommes prêtées par le beau-père au gendre, tout le monde s'accordait à dire que, si la femme ne s'était pas obligée avec son mari, elle n'en devait le rapport qu'en qualité de commune, et pour la part qu'elle supportait dans les dettes de communauté; que si elle avait renoncé à la communauté, loin d'être tenue d'aucun rapport, elle pouvait se faire rembourser par son mari de la part de créance qu'elle avait recueillie comme héritière du prêteur.

§ V. — *A quelle succession se fait le rapport.*

Le rapport ne se fait qu'à la succession du donateur. Ce principe sert à résoudre la question de savoir si l'enfant rapporte à la succession de son père le don que lui a fait son aïeul paternel. L'affirmative, formulée par Domat en proposition générale (Lois civiles, Liv. II, tit. IV, sect. III, n° 12), n'a jamais été admise d'une manière aussi absolue par notre ancien droit coutumier, et le texte même sur lequel cet auteur appuie son opinion, la loi 6 D. *de collatione*, ne s'occupe pas du rapport, mais consacre seulement au profit du père le droit de reprendre la dot profectice constituée par l'aïeul paternel à sa petite-fille, quand celle-ci, ayant survécu au constituant, vient elle-même à mourir avant son père.

Cependant le rapport serait dû à la succession du père, si ce dernier, ayant succédé à l'aïeul en concours avec d'autres héritiers, avait été obligé de leur rapporter la donation faite à son enfant ; car, alors, il est vrai de dire, avec Pothier, que « le « père, ayant par-là indemnisé la succession du « donateur, a pris la donation sur son compte, et « en est devenu le donateur à la place de l'aïeul. » — Autrement, dit encore Bourjon, « le petit-fils « se trouverait plus avantagé que ses frères et « sœurs, par une diminution de la substance même « de son père, qui a rapporté pour lui. » Il y avait en ce cas, de la part du père, une *donation de rapport*, suivant l'expression de Lebrun. Il faudrait encore, avec cet auteur, décider de même, pour identité de motifs, si le père avait répudié la succession de l'aïeul, en conséquence de la donation faite à l'un de ses enfants, et pour échapper à l'application de l'art. 306 de la coutume ; car c'est encore là, de sa part, une manière d'en faire raison à l'hérédité de l'aïeul. *Secus*, s'il avait sujet sans cela d'y renoncer.

Pas de rapport non plus à la succession paternelle, si le père mourait avant l'aïeul donateur, ou si, s'étant trouvé l'unique héritier de ce dernier, il n'avait eu aucun rapport à faire.

— Il était parfois difficile de déterminer *a priori* l'auteur véritable de la donation. — Parcourons quelques espèces.

A. Donation faite à un enfant commun, et portant sur des valeurs de la communauté.

1° Le père a-t-il parlé seul au contrat? Il a parlé comme chef de la communauté, et, par conséquent, la femme se trouvera aussi avoir été donatrice, *organo mariti*, pour sa part dans la communauté, si elle l'accepte. Le rapport se fera, en ce cas, pour 1/2 à la succession de chacun des époux. — Mais, la femme venant à répudier la communauté, il n'y a plus qu'un donateur, le mari, à la succession duquel le rapport se fera intégralement.

2° Si les deux époux ont parlé à la fois dans la donation, ce n'est plus alors la communauté qui donne, mais chacun des conjoints, en son propre et privé nom. Ainsi, le rapport doit se faire pour 1/2 à la succession du père, pour 1/2 à celle de la mère, quel que soit le parti que prenne cette dernière au sujet de la communauté. Seulement, dans l'hypothèse d'une renonciation, qui lui enlèverait tout droit sur les biens communs, elle devra, jusqu'à concurrence de la moitié qui la concerne dans la donation, récompenser son mari, lequel se trouve avoir fourni le total de ce qu'ils ont donné conjointement.

B. La donation porte sur un propre de l'un des époux.

Si elle n'émane que de cet époux, le rapport se fait pour le total à sa succession ; ce point est sans difficulté. Mais *quid* si tous les deux ont donné conjointement? Supposons, pour fixer les idées, qu'il s'agisse d'un propre de la femme d'une valeur de 40,000 livres, et que le mari soit intervenu comme donateur, et non pas simplement pour autoriser sa femme. Voici la marche enseignée par Pothier dans son *Introduction à la coutume d'Orléans.* Le bien donné se rapportera toujours en entier à la succession du conjoint dont il procède, de la mère dans l'espèce. D'autre part, le mari doit à sa femme, à titre de récompense, une somme de 20,000 livres, représentant la 1/2 de la valeur du propre aliéné ; le montant de cette récompense, pour ne pas faire double emploi dans la succession de la mère, sera dévolu à l'enfant donataire, qui a déjà été ou qui sera un jour obligé de rapporter pareille somme pour venir à l'hérédité paternelle. — Ce système, qui engendrait des circuits d'actions, des recours multiples et compliqués, Pothier semble l'avoir abandonné dans son traité des Successions, et remplacé par un autre plus simple et plus juridique. Chaque époux étant donateur pour 1/2, c'est *le bien même* qui doit se rapporter pour 1/2 à la succession de chacun d'eux. Le reste n'est plus qu'une question d'indemnité entre le mari et la femme, ou leurs ayants-droit. C'est la même solution que dans le

2° de l'hypothèse A de tout à l'heure, et pour identité de motifs.

Lebrun admettait cette doctrine, si le patrimoine maternel avait été indemnisé de l'aliénation du propre, par un remploi ou une récompense effectuée du vivant de la mère, ou, tout au moins, avant qu'on ne procédât au partage de sa succession. Dans le cas contraire, il exigeait le rapport intégral à l'hérédité maternelle. Il n'est pas juste, disait-il, d'obliger des cohéritiers à poursuivre une récompense, tandis que l'un d'eux a dans ses mains le propre de la succession. Et, de fait, si le père était insolvable, il serait vrai de dire qu'encore que le père et la mère eussent donné conjointement, toute la donation, néanmoins, se trouverait faite aux dépens de la mère. Et, quoique le père soit solvable, il est encore dans l'ordre que les biens du côté du père suivent la succession du père, et ceux du côté de la mère la succession de la mère. — Ce système était celui de quelques coutumes, entre autres celle de Reims (art. 318 et 319) ; mais je crois que, pour le droit commun, il faut s'en tenir à la doctrine de Pothier. Écartons d'abord l'argument tiré de la règle *paterna paternis*....., qui n'est pas applicable en succession directe descendante. Lebrun le reconnait bien lui-même, puisqu'il décide comme Pothier quand la succession maternelle se trouve déjà indemnisée de l'aliénation du propre. Au fond, toute la question se réduit à savoir si l'insolvabilité du père, débiteur de la récompense, restera à la charge exclusive de l'enfant avantagé, ou pèsera sur tous les héritiers de la mère; ce qui me semble le plus naturel et le plus juste, puisqu'en définitive c'est l'hérédité maternelle qui est créancière de la récompense.

La question, d'ailleurs, n'offrirait un véritable intérêt que si le donataire renonçait plus tard à la succession paternelle; car, s'il l'accepte, ses frères et sœurs seront indemnisés de la perte qu'ils auront provisoirement subie, par le rapport de l'autre moitié du bien donné.

Nous déciderions de même en cas de prédécès de l'époux non propriétaire du propre. Le donataire en rapporterait 1/2 à sa succession, sauf au survivant à poursuivre la récompense qui lui est due.

§ VI. — *Comment s'effectue le rapport, et quels en sont les effets.*

La réponse varie, suivant qu'il s'agit d'immeubles corporels, de rentes, d'offices ou de choses mobilières.

I. *Immeubles.* — Pour les immeubles corporels, ou héritages, la règle est tracée dans l'art. 305 de la coutume de Paris: « Si le donataire, lors du partage, « a les héritages à lui donnés en sa possession, il est « tenu les rapporter en essence et espèce, ou moins « prendre en autres héritages de la succession ; et, « faisant ledit rapport en espèce, doit être remboursé

« par ses cohéritiers des impenses utiles et néces-
« saires. Et, si lesdits cohéritiers ne veulent rem-
« bourser lesdites impenses, en ce cas le donataire
« est tenu rapporter seulement l'estimation d'iceux
« héritages, eu égard au temps que division et par-
« tage est fait entre eux, déduction faite desdites
« impenses. » — L'art. 306 de la coutume d'Orléans était conçu en termes presque identiques.

En principe, l'immeuble se rapportait *en essence et espèce*. Le donataire ne pouvait pas le retenir en en rapportant seulement la valeur, et le *de cujus* n'avait pas plus le droit de l'y autoriser, dans les coutumes d'égalité simple ou parfaite, que de le dispenser entièrement du rapport : « l'égalité, disait Pothier, ne
« serait pas parfaite entre les enfants, si l'un d'eux
« pouvait conserver de bons héritages, pendant que
« les autres n'auraient que de l'argent, dont ils au-
« raient souvent de la peine à faire un bon em-
« ploi. »

Le donataire étant débiteur de l'héritage lui-même, c'est-à-dire d'un corps certain, cet héritage est aux risques de la succession. D'où il suit :

1° Que, si le bien donné venait à périr entièrement, sans le fait ni la faute de l'enfant donataire, celui-ci serait libéré de l'obligation du rapport.

2° Que l'héritage se rapporte en l'état où il se trouve, au moment du partage ; sauf les comptes à débattre entre la succession et le donataire, pour les améliorations ou détériorations provenant du fait de ce dernier.

A. — *Améliorations.* — On en distingue de plusieurs sortes :

a. — Pour les améliorations que Pothier appelle naturelles, et que Lebrun qualifiait *d'intrinsèques*, dues au hasard ou à la nature, comme par exemple l'alluvion, il n'y a pas à en tenir compte au donataire, puisqu'elles ne lui ont rien coûté.

b. — Améliorations industrielles, *extrinsèques*, suivant l'appellation de Lebrun. — Elles dérivent de dépenses utiles faites par le donataire. Il doit être fait raison à l'enfant de ce qu'il lui en a coûté, du moins jusqu'à concurrence de la plus-value. — Si même il s'agissait de dépenses nécessaires, elles lui seraient remboursées en entier.

Mais il n'est rien dû pour les impenses voluptuaires, qui n'ont produit aucune plus-value ; ni pour les impenses simplement usufructuaires et d'entretien, car elles sont charges de la jouissance, laquelle a appartenu au donataire.

Pour garantie de ces récompenses, l'enfant a un droit de rétention, que nous retrouverons dans l'article 867 de notre Code.

c. — Lebrun mentionne une troisième classe d'améliorations, qu'il appelle *mixtes* ; voici l'exemple qu'il en donne. Un fils, qui a reçu de son père un fief dominant, a exercé un retrait féodal avant le décès du père donateur. Lebrun décide que ses cohéritiers pourront l'obliger à rapporter l'arrière-fief ainsi retiré, en lui remboursant le coût du retrait. Car il s'est opéré par là une consolidation, une réunion au fief dominant de l'arrière-fief, qui en fera désormais partie intégrante. Le résultat du retrait féodal n'est pas un simple fruit ; c'est un retour, auquel le fief dominant était déjà disposé quand il a été donné (Lebrun, Success. Liv. 3, ch. 6, sect. 3. n° 36).

B. *Détériorations.* — Le donataire ne doit compte des détériorations qu'autant qu'elles lui sont imputables. Il ne doit rien pour celles qui dérivent d'un cas fortuit ; et, pour celles qui proviennent du fait d'un tiers, il est quitte en rapportant l'action qui lui compète contre l'auteur du dommage.

Cette dernière observation s'appliquerait également au cas de perte totale.

— L'immeuble ainsi rapporté était censé avoir toujours appartenu au défunt, et se partageait d'après les mêmes règles que le reste de la succession ; s'agissait-il, par exemple, d'un bien noble, le droit d'aînesse s'y exerçait. — L'héritier qui le recevait dans son lot (si c'était un autre que le donataire), était réputé le tenir du *de cujus* lui-même et non pas de son cohéritier, dont le droit de propriété se trouvait rétroactivement résolu. Les droits réels consentis par celui-ci sur le bien en question s'évanouissaient donc; seulement les hypothèques se transporlaient sur les immeubles attribués au donataire. On admettait, d'ailleurs, les créanciers à intervenir au partage, pour la conservation de leurs droits (Bourjon, 2me partie des succes., chap. 8, sect. 6).

Le rapport cesse d'être dû en nature, et s'effectue en moins prenant dans les cas suivants : — 1° s'il y a dans la succession des immeubles de même nature et valeur, ou à peu près, avec lesquels les cohéritiers puissent égaliser leur part d'héritage. — 2° Si les cohéritiers refusent de prendre à leur compte, et de rembourser les dépenses faites par le donataire pour améliorations; dans ce cas, celui-ci rapporte seulement la valeur qu'aurait l'immeuble au moment du partage, abstraction faite de la plus-value créée par lui. — 3° Si l'immeuble avait péri par la faute du donataire. — 4° S'il avait été aliéné sans fraude, avant l'ouverture de la succession. Alors le donataire ne rapportait que la valeur de l'immeuble, en agissant comme il a été dit ci-dessus à l'égard des améliorations et détériorations provenues tant de son fait que de celui du tiers acquéreur. Mais l'aliénation était respectée, malgré la règle *soluto jure dantis solvitur jus accipientis* ; afin d'éviter le recours en garantie auquel l'éviction du tiers acquéreur aurait exposé le donataire : *inter coheredes, res non sunt amare tractandæ.*

Si l'aliénation avait été nécessaire, l'obligation du donataire se convertissait en celle du rapport des deniers qu'il avait reçus, au lieu et place de l'immeuble, et quel qu'eût été le sort ultérieur de celui-ci.

5° Quand le disposant avait autorisé le rapport en moins prenant ; ce qui était possible dans les coutumes de préciput, puisqu'il pouvait même totalement dispenser du rapport. (Merlin, Rép. Vis Rap. à succes. § 8).

Tel était le droit commun ; mais quelques coutumes (Auxerre et Sens) permettaient au donataire de rapporter le prix auquel l'immeuble avait été estimé, s'il y avait eu prisée raisonnablement faite, ou le prix qu'il valait lors de la donation.

II. *Rentes*. — Elles étaient immeubles, même les rentes constituées, au moins dans la plupart des coutumes, notamment dans celles de Paris et d'Orléans, et suivaient les règles précédemment développées. — Ainsi, en principe, elles se rapportaient en nature, et dans leur état au moment du partage ; si, par exemple, il s'agissait d'une rente sur l'Hôtel-de-Ville, qui eût subi des retranchements ; car il y avait là fait du prince, et, par conséquent, un cas de force majeure dont le donataire ne pouvait répondre. — Si le débi-rentier s'était libéré du service des arrérages au moyen d'un déguerpissement ou d'un rachat (suivant qu'il s'agissait d'une rente foncière ou constituée), il y avait là un changement forcé dans la consistance de la chose, et, désormais, l'héritage déguerpi ou le capital remboursé devenait, au lieu et place de la rente, l'objet de l'obligation au rapport. Il y a plus ; le donataire n'aurait pas pu conserver l'héritage déguerpi, en offrant de continuer à la succession une rente foncière sur cet héritage ; car, dit Lebrun, la rente a été donnée avec ses qualités, c'est-à-dire avec une disposition prochaine d'être éteinte par le déguerpissement.

Secus s'il avait accepté le remboursement d'une rente non rachetable, ou le déguerpissement de la part d'un débiteur qui ne jouissait pas de cette faculté, ou s'il s'était fait attribuer l'héritage sur lequel la rente constituée était assignée (Ferrière, sur Paris, art. 305) ; ne pouvant, par son fait, changer l'objet de son obligation, il demeurait tenu du rapport en espèce, et, faute de pouvoir l'effectuer, il devait l'estimation de ce que vaudrait la rente, si elle subsistait encore. Il en était de même s'il en avait laissé arriver la prescription.

III. *Meubles.* — Les deniers comptants se rapportaient en moins prenant (Bourjon, Droit commun de la France, Success., ch. 8, sect. 1). Quant aux autres meubles, il y avait divergence entre les auteurs. Duplessis (Success., Liv. 3, chap. 6, sect. 3) distinguait : pour les choses qui ne se détériorent point par l'usage, comme les diamants, bijoux, etc., rapport en espèce. C'était aussi l'avis de Lebrun. Pour les choses susceptibles de dépérissement, on estimera ce qu'elles auraient valu au temps du partage, en les supposant aussi bien conditionnées que lors de la donation. — Mais Ferrière (sur l'art. 305 de la coutume de Paris) admettait toujours le donataire à faire le rapport en espèce, ou d'après la valeur au temps du partage. Et Lebrun pensait qu'on devait diminuer de la prisée, faite eu égard au temps de la donation, quelque portion, comme 1/4, puisque les meubles se seraient dépréciés même en ne servant pas.

Mais cette opinion ne prévalut point. — Bourjon et Pothier excluent toujours le rapport en nature, et mettent les risques à la charge du donataire, qui doit invariablement rapporter le prix que les meubles valaient lors de la donation, quelle qu'ait été la destinée ultérieure de ces objets.

IV. *Offices.* — Quoique immeubles, ils étaient assimilés, quant au rapport, à des choses mobilières. — Ainsi : 1° ils ne se rapportaient pas en nature. Pothier en tire la raison de l'indécence qu'il y aurait à déposséder l'officier de sa charge ; c'eût été d'ailleurs contraire à l'intérêt public, puisqu'il fallait, pour la remplir, des garanties d'aptitude difficiles peut-être à rencontrer. De deux choses l'une : ou le *de cujus* a acheté l'office pour en pourvoir son enfant, et celui-ci rapporte le prix versé pour cette acquisition ; ou il a résigné une charge qu'il occupait, et l'enfant au profit duquel la démission a été donnée rapporte la valeur de l'office à cette époque; toutefois le père pouvait l'estimer en se démettant, et le fils ne rapportait que cette estimation, pourvu qu'elle ne fût pas au-dessous du prix moyennant lequel le père avait lui-même acheté l'office, quoiqu'il eût depuis augmenté de valeur. On tolérait ces petits avantages, pour donner aux parents le moyen de conserver l'honneur du nom, et de perpétuer les traditions de famille. Aussi cette exception aux principes ne s'appliquait qu'aux offices de magistrature, et n'avait pas lieu à l'égard des charges de procureur, de receveur des tailles, ou autres semblables (Lebrun, liv. 3, chap. 6, sect. 3, n° 42).

Elle cessait également, et pour la même raison, si l'enfant donataire de l'office ne s'y faisait pas recevoir, et le revendait incontinent; en pareil cas, il devait rapporter la valeur intégrale de cet office à l'époque de la donation.

2° Les risques concernant le donataire, il devait le rapport, encore que l'office eût été depuis supprimé; et les taxes qu'il pouvait avoir été obligé de payer pour sa conservation ne diminuaient pas le quantum du rapport par lui dû.

— Tout ceci ne concerne que les offices vénaux et les offices domaniaux; pour les offices purs personnels, voir ce qui a été dit ci-dessus.

§ VII. — *Comment on pouvait se dispenser du rapport.*

Art. 307 de la coutume de Paris : « Néanmoins, « où celui auquel on avait donné voudrait se tenir à « son don, faire le peut en s'abstenant de l'hérédité, « la légitime réservée aux autres enfants. »

Pothier, après avoir signalé les coutumes de stricte égalité comme étant celles qui lui semblaient avoir le mieux conservé l'esprit de l'ancien droit français, ajoutait, en parlant des coutumes de Paris et d'Orléans, qu'elles lui paraissaient « avoir abandonné « l'esprit de cet ancien droit, et en avoir seulement « retenu la lettre, par cette subtilité que, la loi dé- « fendant les avantages aux *héritiers*, (voir art. 304), « celui qui renonçait à la succession, n'étant point « héritier au moyen de sa renonciation, ne se trouvait « plus compris dans la prohibition de la loi. » Elles pouvaient aussi conduire à éluder la loi de l'égalité, en faisant à l'un des enfants une libéralité supérieure à sa part héréditaire. — Il les préférait néanmoins aux premières, comme se rapprochant davantage du droit naturel « qui nous permet de disposer de nos « biens à notre volonté, et de témoigner une affection « particulière à ceux qui ont mieux mérité de nous. » Et Ferrière dit positivement que cette faculté de renoncer à l'hérédité, pour s'en tenir à son don, formait le droit commun.

Aurait-elle lieu dans le cas où la donation serait

accompagnée d'une clause expresse d'avancement d'hoirie? Dumoulin, sur l'art. 17 de l'ancienne coutume de Paris, enseignait la négative, en termes qu'il n'est pas inutile de reproduire : « *Si filius donatarius non velit esse heres, resolvitur donatio tanquàm causâ finali non secutâ, et res revertitur ad corpus successionis..... vel etiam ad commodum creditorum.* » — (Ce qui distinguait ce rapport de celui dû par les renonçants dans les coutumes de stricte égalité). — « *Non licet igitur hoc casû filio se tenere ad donationem sibi factam, sed necesse habet, vel adire, vel rem donatam restituere.* » Mais, dit Ferrière, l'opinion de ce docteur n'a pas été suivie, et c'est pour l'exclure que l'art. 307 a été inséré dans la nouvelle coutume. C'est aussi l'avis de Lebrun et de Laurière.

L'art. 307 veut qu'on s'abstienne de l'hérédité, c'est-à-dire qu'on n'en recueille aucune fraction. L'acte de l'héritier bénéficiaire, abandonnant les biens de la succession aux créanciers pour se soustraire au paiement des dettes, n'est pas une répudiation véritable, puisque l'excédant de l'actif, s'il y en a, appartient toujours à celui qui a fait le délaissement, et ne saurait donc, malgré l'avis contraire de Lebrun, le dispenser du rapport.

On ne pouvait pas toujours conserver, au moyen d'une renonciation, la libéralité qu'on avait reçue. Ferrière nous apprend que cette faculté cessait :

1° Quand l'aîné des enfants avait été marié en qualité d'aîné et principal héritier. Le père ne pouvait y préjudicier par un avantage postérieur fait aux puînés.

2° Quand il avait été stipulé, dans le contrat de mariage des père et mère, que leurs enfants viendraient également à leurs successions (arrêt du 22 mai 1605).

3° Quand l'avantage a été fait moins par prédilection pour l'enfant gratifié, que par haine pour les autres (arrêt du 1er septembre 1676, dans l'espèce duquel le père voulait punir un changement de religion). — Ricard annulait même les libéralités inspirées par ce mobile.

4° Quand l'avantage a été fait au préjudice du droit d'aînesse, ou qu'il entame la *légitime* des autres enfants (art. 307). Il est alors réductible jusqu'à due concurrence.

Ceci nous amène à donner, sur l'origine et la portée de cette institution, quelques renseignements indispensables pour l'étude que nous aurons ultérieurement à faire d'une des plus graves questions controversées de notre droit.

A Rome, les descendants et ascendants furent investis, d'assez bonne heure, de la *querela inofficiosi testamenti*, pour faire tomber le testament dans lequel ils auraient été injustement exhérédés ou prétérits. Plus tard, on fixa au quart des biens laissés par le *de cujus* à son décès, *ad exemplum falcidiæ*, la portion dont celui-ci ne pourrait dépouiller ses héritiers directs. Il devait, pour éviter la *querela inofficiosi testamenti*, leur attribuer, par disposition de dernière volonté, l'intégralité de cette quarte, ou exprimer qu'en cas d'insuffisance des biens à eux laissés ils pourraient en réclamer le complément, *boni viri arbitratû*.

Des constitutions impériales (Code Just. Liv. 3, tit. 29.) soumirent à la *querela* même les donations entre-vifs, au moins lorsqu'elles étaient très-considérables et ép. isaient, ou à peu près, les biens du disposant. D'autres déclarèrent imputables sur la quarte, non-seulement les dispositions à cause de mort, mais encore la dot et la donation *propter nuptias* (L. 29, C. *de inof. test.*).

Justinien y ajouta la donation simple faite avec clause d'imputation (L. 35, § 2, C. *eodem tit.*). Le même Empereur ne laissa subsister que l'action en complément de la légitime, lorsque les ayants-droit avaient reçu quelque libéralité imputable, *licet non fuerit adjectum boni viri arbitratu debere eam compleri* (L. 30 *pr.* C. *de inof. test.*— Inst. *eodem tit.* § 3). Enfin, il porta la légitime au 1/3 ou la 1/2, suivant que les enfants dépassaient ou non le nombre de quatre (nov. 18, ch. 1).

Ces règles passèrent dans les pays de droit écrit. La légitime y était, non une quote-part de l'hérédité, mais une portion de biens attribuée à chaque légitimaire individuellement, en vertu des liens du sang ; aussi elle appartenait même au renonçant, et on n'en était pas saisi de plein droit (Merlin, rép. V° légitime, sect. 2, § 1, n° 1).

En droit coutumier, les enfants seuls avaient une légitime. Pothier, d'après les termes mêmes de la coutume d'Orléans, la définissait : « une fraction de « la part qu'aurait eue un enfant dans les biens de « ses père et mère, s'ils n'en avaient pas disposé par « des donations, soit entre-vifs, soit testamentaires. » On déduit, bien entendu, pour la calculer, les dettes et frais funéraires.

Les coutumes de Paris (art. 298) et d'Orléans (art. 274) fixaient cette portion à 1/2, et cela formait le droit commun.

Il semble bien résulter de cette définition que la légitime est *pars hereditatis*. Aussi, à part quelques auteurs (entre autres Merlin), qui pensaient que les enfants avaient droit à la légitime en leur seule qualité d'enfants, le plus grand nombre de nos anciens jurisconsultes admettaient qu'il fallait être héritier, au moins sous bénéfice d'inventaire, pour pouvoir la demander : « *Apud nos*, disait Dumoulin sur l'art. 125 de l'ancienne coutume de Paris, *non habet legitimam, nisi qui heres est.* » — Lebrun dit de son côté : « Je ne puis adhérer à l'opinion de ceux qui « croient qu'il suffit d'être fils pour pouvoir demander » la légitime » ; et Ricard : « La renonciation que « font les enfants à la succession de leur père

« emporte, de soi, l'exclusion de la légitime. »

En effet, en conséquence de cette renonciation, ils n'auraient toujours rien pu prétendre aux biens de leur père, quand même celui-ci n'en aurait pas disposé. — C'était aussi l'avis de Ferrière et de Bourjon. — Il résulte de là que le légitimaire est saisi, et que la légitime doit être fournie en corps héréditaires, et non autrement. Ainsi, le rapport dû par le renonçant pour la parfaire se fait, comme l'autre, en nature. C'est, d'ailleurs, moins un rapport, qu'un anéantissement de la donation, jusqu'à due concurrence ; car, en entamant la légitime, le père à excédé son pouvoir. — Du reste, on épuisait les dispositions testamentaires avant de toucher aux donations entre-vifs, et, parmi celles-ci, les plus anciennes étaient préférées aux plus récentes.

Mais, s'il fallait être héritier pour demander la légitime par voie d'action (ce qui était une espèce de *petitio hereditatis*), tout le monde convenait que cela n'était pas nécessaire pour la retenir par voie d'exception.

Ainsi l'enfant avantagé pouvait, en renonçant, retenir sur son don sa part dans la légitime, et tout ce qui n'était pas nécessaire pour parfaire aux autres enfants leur portion individuelle dans cette même légitime. C'est la disposition de l'art. 307 de la coutume, de l'art. 34 de l'ordonnance de 1731. C'est ce qu'avait aussi décidé la novelle 92, ch. 1

(voir l'authentique sous la loi 6, C. *De inoff. testam.*)

SECTION II.

De l'incompatibilité entre les qualités d'héritier et de légataire.

C'est une vieille maxime nationale, proclamée par Loisel dans ses *institutes coutumières* (L. 2, tit. 4, n° 12), que « nul ne peut être aumônier et parsonnier »; c'est-à-dire, comme l'explique Pothier, « que nul ne peut prétendre, à titre de legs, aucune « chose des biens auxquels il a part comme héritier; « mais il doit laisser les choses qui lui sont léguées, « et les conférer à la masse commune qu'il a à parta- « ger avec ses cohéritiers. » C'était une autre espèce de rapport qui, à la différence de celui des dons, s'appliquait à toutes les classes d'héritiers, même aux descendants et collatéraux.

« Aucun ne peut être héritier et légataire d'un défunt ensemble », disait la coutume de Paris (art. 300). Celle d'Orléans(art. 288),et la plupart des autres, formulaient aussi cette incompatibilité dans les termes les plus étendus.

Quelques-unes cependant, en petit nombre, déclaraient ces deux qualités compatibles, soit d'une manière absolue, comme Reims (art. 288 et 302),

Tournai (Tit. 23, art. 3 et 4); soit, du moins, quand le *de cujus* avait expressément disposé à titre de *prélegs* (Noyon, art. 16 — Péronne, art. 205 — Nivernais, chap. 27, art. 11).

D'autres étaient muettes. Fallait-il étendre à leur ressort la règle de l'incompatibilité? La négative prévalait sans difficulté pour les lignes ascendante et collatérale ; et, en ce qui touche cette dernière, la question avait été tranchée par un arrêt célèbre rendu le 16 septembre 1648 pour la coutume de Vermandois. « Les coutumes, dit Pothier, n'étant pas unifor-
« mes là-dessus, il n'y a pas de raison de suivre
« plutôt celle de Paris qu'une autre; car on ne peut
« pas dire que la disposition générale de cette cou-
« tume contienne le droit général des pays coutu-
« miers en cette matière »; d'autant plus que la disposition de cette coutume sur ce point n'est fondée
« que sur des raisons arbitraires, et non sur la na-
« ture des choses et l'équité naturelle. » On peut conclure de là que ce sentiment de Pothier était très-général, et qu'il s'appliquait à tous les ordres d'héritiers. — Mais quelques auteurs tenaient pour l'incompatibilité dans la ligne descendante. De ce nombre étaient Ricard, s'appuyant à tort sur le droit romain qui n'avait jamais rien admis de semblable, et Ferrière, se basant sur l'égalité qu'il importe de maintenir avec plus de scrupule entre les enfants.

Ceci nous amène à rechercher le fondement de

cette règle essentiellement coutumière. Ce n'est pas, comme le prétend Ferrière, une impossibilité de fait, provenant de ce que l'héritier légataire serait créancier de lui-même, c'est-à-dire à la fois créancier et débiteur ; car, si cette confusion existe pour la portion héréditaire à laquelle il est appelé, elle n'existe pas pour celle de ses cohéritiers : *legari a semetipso non potest, a coherede potest.*

Suivant Lebrun, le but de cette prohibition aurait été de conserver à chaque ligne les propres qui en provenaient. Je préfère y voir, avec Pothier, le résultat, non pas d'aucune incompatibilité naturelle, mais de l'inclination de notre droit à conserver l'égalité et, avec elle, « la paix et la concorde difficiles « à maintenir, surtout à l'égard d'hommes guerriers « tels qu'étaient nos ancêtres, plus susceptibles que « d'autres de jalousie, et toujours prêts à en venir « aux mains pour les moindres sujets. ».

De Laurière assigne à cette règle le même fondement. De ce que la loi a permis, en collatérale, d'être héritier et donataire, il ne s'ensuit pas nécessairement qu'elle ait entendu se départir d'une manière absolue du principe d'égalité, à l'égard de cet ordre d'héritiers; mais seulement qu'elle l'applique d'une manière moins rigoureuse qu'en ligne directe, « parce « que les biens d'une personne ne sont pas dus à « ses héritiers collatéraux, comme ils le sont à ses « enfants. » C'est pour la même raison que, tandis qu'un enfant est tenu de rapporter ce qui a été donné ou légué à ses enfants, à sa femme, à son mari, lorsqu'il profite de la donation, entre collatéraux, au contraire, chacun n'est tenu de rapporter que ce qui a été légué à lui-même. Ainsi, sauf cependant dans certaines coutumes, comme Touraine (art. 302) et les coutumes d'égalité, le legs fait aux enfants de l'héritier collatéral est valable. (Pothier, Successions, ch. 4, sect. 2, art. 3, § 2). La présomption de l'art. 306, dit Laurière, est ici sans application.

On conçoit, d'ailleurs, que la loi ait pu permettre les dons entre-vifs, et défendre les prélegs, parce que la garantie tirée de l'intérêt personnel du donateur, qui existe dans le premier cas pour les héritiers, fait complétement défaut dans le second.—Enfin l'explication de Lebrun est impuissante à rendre raison de notre règle, dans le cas où le principe *propria paterna paternis* .. n'était pas en jeu, comme, par exemple, entre héritiers en ligne ascendante.

Ce que la loi ne permet pas, c'est d'être légataire et héritier à la fois (pour l'interprétation du mot héritier, voir ce qui a été dit dans la section I). D'où suit que, si le *de cujus* a institué l'un des successibles pour sa part héréditaire, et lui a fait en outre un legs particulier, le successible peut cumuler le bénéfice de cette double disposition; à vrai dire, il n'invoque qu'une seule qualité, celle de légataire (arrêt du 16

avril 1649). « Le legs universel et le legs particu-
« lier, disait aussi Ricard, ne sont pas titres incom-
« patibles » (Donations, 1re partie, ch. 3, sect. 15, n° 656).

Réciproquement, l'incompatibilité n'est pas absolue, et ne peut être opposée que par le *cohéritier* du légataire. Ainsi, le legs fait à un successible est valable contre un étranger ou contre un autre successible légataire universel (Bourjon, 2e partie des succes., ch. 5, sect. 2, n° 8). Mais l'héritier légataire, qui peut exiger son legs contre le légataire universel, ne pourrait pas le réclamer et en profiter comme par un préciput vis-à-vis de ses cohéritiers, s'il s'en trouve qui concourent avec lui au partage de la quotité indisponible (Merlin, rép. v° héritier, sect. 6, § 10, art. 4). — Du reste, l'incompatibilité existait, non-seulement pour les legs universels ou particuliers, mais aussi pour tout autre titre de donation à cause de mort, comme un fidéicommis. Ainsi, un héritier ne pourrait être substitué à la portion d'un de ses cohéritiers (Pothier, sur l'art. 288 de la coutume d'Orléans).

C'était une question débattue que celle de savoir si l'on ne pouvait être héritier et légataire, du moins *sous différents respects*, pour employer les expressions de nos anciens auteurs.

1° Celui qui succède à une certaine nature de biens peut-il être légataire d'une autre espèce de biens, dans lesquels il ne peut rien prétendre comme héritier? Par exemple, pouvait-on léguer le quint des propres d'une ligne à l'héritier aux meubles et acquêts, ou à l'héritier des propres de l'autre ligne? Ou bien les meubles et acquêts à l'un des héritiers aux propres? D'Argentré (sur la coutume de Bretagne), Ricard, Auzanet, Lebrun et Bourjon tenaient pour la négative. Il faut s'attacher, disait Ricard, non pas à l'émolument retiré par le successible, mais à la qualité générale d'héritier, laquelle est indivisible, et suffit pour entraîner l'impossibilité d'être en même temps légataire. D'ailleurs, l'attribution des biens, différemment réglée suivant leur origine et leur espèce, n'équivaut pas à une pluralité de successions; c'est seulement la répartition légale d'une même masse héréditaire.

L'opinion contraire répondait qu'il y avait autant de successions indépendantes les unes des autres, que d'espèces de biens différentes : « *Auctoritate* « *consuetudinis, quæ distinguit patrimonia, videntur* « *quasi duæ duorum hominum hereditates.* » — « La « disposition de la coutume, disait Pothier, établis- « sant un rapport qu'un héritier est obligé de faire à « ses cohéritiers des choses qui lui sont léguées, il « suit de là que, pour qu'elle ait lieu, il faut être « héritier de l'espèce de biens dont on est légataire, « et avoir des cohéritiers dans cette espèce de biens, « auxquels on puisse être obligé de conférer ce qui

« en a été légué. » Sans cela, ajoute-t-il encore, les qualités d'héritier et de légataire ne se trouvent pas concourir, au moins dans la même succession. Les héritiers à l'espèce de biens dont il est légataire, n'étant point ses cohéritiers, ne peuvent lui demander qu'il fasse le rapport de son legs, qu'il le laisse en masse commune, puisqu'il n'est pas leur cohéritier, et qu'ils n'ont aucune masse commune à partager avec lui; ses cohéritiers à l'espèce de biens auxquels il succède ne peuvent, de leur côté, l'exclure de sa part dans ces biens, en lui opposant sa qualité de légataire, puisqu'ils n'y ont aucun intérêt, et que, s'il est légataire, il ne l'est pas à leurs dépens, étant légataire de biens auxquels ils n'ont pas le droit de succéder. C'était déjà l'opinion de Lemaitre et de Renusson (Traité des propres).

2° Que décider si le *de cujus* laissait des biens régis par des coutumes différentes?

A. L'une d'elles (comme Paris) prohibe, l'autre (Reims) admet le cumul des deux qualités d'héritier et de légataire : on peut parfaitement être héritier dans les deux coutumes, et prendre comme légataire un bien situé dans le ressort de celle de Reims; car, notre matière étant de statut réel, la disposition de la coutume de Paris, qui édicte l'incompatibilité, ne peut être étendue hors de son ressort.

B. Toutes deux sont des coutumes d'incompatibilité. De l'aveu de tout le monde, on pouvait être héritier dans l'une d'elles et légataire dans l'autre, si, du moins, on était exclu de l'hérédité par cette dernière. — Un arrêt célèbre cité par Ricard avait statué en ce sens (Arrêt Bureau, janvier 1563, ou juillet 1565). Ainsi, une personne, laissant des frères et un neveu, avait des biens situés à Orléans, où la représentation a lieu, et à Blois, où elle n'a pas lieu. Le neveu, qui succède avec les frères du défunt aux biens situés à Orléans, pourra être légataire des biens situés à Blois, et par rapport auxquels il est étranger. Et Pothier rejetait l'opinion de quelques auteurs, qui avaient prétendu que le neveu ne pouvait être légataire d'une plus grande portion dans ces biens, que celle à laquelle il aurait succédé si la coutume de Blois l'y eût admis.

Mais *quid* si l'on était appelé à la succession par les deux coutumes ? Pourrait-on prendre la qualité d'héritier dans l'une, et la répudier dans l'autre, afin de recueillir comme légataire un bien situé dans celle-ci ?

La négative était soutenue par de nombreux auteurs, qui s'appuyaient, comme dans l'hypothèse du 1°, sur l'indivisibilité de la qualité d'héritier. Celui qui est habile à succéder partout, est saisi partout de plein droit. Accepte-t-il dans une coutume ? Cette saisine légale devient irrévocable, et s'étend à toutes les coutumes qui l'appellent comme successible : « qui totam hereditatem adquirere potest, is pro parte eam scindendo adire non potest » (L. 1, D.

de adquir. vel. omit. hered.). Tel était le raisonnement de Ricard.

L'affirmative comptait aussi de nombreux partisans, et Merlin l'avait adoptée dans son répertoire. La maxime ci-dessus, disait-on, tient au caractère particulier du droit romain, et ne doit pas être étendue au droit coutumier, où l'on peut dire, à cause de la réalité des coutumes, que « *tot sunt hereditates, quot bona diversis territoriis obnoxia.* » Ainsi, le titre d'héritier pris dans l'une n'a aucune influence dans une autre, et n'empêche pas d'y prendre celui de légataire. En cela, d'ailleurs, l'héritier ne divise pas sa qualité ; il fait son choix entre diverses successions auxquelles il est appelé. — Quant à la jurisprudence, de l'aveu de Pothier, elle était loin d'être constante sur ces différentes questions.

Le successible pouvait, au moins en droit commun, s'en tenir à son legs en répudiant l'hérédité. Mais cette faculté avait deux limites : 1° la légitime, dont nous avons déjà parlé ; 2° la réserve coutumière, dont il reste à dire un mot. — On ne pouvait disposer par testament que des meubles et acquêts, et du 1/5 des propres ; les quatre autres quints formaient la réserve, et étaient dévolus, comme succession *ab intestat*, aux héritiers de la ligne dont ils provenaient, quels que fussent leurs ordre et degré de parenté, pourvu qu'ils se portassent héritiers. Mais, à la différence de ce qui avait lieu pour la légitime, le renonçant ne conservait sur son legs que le disponible, et perdait toute part dans les quatre quints réservés (Pothier, Traité des Testaments, ch. 4, article 2, § 4).

Appendice.

Plusieurs coutumes, entre autres celle de Paris, accordaient aux enfants un douaire, consistant dans la propriété des mêmes choses dont la loi (douaire coutumier), ou la convention (douaire préfix), avaient assigné l'usufruit à la femme pour le sien. Et, à la mort du père, les enfants issus du mariage pouvaient prendre ce douaire, à la condition toutefois de renoncer à la succession. C'était, en effet, un principe que « nul « ne pouvait être héritier et douairier ensemble. » (c. de Paris, art. 250, 251).

Mais alors, la répudiation ne dispensait pas l'enfant du rapport. Il avait le choix entre ces deux partis : ou conserver son douaire en entier, en restituant à la succession les choses qu'il avait reçues de son père à titre gratuit ; ou retenir ces choses, en prenant d'autant moins sur le douaire (art. 252). Cela vient, dit Pothier, de ce que le douaire est une espèce de légitime ; on doit donc y imputer tout ce qui s'imputerait sur la légitime elle-même. — Nous n'insisterons pas davantage sur ce rapport, qui n'a plus d'application aujourd'hui. Il suivait, d'ailleurs, à peu près les mêmes règles que le rapport imposé à l'héritier.

DROIT INTERMÉDIAIRE

A la variété et à la multiplicité des coutumes, le droit intermédiaire fit succéder l'unité de législation. Ce fut un bienfait. Mais toutes les réformes réalisées à cette époque sont loin d'avoir ce caractère. Le droit commun coutumier s'était montré peu favorable au droit naturel qu'a tout homme de disposer de ses biens, puisqu'il n'admettait pas les libéralités par préciput ; mais les tendances égalitaires qui (à part les priviléges féodaux de masculinité et de primogéniture, abolis par la Constituante) l'avaient inspiré en notre matière, n'allaient pas jusqu'à enlever au *de cujus* toute possibilité d'avantager un de ses successibles, en lui faisant un don important, auquel celui-ci se tenait en répudiant l'hérédité. La Convention, en réorganisant les successions par la loi du 5 brumaire an II, bientôt remplacée par celle du 17 nivôse suivant, enleva au *de cujus* cette dernière ressource. Non contente de proscrire les avantages préciputaires, elle généralisa pour toute la France le système des anciennes coutumes dites de parfaite égalité. Elle l'exagéra même, en l'étendant à toutes les classes d'héritiers, même aux collatéraux, et cela sans distinction entre les legs et les donations entre-vifs

Enfin, elle réduisit la quotité disponible à une

proportion illusoire, et défendit de l'attribuer à un successible. — Voici les dispositions de la loi de Nivôse qui ont trait à notre sujet.

— Art. 8. — « Les enfants, descendants et collatéraux ne pourront prendre part aux successions de leurs pères, mères, ascendants ou autres parents, sans rapporter les donations qui leur ont été faites par ceux-ci antérieurement au 14 juillet 1789 ; sans préjudice, toutefois, de l'exécution des coutumes qui assujettissent les donations à rapport, même dans le cas où les donataires renoncent à la succession du donateur.

« Le présent article sera observé, nonobstant toutes dispenses de rapport stipulées dans les lieux où elles étaient autorisées. »

— Art. 9. — « Les successions des pères, mères ou autres ascendants, et des parents collatéraux, ouvertes depuis et compris le 14 juillet 1789, et qui s'ouvriront à l'avenir, seront partagées également entre enfants, descendants ou héritiers en ligne collatérale, nonobstant toutes lois, coutumes, donations, testaments et partages déjà faits. En conséquence, les enfants, descendants et héritiers en ligne collatérale ne pourront, même en renonçant à ces successions, se dispenser de rapporter ce qu'ils auront eu à titre gratuit, par l'effet des donations que leur auront faites leurs ascendants ou leurs parents collatéraux, le 14 juillet 1789 ou depuis. »

— Art. 11. « Le mariage de l'un des héritiers présomptifs, soit en ligne directe, soit en ligne collatérale, ni les dispositions contractuelles faites en le mariant, ne pourront lui être opposées pour l'exclure du partage égal, à la charge par lui de rapporter ce qui lui aura été donné ou payé lors de son mariage. »

— Art. 16. « Les dispositions générales du présent décret ne font pas obstacle, pour l'avenir, à la faculté de disposer du dixième de son bien si on a des héritiers en ligne directe, ou du sixième si l'on n'a que des héritiers collatéraux, *au profit d'autres que des personnes appelées par la loi au partage des successions.* »

Non contente de régler l'avenir, la loi de nivôse étendait son empire jusque sur une partie du passé. Les successions, même collatérales, ouvertes depuis le 14 juillet 1789, se devaient partager également, et le rapport s'y faire conformément aux dispositions de la loi de nivôse (du moins pour les libéralités postérieures elles-mêmes au 14 juillet 1789), quoiqu'elles se fussent ouvertes sous l'empire d'une coutume préciputaire ou de simple égalité (art. 9). Quant aux libéralités d'une date antérieure au 14 juillet 1789, elles étaient aussi rapportables, nonobstant toute dispense, mais par ceux-là seulement qui venaient à la succession. L'art. 8 réservait toutefois, s'il y avait lieu, l'application des coutumes plus rigoureuses, qui exigeaient le rapport même du renonçant.— Cet effet rétroactif fut abrogé par les lois du 9 fructidor an III et du 3 vendémiaire an IV, qui décidèrent que la loi de nivôse n'aurait d'effet qu'à compter de la date de sa promulgation. — La loi du 18 pluviose an V alla plus loin ; elle porte dans son article premier que :

« Les avantages, prélèvements, préciputs, donations entre-vifs, institutions contractuelles, et autres dispositions irrévocables de leur nature, légitimement stipulées en ligne directe avant la publication de la loi du 7 mars 1793, et, en ligne collatérale ou entre individus non parents, antérieurement à la publication de la loi du 5 brumaire an II, auront leur plein et entier effet, conformément aux anciennes lois, tant sur les successions ouvertes jusqu'à ce jour, que sur celles qui s'ouvriraient à l'avenir. »

Le législateur de l'an II avait immolé au culte exclusif d'une égalité absolue, le principe de la liberté de disposition et de l'autorité légitime du père de famille. Mais, avec le consulat, revinrent au pouvoir des idées plus modérées, plus saines, et la loi du 4 germinal an VIII vint concilier ces éléments divers. Elle augmenta la quotité disponible, dont elle porta le maximum au quart des biens, en supposant que le *de cujus* laissât moins de quatre enfants ; dans le cas contraire, à une fraction ayant pour numérateur l'unité, et pour dénominateur le nombre des enfants plus un. Le disponible fut fixé à moitié, en présence des ascendants du défunt, de ses frères et sœurs ou descendants d'eux; aux trois quarts, en présence d'oncles ou grands-oncles, tantes ou grand'tantes, cousins ou cousines germains, et enfants de ceux-ci. — En l'absence de parents de ce degré, les libéralités entre-vifs ou testamentaires pouvaient épuiser la totalité des biens (art. 1 à 4). — Enfin l'art. 5 porte que :

« Les libéralités autorisées par la présente loi pourront être faites au profit des enfants ou autres successibles du disposant, sans qu'ils soient sujets au rapport. »

On a quelquefois argumenté du sens grammatical de ces derniers mots pour soutenir qu'ils contenaient une dispense légale et tacite, c'est-à-dire que la loi de germinal avait consacré le système des anciennes coutumes exclusives du rapport. — Mais il n'est guère supposable que le législateur de l'an VIII ait voulu se jeter dans une extrémité aussi opposée; du moins faudrait-il, pour autoriser une pareille interprétation que les termes dont il s'est servi n'en pussent pas comporter d'autre. Mais ils sont loin d'être aussi positifs; le sens le plus naturel de la loi de germinal me paraît être que les libéralités pourront n'être pas sujettes à rapport; ce qui ne veut pas dire qu'elles ne le seront jamais, mais qu'il sera loisible au disposant d'accorder la dispense du rapport, à la condition toutefois de le dire expressément.

DU RAPPORT

D'APRÈS LE

CODE NAPOLÉON

GÉNÉRALITÉS

—

Définition et base du rapport

Le Code Napoléon continua les traditions inaugurées par la loi de germinal. Il accrut même le pouvoir du *de cujus*, puisqu'il porta la quotité disponible à 1/2, au 1/3 ou au 1/4 des biens, suivant qu'il y aurait un, deux, ou un plus grand nombre d'enfants (art. 913 et 914). L'art. 915 la fixa invariablement à la 1/2 ou aux 3/4, selon que le défunt laisserait des ascendants dans les deux lignes ou dans une seule. Enfin elle est illimitée, s'il ne laisse que des collatéraux, fût-ce même des frères et sœurs (art. 916).

La législation du Code sur le rapport ne fut, d'ailleurs, qu'un sage compromis entre tous les systèmes qui s'étaient jusque-là succédé. Ainsi, il emprunta au droit romain et aux coutumes de préciput la faculté pour le *de cujus* d'autoriser le successible à cumuler la libéralité qui lui est faite avec sa part héréditaire ; au droit romain encore, et aux coutumes de simple égalité, la faculté donnée au successible de se dispenser du rapport en répudiant l'hérédité ; au droit commun coutumier, le rapport des dettes et celui des legs ; au droit intermédiaire, l'extension à toutes les classes d'héritiers de l'obligation de rapporter les dons entre-vifs.

Malgré les imperfections inséparables de toute œuvre humaine, et particulièrement difficiles à éviter en une matière où, comme dans celle-ci, tant de principes, tant d'intérêts également respectables se trouvent en conflit, où les traditions des devanciers avaient varié tant de fois ; et, disons-le, malgré quelques inconséquences, l'ensemble de ce système a été apprécié, par les hommes les plus autorisés, comme « portant « l'empreinte de cet esprit de discernement, de modé- « ration et de sagesse, qui distingue notre Code dans « presque toutes ses parties, et qui en sera l'immortel « honneur. » (Demol. success., t. IV, n° 162).

Il faut lire, dans le même auteur, un passage d'un de nos anciens jurisconsultes, qui est comme un écho des plaintes que devait provoquer autrefois le sys-

tème des coutumes d'égalité. « C'est une grande ser-
« vitude et misère aux père et mère », disait Guy-
Coquille, exaltant le système des coutumes de préciput,
« de n'avoir pas la liberté de leurs biens, et de n'avoir
« aucun moyen de récompenser les services et offi-
« ciosités de leurs enfants, et tenir en subjection et
« crainte ceux qui ne leur sont pas obséquieux. Avoir
« la liberté de disposer de ses biens envers un étran-
« ger, et ne l'avoir pas envers ses enfants, qui doi-
« vent toute subjection et obéissance ! Se reconnaître
« subject, à l'endroit où l'on doit commander ! Et
« tout bons et obéissants que soient les enfants, c'est
« grand ennui à un bon et honnête cœur de sentir sa
« servitude et privation de liberté. »

Et combien ce régime précipulaire n'est-il pas mieux approprié encore, plus nécessaire même, à nos idées et à nos mœurs actuelles ! Dans la société moderne, où l'autorité paternelle, où la magistrature domestique, dépouillée de la forte organisation que lui donnait le droit romain et qui s'était conservée en partie dans les pays de droit écrit, entourée de moins de prestige peut-être que sous l'ancien régime, elle n'a plus guère que l'intérêt pécuniaire pour maintenir sa puissance ; les vues d'une saine politique exigeaient qu'on lui assurât au moins cette faculté si précieuse de récompenser et de punir. C'était, d'ailleurs, faire acte de justice que de laisser au père la faculté de rémunérer celui de ses enfants qui a le mieux mérité, qui, peut-être, a le plus contribué à enrichir la famille par ses travaux. C'était enfin se montrer, plus que la loi de nivôse avec son système d'une égalité aveugle et implacable, favorable aux intérêts d'une saine égalité, puisque, en permettant au *de cujus* de concentrer une plus forte portion de son patrimoine sur un des siens, on lui donnait le moyen de réparer des revers de fortune immérités, de faire cesser des inégalités de position choquantes entre les membres d'une même famille.

Notre Code, à l'exemple de Pothier, a placé les règles du rapport dans le chapitre consacré au partage des successions; c'est qu'en effet le rapport se rattache intimement au partage, dont il est un incident, un préalable; c'est une des opérations ayant pour objet de parvenir à la formation de la masse partageable. — Sous ce mot, la loi comprend trois choses distinctes :

1° La remise (réelle ou fictive) à la masse, de ce qui a été donné entre-vifs par le *de cujus* à l'un de ses héritiers, afin que l'objet de la donation soit distribué entre eux également, eu égard à la proportion dans laquelle chacun d'eux est appelé par la loi.

2° Le maintien dans cette même masse de ce qui a été légué à l'héritier.

3° Le remboursement des sommes dont chaque cohéritier peut se trouver débiteur, envers l'hérédité ou le défunt, pour des causes qui ne rentrent pas dans la classe des libéralités.

De ces trois opérations, la première seule mérite rationnellement le nom de *rapport*. Cette expression, appliquée aux legs, est impropre, puisque, les choses léguées n'étant pas sorties de la masse héréditaire, il ne peut être question de les y rapporter, de les y faire rentrer.

Cette différence apparait clairement dans l'art. 843 : « L'héritier, y est-il dit, doit *rapporter*..... tout ce qu'il a reçu du défunt par *donation entre-vifs*...; *il ne peut retenir les dons*, ni *réclamer les legs* à lui faits... » — Mais, cette distinction une fois marquée, nous pourrons, avec les rédacteurs du Code, employer indifféremment le mot *rapport* ; les deux cas, en effet, ont ce caractère commun, qu'il s'agit d'empêcher le cumul d'une libéralité avec une part héréditaire ; ils sont d'ailleurs régis par des règles semblables, à part certaines différences dérivant des textes ou de la force des principes, et qui seront indiquées en leur lieu.

Quant au rapport des dettes, il se place en dehors de toute idée de libéralité ; c'est donc réellement une institution distincte, que nous traiterons à part, bien que le code ait été conduit, par l'influence des précédents historiques, à la rapprocher du rapport des dons. Mais, à raison de ce rapprochement même et de cette appellation générique, nous appliquerons au rapport des dettes, autant du moins que le comportera la nature des choses, les règles de notre section.

— On dit communément que l'idée du rapport, dans notre droit, repose sur un double fondement :

1° Le vœu de la loi, de maintenir, autant que possible, l'égalité entre héritiers : cette égalité relative à leur vocation héréditaire, et à la répartition proportionnelle que le législateur a faite lui-même de la succession, et qu'il regarde comme la plus conforme aux affections du défunt.

2° La présomption que le disposant n'a point entendu y déroger par sa libéralité, s'il ne l'a dit expressément ; qu'il a envisagé cette libéralité, soit comme une avance sur la future succession, comme un à compte sur la part du successible, soit comme un avantage destiné à lui en tenir lieu. « La disposition « du projet de loi », disait Chabot dans son rapport au Tribunat, « est conforme au principe d'égalité « qu'il faut tendre continuellement à établir dans toutes « les successions. » Mais il ajoutait aussi : « La pré« somption de la volonté du défunt est en faveur du « rapport, lorsqu'il n'en a pas dispensé, quoiqu'il « en eût le droit. »

Appliquée aux avantages entre-vifs, cette présomption n'a rien que de très-raisonnable. La donation, même ainsi interprétée, ne laisse pas que d'être encore très-avantageuse au donataire, dont elle a facilité, peut-être, l'établissement par mariage ou autrement ; auquel, dans tous les cas, elle attribue la jouissance exclusive de l'objet donné, jusqu'à l'ouverture de la succession. Il est donc naturel de supposer que le *de cujus* a entendu borner là sa libéralité, à moins qu'il n'ait formellement autorisé son successible à la conserver hors part.

Moins probable si l'avantagé n'était pas, au moment de la donation, héritier présomptif, cette explication, néanmoins, est encore très-acceptable. Peut-être le *de cujus* n'a t-il voulu ainsi que dédommager ce parent de l'exclusion que lui faisait subir la présence de successibles plus proches. Le donataire, sans doute, pouvait devenir successible à son tour ; mais le *de cujus* n'a pas songé à cette éventualité, et rien n'indique que, s'il l'eût prévue, il eût fait la donation, ni surtout qu'il eût entendu lui donner, tel cas échéant, un caractère préciputaire.

Mais, en ce qui touche le legs, une telle présomption ne se conçoit plus. Le legs ne recevant son effet qu'à l'ouverture de la succession, et à l'instant même où naît l'obligation du rapport, quel avantage procurera-t-il au légataire successible, si celui-ci ne peut pas le cumuler avec sa part héréditaire ?

Et quelle autre intention a pu exister chez le *de cujus?*

Dira-t-on qu'il a voulu déférer au successible l'option entre sa part héréditaire, s'il acceptait la succession, et le legs, s'il renonçait ? Mais ce choix sera illusoire si, ce qui arrivera fréquemment, la valeur du legs est inférieure à la part héréditaire. Et, d'ailleurs, est-ce bien interpréter les sentiments naturels du défunt, que d'admettre qu'il a disposé dans la prévoyance du cas où son héritier renoncerait à sa succession, et qu'il a donné une sorte de prime à cette renonciation ? On ne peut voir là qu'un vestige, mal à propos conservé, de l'ancienne règle de l'incompatibilité entre les qualités d'héritier et de légataire. Du moment où les rédacteurs du code s'écartaient de ce système en admettant les libéralités préciputaires, ils devaient, pour être logiques, et à l'exemple du droit romain, reconnaître ce caractère comme virtuellement inhérent aux dispositions *mortis causa*.

Mais, dominés par l'influence des traditions, ils n'ont pas osé rompre entièrement avec elles, et ils ont maintenu une des conséquences du principe qu'ils abrogaient. Novateur timide, le législateur conserve pour le principe d'égalité une secrète prédilection ; ce n'est pas sans regret qu'il le voit écarter par le *de cujus*, et il ne le laise fléchir que devant une manifestation évidente de la volonté de ce dernier.

Il ne faut pas confondre, avec le rapport, une autre institution ayant également pour effet d'enlever au donataire ou au légataire ce qu'il a reçu ; je veux parler de la *réduction*. Le rapport a pour but l'égalité entre tous les héritiers, quels qu'ils soient ; la réduction, d'assurer à certains parents privilégiés une fraction du patrimoine, qu'on appelle la réserve, et que le défunt ne peut leur enlever. De là les différences suivantes :

Le rapport peut-être demandé par tous les héritiers, quelque modique que soit le don; mais il faut être héritier pour le devoir ; on peut donc s'y soustraire en renonçant à la succession ; on peut aussi en être dispensé par le défunt.

La réduction pèse sur tout donataire ou légataire, héritier ou non ; aucune clause de préciput, aucune renonciation ne peuvent l'écarter ; mais elle ne peut être réclamée que par les héritiers à réserve, et seulement si la libéralité excède la quotité dont le défunt pouvait disposer à leur détriment.

A côté de ces différences capitales, relatives à la naissance de l'obligation, il en est d'autres qui en affectent le mode d'exécution, et que l'on signalera plus loin.

Le rapport et la réduction se rencontrent parfois sur un terrain commun ; c'est quand la libéralité qui entame la réserve a été faite précisément au profit d'un des cohéritiers. Cette hypothèse est réglée par les art. 866 et 924.

Après ces notions générales, j'aborde les détails du sujet. Je rechercherai dans 4 chapitres : 1° Quelles personnes doivent le rapport, et à quelle succession il se fait. — 2° A quelles personnes il est dû. — 3° Quelles choses y sont soumises. — 4° Comment il s'effectue.

Un 5e chapitre sera consacré au rapport des dettes.

CHAPITRE PREMIER

L'art. 843 énumère trois conditions devant concourir pour qu'on soit tenu du rapport. Il faut :

1° Être héritier du défunt, et, en même temps, donataire ou légataire, ou représentant d'un donataire du défunt.

2° Venir à la succession du disposant.

3° N'avoir pas été dispensé du rapport.

SECTION PREMIÈRE

Il faut réunir les deux qualités d'héritier et de donataire ou légataire.

§ I. — *Il faut être héritier.*

« Tout héritier....., dit l'art. 843, doit rapporter.... »

Que faut-il entendre ici par héritier? — La réponse est dictée par le but même que s'est proposé la loi. Le législateur désire, autant que possible, le maintien de l'égalité ; mais ce ne peut être évidemment qu'entre les successibles qui reçoivent de lui-même leur vocation. Que lui importe cette égalité, quand l'ordre de successibilité qu'il avait établi se trouve écarté et remplacé par un autre? Les règles du rapport ne concernent donc pas, on le voit, les personnes appelées à une fraction aliquote de l'universalité héréditaire en vertu de la volonté expresse du défunt (institution contractuelle ou testament) ; ce ne sont pas, d'ailleurs, des héritiers, dans le langage ordinaire du Code, mais bien des donataires ou légataires à titre universel; qu'ils concourent entre eux seulement, ou avec des héritiers du sang, ils conservent donc hors-part, et sans qu'il soit besoin d'une dispense formelle, ce qu'ils ont pu recevoir du *de cujus* à titre gratuit et particulier.

Et il faudrait encore décider ainsi, quand même les personnes appelées par le testament ou par l'institution contractuelle seraient précisément celles qui auraient succédé en l'absence d'un testament. C'est qu'en effet, même dans cette hypothèse, comme le dit M. Demolombe, « la disposition universelle que le « *de cujus* a faite de son hérédité, et la souveraine et « totale répartition qui en résulte, ont écarté la voca- « tion légale *ab intestat*, pour ne laisser aux institués « d'autre vocation réciproque que la donation ou le « testament. » Tel était déjà le système du droit coutumier, et on doit, *à fortiori*, suivre aujourd'hui la même règle, puisque notre Code s'est en général montré, en fait de rapport, moins rigoureux que la coutume de Paris.

Mais, si l'obligation du rapport n'est imposée qu'aux successibles appelés par la loi, du moins elle s'étend à tous les successibles rentrant dans cette catégorie, qui comprend :

I. Les successeurs réguliers, héritiers légitimes proprement dits (art. 723), descendants, ascendants ou collatéraux. « Tout héritier, dit l'art. 843, doit le rapport à son cohéritier »; encore que les héritiers n'appartiennent pas tous à la même ligne, au même ordre ou degré de parenté. Ainsi les ascendants, en concours avec des collatéraux, se doivent le rapport entre eux, et ils le doivent aux collatéraux ; et réciproquement. Ainsi encore, l'héritier de la ligne paternelle en est tenu envers tous ses cohéritiers, soit de la ligne paternelle, soit de la ligne maternelle ; et réciproquement.

II. Les successeurs irréguliers. — Ici encore, les motifs du rapport se rencontrent, puisqu'il s'agit de maintenir intacte la fixation des parts héréditaires entre successeurs *a lege vocatos*. Quelle que soit la qualité du lien qui donne droit à la succession, ne peut-on pas présumer chez le défunt l'intention de maintenir l'égalité ? Une telle volonté de sa part serait-elle moins probable vis-à-vis de ses enfants naturels, par exemple, que vis-à-vis de collatéraux éloignés, que peut-être il connaissait à peine? Et qu'on ne dise pas que les art. 843 et 857 n'ont établi l'obligation du rapport qu'*entre héritiers*, et que les successibles dont il s'agit ici ne sont pas *héritiers* (art. 756). Si la loi ne leur accorde pas cette qualification, c'est uniquement pour leur refuser le bénéfice de la saisine légale (art. 724). D'ailleurs, le mot *héritier* doit s'interpréter *secundum subjectam materiam*, et l'art. 857 montre bien quel sens étendu le législateur lui a donné ici, en l'employant par opposition au mot *légataire*.

Ainsi, l'obligation du rapport s'applique :

1° A l'enfant naturel venant en concours avec les parents légitimes du *de cujus* (art. 760). Je crois qu'il est question dans cet article d'un véritable rapport, régi, en général, par les règles de notre section, sauf certaines dérogations que j'étudierai plus loin, et qui résultent de ce qu'on ne peut pas avantager son enfant naturel au delà de sa part héréditaire, telle qu'elle est fixée par l'art. 757. Mais cette interprétation de l'art. 760, n'est pas universellement admise ; certains auteurs voient, dans l'imputation dont il y est parlé, une opération toute différente du rapport, ou du moins un rapport essentiellement distinct du rapport ordinaire, quant au mode dont il s'effectue. Cette controverse importante trouvera naturellement sa place dans un appendice à la suite du chapitre IV.

2° Aux enfants naturels concourant entre eux, à défaut de parents au degré successible (art. 758). Et il s'agit ici d'un rapport identique à celui qui a lieu en succession régulière, notamment au point de vue de la possibilité d'une dispense, et du droit de se soustraire au rapport en renonçant; les art. 760 et 908 seraient ici tout à fait inapplicables, puisqu'ils n'ont évidemment d'autre but que de protéger la famille légitime. Il serait singulier, en effet, qu'un père n'eût pas le pouvoir d'avantager l'un de ses enfants naturels au préjudice des autres. (Demol. *Successions*, t. II, n° 102).

3° Aux père et mère succédant à leur enfant naturel reconnu, dans le cas de l'art. 765.

4° Aux frères et sœurs naturels concourant entre eux, dans le cas de l'art. 766.

Des autres successeurs irréguliers, l'Etat ne peut jamais être soumis au rapport, puisqu'il n'a pas de cosuccesseurs. — Quant au conjoint survivant, il semble aussi qu'il en doive être de même; mais on peut supposer qu'en fait un individu s'est rendu coupable de bigamie, et qu'il est venu à mourir avant l'annulation de son second mariage. Le second conjoint, à supposer qu'il soit reconnu de bonne foi, pourra succéder, en vertu des règles sur le mariage putatif (art. 201 et 202). Il concourra donc avec le premier conjoint, et on leur appliquera le principe du rapport.

III. Dans plusieurs cas exceptionnels, le législateur tient compte de l'origine des biens pour en régler la dévolution. Néanmoins, on s'accorde à voir là une véritable succession, mais une succession distincte de la succession ordinaire du *de cujus*, gouvernée par des règles à part, et appelée pour ce motif succession anomale.

On peut considérer les deux masses comme formant deux hérédités séparées, soumises, il est vrai, entre elles, à la contribution pour les dettes et charges, parce que les deux patrimoines n'en faisaient qu'un du vivant du défunt ; mais, à tous autres points de vue, aussi indépendantes l'une de l'autre que le seraient les successions de personnes différentes. (Dem. t. 3, nº 56 bis, II). Nous admettrons donc le rapport dans chacune de ces successions respectivement, mais non de l'une à l'autre.

Ainsi, les descendants de l'adoptant, qui reprennent dans la succession de l'adopté les biens donnés ou laissés par l'adoptant à cet adopté (art. 351), se rapporteront mutuellement ce qu'ils auront reçu à titre gratuit de l'adopté ; mais ils ne devraient pas le rapport aux successeurs ordinaires de l'adopté, et ne pourraient non plus l'exiger d'eux. — Même décision pour les enfants légitimes, qui exercent un droit analogue dans la succession de leur frère naturel (art. 766), en présence des frères naturels de celui-ci, ses successeurs ordinaires. (Demol. t. ii, nº 167).

Quant à l'ascendant donateur, reprenant le bien par lui donné dans la succession de son descendant mort sans postérité, non-seulement, s'il n'est pas d'ailleurs en ordre de succéder aux autres biens du *de cujus*, aucun rapport n'a lieu entre lui et ceux auxquels est déférée la succession ordinaire; mais, y eût-il même plusieurs ascendants en position d'invoquer le retour successoral de l'art. 747, ils ne se devraient mutuellement aucun rapport, car chacun recueille séparément ce qu'il a donné, sans qu'on puisse voir en eux des cosuccessibles. Cela est si vrai que, au cas de répudiation de l'un d'eux, le bien venant de lui n'accroîtrait pas à la succession anomale, mais irait grossir la masse de la succession ordinaire.

§ 2. — *Il faut être donataire ou légataire.*

Cela est bien évident; car la libéralité est, à la fois, la cause et l'objet du rapport.

Pour donner lieu au rapport, les deux qualités d'héritier et de donataire doivent :

A. Coexister à la même époque; et, comme ce n'est qu'à l'ouverture de la succession qu'on peut connaître chez qui réside la qualité d'héritier, c'est aussi à cet instant qu'il faut s'attacher, abstraction faite de l'état des choses au jour de la donation, pour savoir s'il y a lieu au rapport :

Ainsi : « Le donataire, qui n'était pas héritier pré-
« somptif lors de la donation, mais qui se trouve
« successible au jour de l'ouverture de la succession,

« doit également le rapport, à moins que le dona-
« teur ne l'en ait dispensé. » (art. 846).

C'est au *de cujus*, s'il veut faire une libéralité préciputaire, à joindre à sa disposition une dispense de rapport, en prévision du cas où le donataire deviendrait son successible; ou à donner cette dispense par un acte postérieur, depuis l'événement qui a fait du donataire son présomptif héritier.

L'art. 846, bien qu'il vise seulement l'espèce d'une donation, doit aussi s'appliquer aux legs, pour identité de motifs, et même par *à fortiori*, car le legs, quelle que soit la date de la confection du testament, ne produit jamais d'effet qu'au jour de l'ouverture de la succession. C'est même dans l'hypothèse particulière de cet article que le système du Code sur le rapport des legs se justifie le plus aisément. On est autorisé, en effet, à présumer que le legs n'aurait pas eu lieu si celui au profit duquel il a été fait s'était trouvé, dès lors, héritier présomptif du *de cujus*, et que celui-ci eût pu le croire appelé à recueillir un jour, en cette qualité, une fraction de son patrimoine.

B. Il faut, en outre, que les deux qualités d'héritier et de donataire ou légataire soient réunies sur la même tête : « Tout héritier.... doit rapporter *ce qu'il a reçu* du défunt. »

Ainsi, point de rapport si l'on n'est soi-même personnellement, en titre et en nom, donataire du défunt. C'est là, dirons-nous avec M. Demolombe, une condition nécessaire et suffisante : peu importe que la donation ait profité à l'héritier, s'il n'est pas lui-même le donataire ; peu importe aussi qu'elle ne lui ait pas profité, ou qu'elle ne lui ait profité qu'en partie, s'il est lui-même donataire.

Le législateur a cru devoir s'expliquer sur trois hypothèses particulières, dans lesquelles il y avait lieu autrefois à ce qu'on nommait le *rapport pour autrui* ; je veux parler du cas où le donataire est le fils, le père ou le conjoint du successible. Comme, en droit commun coutumier, les avantages préciputaires étaient interdits, on avait craint qu'on ne cherchât à éluder la loi, en donnant à des personnes qui pussent transmettre au successible le profit de la libéralité.

De là des présomptions d'interposition. — Cette présomption s'appliquait surtout au cas de don fait *au fils* du successible. Elle était moins prépondérante au cas de don fait *au conjoint* ; alors on s'attachait surtout à savoir si l'héritier en avait ou non tiré profit. De là, souvent, de sérieuses difficultés, que nous avons rapportées plus haut. — Le projet de Code civil présenté par la Section de Législation y coupait court, et abrogeait complètement cette théorie dans les articles suivants :

Art. 162. — « L'héritier n'est tenu de rapporter « que le legs qui lui a été fait personnellement. »

Art. 163. — « Le père ne rapporte pas le don « fait à son fils non successible. »

Art. 165. — « Les dons faits au conjoint d'un « époux successible ne sont pas rapportables. »

Pour cette dernière hypothèse, le projet de l'an VIII (art. 167) soumettait bien le conjoint successible au rapport, dans la mesure de l'émolument qu'il retirerait du don fait à son conjoint, par suite des conventions matrimoniales. Mais la Section de Législation rejeta ce système; de là la rédaction de l'art. 165. — Dans la discussion au Conseil d'État, M. Tronchet fit observer que la disposition de l'art. 165 pourrait donner lieu à des fraudes, et qu'un père, qui voudrait avantager un enfant au préjudice des autres, pourrait, si cet enfant était marié en communauté, donner à l'autre conjoint; il demandait, en conséquence, le maintien de l'art. 167 du projet de l'an VIII. — A quoi M. Treilhard répondit que « la Section avait cru cette règle inutile; car le père n'a pas « besoin de masquer l'avantage qu'il veut faire au « conjoint successible, puisqu'il peut ouvertement le « dispenser du rapport. » — M. Tronchet répliqua: « qu'alors la Section établit la présomption qu'il y a « dispense de rapport, mais qu'il vaut mieux l'expri« mer. »

Et, sur cette observation, nos articles furent définitivement rédigés de la manière suivante :

Art. 847. — « Les dons et legs faits au fils de celui qui se trouve successible, sont toujours réputés faits avec dispense de rapport. Le père venant à la succession du donateur n'est pas tenu de les rapporter. »

Art. 848. — « Pareillement le fils, venant de son chef à la succession du donateur, n'est pas tenu de rapporter le don fait à son père, même quand il aurait accepté la succession de celui-ci..... »

Art. 849. — « Les dons et legs, faits au conjoint d'un époux successible, sont réputés faits avec dispense de rapport... »

Cette rédaction est loin d'être heureuse, et a donné lieu à de grandes divergences d'interprétation, au moins pour les art. 847 et 849. — Dans un premier système, on s'appuie sur la discussion que nous venons de rapporter, sur l'observation de M Tronchet à laquelle il a été fait droit, sur les souvenirs de l'ancienne jurisprudence, pour dire que ces articles reposent sur une présomption d'interposition de personnes, accompagnée d'une dispense légale de rapport. Marcadé regarde même cette interprétation comme une conséquence nécessaire des art. 911 et 1100. Le don fait au fils ou au conjoint du successible est toujours regardé comme s'adressant réellement au successible lui-même, ou au moins comme lui profitant dans une certaine mesure : mais, les libéralités préciputaires étant permises aujourd'hui, on voit, dans le détour pris par le *de cujus*, l'intention d'avantager son successible hors part, et une dispense tacite du rapport. (Aubry et Rau sur Zach. t.

V, § 632, note 12. — Marcadé, sur les art. 847 et 849).

Ce système nous semble inadmissible. Et d'abord, les art. 911 et 1100 doivent être écartés du débat ; ils ne présument une interposition de personne que pour sanctionner une incapacité de recevoir, qui n'existe pas dans notre hypothèse. La présomption dont nous parlons, si l'on songe au motif qui l'avait fait introduire dans notre ancienne jurisprudence, devient un contre-sens véritable dans notre droit actuel ; il ne peut plus être question d'empêcher qu'on n'élude une prohibition qui n'existe plus ; pas de motif, aujourd'hui, pour qu'un donateur adresse au fils la donation qu'il veut faire au père ; à l'un des conjoints celle qu'il veut faire à l'autre: pourquoi ferait-il dans l'ombre ce qu'il peut faire directement et au grand jour ? Ainsi, le titulaire apparent de la libéralité en est bien aussi le bénéficiaire réel, et le successible n'en doit pas le rapport, parce que, s'il est héritier, ce n'est pas lui qui est le donataire.

Telle était la théorie bien nettement formulée par les articles du projet. La modification faite à cette formule, d'après l'observation de M. Tronchet, n'a changé en aucune manière cette pensée fondamentale de la loi ; elle n'a eu d'autre but que d'abroger plus sûrement le droit antérieur, en prévenant les objections qu'aurait pu soulever l'autorité des traditions anciennes. — Quant aux mots « *sont toujours réputés faits avec dispense de rapport* », que M. Duranton (t. VII, n° 233) regarde comme des expressions parasites, on peut encore, dans notre système, les expliquer d'une manière satisfaisante ; cette addition était utile, en effet, pour empêcher qu'on ne voulût, en argumentant de l'art. 843, soumettre au rapport, à titre d'avantage indirect, le profit que le successible aurait pu retirer de la donation faite à son fils, en la recueillant dans la succession de celui-ci ouverte avant celle du donateur, et de celle faite à son conjoint, par suite des conventions matrimoniales ou des dispositions de ce dernier en sa faveur. M. Tronchet lui-même n'avait pas d'autre pensée. C'est à l'avantage que le conjoint successible retirait de la donation par l'effet de la communauté, que s'appliquait, suivant lui, la dispense légale de rapport. Quant à la donation elle-même, il la considérait bien comme s'adressant en réalité au conjoint non successible. Et M. Chabot, au sein du Tribunat, répète à plusieurs reprises, et de la manière la plus formelle, que, si le fils ou le conjoint du successible ne doivent pas le rapport, ce n'est pas qu'ils ne soient véritablement donataires, mais c'est qu'ils ne sont pas héritiers.

Que l'on considère, d'ailleurs, le résultat auquel aboutirait l'interprétation contraire. Quoi ! La loi veut dispenser le successible du rapport, et elle commence par supposer que le don s'adresse réellement à lui ! Cette présomption, non contente de l'emprunter à l'ancien droit qu'elle veut abroger, elle en étend la portée, et l'applique à un cas (celui de l'art. 849) dans lequel l'ancien droit lui-même ne l'avait pas admise du moins unanimement ! Ce n'est pas tout; si le père est réputé donataire dans l'hypothèse de l'art. 847, il faudra dire que c'est de lui que le fils tient la chose donnée; en sorte que, d'une part, il n'en devrait pas le rapport à la succession de l'aïeul, s'il y était appelé, (ce qui serait aller contre les art. 843 et 846); et que, d'autre part, il la devrait rapporter à la succession du père; et ce serait se heurter contre l'art. 850, qui déclare que le rapport ne se fait qu'à la succession du donateur. Toujours pour la même raison, le conjoint du successible, dans le cas de l'art. 849, devrait également imputer, sur la quotité dont celui-ci peut disposer en sa faveur, la donation qu'il a reçue de son beau-père ou de sa belle-mère, ce qui est encore contraire à tous les principes.

Enfin, de l'aveu de tout le monde, l'art. 848 ne suppose aucune interposition de personne, et il n'avait pas à le faire, puisque l'ancien droit lui-même n'admettait pas ici de présomption semblable. Il se borne à exprimer cette idée que « le fils, venant de son chef à la succession du donateur, n'est pas tenu de rapporter le don fait à son père », même dans l'hypothèse où il en aurait tiré profit, ayant recueilli l'objet donné dans la succession de son père ; et quelle qu'ait pu être la décision de notre ancien droit dans cette circonstance. Si tel est le sens de l'art. 848, les art. 847 et 849, conçus dans le même ordre d'idées (arg. tiré du mot *pareillement* de l'art. 848), ne sauraient rationnellement comporter une interprétation différente ; ils ne sont, comme l'art. 848, qu'un développement du principe posé dans l'art. 162 du projet.

Nous avons supposé, jusqu'ici, que la libéralité s'adressait bien, en réalité, au titulaire apparent. Mais les intéressés ne pourraient-ils pas être admis à établir qu'en fait le fils, le père ou le conjoint du successible n'ont été que des personnes interposées ? Ici encore, les opinions sont très-divisées, même parmi les auteurs qui enseignent le système que nous venons d'exposer. M. Demante (t. 3, n° 183 *bis*) pense que ces mots de l'art. 847 « sont toujours réputés faits avec dispense du rapport » ôtent tout intérêt à la question, qui tombe devant ce dilemme : ou c'est le fils qui est réellement donataire, et dès lors le père héritier, n'ayant rien reçu, directement ni indirectement, ne doit pas de rapport; ou c'est le père héritier qui est effectivement le donataire dans la personne de son fils, et, dans ce cas encore, il ne doit pas le rapport, puisque la loi l'en dispense.

Quant à M. Duranton (t. VII, n° 317), non-seulement il rejette la présomption d'interposition de personnes, mais il voit dans nos articles une présomption en sens contraire, *juris et de jure*, que l'avantage est fait en réalité au donataire apparent ; en sorte que, l'interposition existât-elle réellement, on ne serait pas recevable à la prouver. — M. Demolombe adopte en principe ce système, mais il y fait exception pour le cas où il y aurait aveu de la part du successible, ou un acte quelconque d'où il résulterait que le disposant a entendu l'obliger au rapport.

Nous croyons, quant à nous, que la loi se borne à ne pas présumer l'interposition de personnes, sans établir une présomption en sens inverse, ni surtout une présomption qui ne pourrait être détruite par la preuve contraire. Quant à la distinction de M. Demolombe, elle nous semble arbitraire ; du moment où l'on admet que la dispense de rapport dont il est question aux articles 847 et 849, porte sur le profit éventuellement retiré par le successible, et non sur la donation elle-même, il faut nécessairement admettre qu'on pourra prouver l'interposition dans les termes du droit commun, c'est-à-dire de toutes les manières possibles. C'est donc là une question de fait, laissée à l'appréciation souveraine du juge. (En ce sens Dalloz, Rép. V° Succession, ch. 7, sect. 1, art. 4, § 2, n° 1115).

Mais ne faut-il pas voir, du moins, dans le soin qu'a pris le disposant de dissimuler sa libéralité, une dispense de rapport conventionnelle ? C'est une tout autre question, dont l'examen se rattache à la section III.

Nous n'avons rien à ajouter à ce que nous avons dit plus haut sur l'art. 847; mais l'explication des articles 848 et 849 a besoin d'être complétée.

I. Art. 848. — Le successible doit-il rapporter ce qui a été donné à son père par le *de cujus*? Non, s'il vient de son chef; et cela dans tous les cas, quand bien même il aurait accepté la succession du donataire, et qu'il y eût trouvé l'objet donné.

Oui, et dans tous les cas encore, s'il arrive par représentation du donataire : « mais si le fils ne vient « que par représentation, il doit rapporter ce qui « avait été donné à son père, même dans le cas où il « aurait répudié sa succession. »

Il est vrai que le fils n'est pas personnellement donataire ; mais, en vertu des principes de la représentation, il ne peut avoir plus de droits que n'en aurait eus le représenté, et supporte les mêmes charges ; or celui-ci, nous le supposons, n'aurait pu succéder qu'en rapportant le don à lui fait.

Ce n'est pas, à vrai dire, le fils, c'est le père représenté qui rapporte. Aussi la décision serait-elle la même, encore que le représentant n'eût rien trouvé des objets donnés dans la succession du représenté, ou même qu'il l'eût répudiée, ce qui n'empêcherait pas la représentation (art. 744). Il est évident, d'ailleurs, que, dans ces deux cas, le rapport ne pourra avoir lieu qu'en moins prenant. — Peu importe, enfin, que, par l'effet de ce rapport, le petit-fils n'ait pas sa réserve dans la succession de l'aïeul ; car il n'a d'autre réserve que celle à laquelle aurait eu droit son père, et sur laquelle doivent s'imputer les libéralités non préciputaires reçues par ce dernier, et même les libéralités préciputaires, pour ce dont elles excèdent la portion disponible (Chabot, sur l'article 848, n° 5).

Mais le représentant doit-il rapporter également, et le don fait à lui-même, et ceux faits aux ascendants des degrés intermédiaires qu'il peut être obligé de franchir pour parvenir à la représentation ? Ainsi, Paul a deux fils, Pierre et Primus ; Primus meurt laissant un fils, Secundus, qui a lui-même un fils, Tertius, et prédécède; Primus, Secundus et Tertius ont reçu de Paul des libéralités. Que devra rapporter Tertius, concourant avec son grand-oncle Pierre ?

Il y a trois systèmes en présence.

Le premier système oblige Tertius à rapporter les trois donations.

L'article 848 ne prévoit que l'hypothèse d'une représentation à un degré ; mais il n'est pas limitatif, et doit s'appliquer à l'égard de tous ceux par représentation desquels Tertius succède ; or il ne peut venir qu'en représentant d'abord Secundus, puis Primus ; car on ne représente pas *per saltum et omisso medio* :

qu'il rapporte donc le don fait à Secundus, aussi bien que celui fait à Primus. L'art. 848, ajoute-on, a bien fait de s'expliquer sur la libéralité faite au représenté, pour trancher toute espèce de doute ; mais, s'il n'a rien dit à l'égard de la libéralité reçue par le représentant, c'est que le cas était déjà prévu par les articles 843 et 846, et qu'il n'y avait pas besoin d'y revenir. Tertius est héritier, il est personnellement donataire ; qu'il rapporte donc ce qu'il a reçu (Chabot, sur l'art. 760, n° 4.—Duranton, t. VII, n° 230.—Demante, t. III, n° 184 bis I. — Demolombe, t. IV, nos 197 et suivants. — Aubry et Rau sur Zach. t. V, § 631).

Le deuxième système soumet au rapport les donations reçues par Primus et Tertius, mais en dispense celle faite à Secundus. Cette distinction ne compte que peu de partisans (MM. Ducaurroy, Bonnier et Roustaing).

D'après le troisième système (Marcadé, sur l'article 848. — M. Duvergcr, à son cours), Tertius ne doit rapporter que le don fait à Primus. On ne peut contester, d'abord, que cette opinion ne soit la plus conforme au texte même de l'art. 848. Mais, nous dit-on, Tertius, quoique venant par représentation, n'en est pas moins héritier *ex capite proprio et ex propria persona*; si bien qu'il ne succéderait pas, s'il n'avait par lui-même une vocation propre et personnelle à l'hérédité ; la représentation est une fiction qui n'a d'autre but que de le faire monter à un degré plus rapproché, et la loi a pu mettre à cette faveur telles conditions que bon lui semble, entre autres celle de rapporter le don fait au représenté, sans que cela le dispense de se conformer aux articles 843 et 846. C'est à Tertius à s'abstenir de l'hérédité, s'il trouve ces rapports multiples trop onéreux. — Nous répondrons, avec l'art. 739, que la représentation fait entrer le représentant non-seulement dans la place et *dans le degré*, mais dans *les droits* du représenté (M. Demolombe en convient lui-même) ; que celui-là n'a pas plus de droits que celui-ci, mais qu'il doit en avoir autant ; or Primus, s'il eût succédé à Paul, n'aurait pas eu à rapporter les donations reçues par Secundus et Tertius (art. 847). Il est vrai que, dans l'ancien droit, le représentant rapportait, outre le don fait au représenté, le don fait à lui-même ; mais c'est qu'alors, précisément, le représenté, s'il eût succédé, aurait dû le rapport de ce qu'avait reçu son descendant (C. de Paris, art. 306). L'opinion contraire est inconséquente : Tertius, dit M. Demolombe, est héritier pour autrui, *alieno nomine*; c'est dire, avec la loi, que Primus revit et succède fictivement en la personne de Tertius; cependant, ajoute-t-il plus loin, c'est bien en réalité Tertius qui est héritier, *proprio nomine*. Mais on ne peut succéder à la fois *alieno nomine*, et *proprio nomine* ; l'une d[illegible]itions exclut l'autre ; donc on ne peut devoi[illegible]ul rapport ; car le rapport n'est dû que par celui en qui concourent les deux titres de donataire et d'héritier ; et si, dans l'espèce, il y a plusieurs titres de donataire, il n'y a et ne peut y avoir qu'un seul titre d'héritier, que la fiction de la loi (art. 739) fait reposer sur la tête de Primus. Donc, par cela même que l'art. 848 oblige Tertius à rapporter le don fait à Primus, il le dispense virtuellement de rapporter celui fait à lui-même.

Il faut le décider ainsi, si l'on ne veut aboutir à des résultats iniques et directement opposés au but même de la représentation. Le prédécès d'un des membres de la famille ne doit ni profiter ni nuire aux autres; et voilà que, dans l'opinion que nous critiquons, l'une des souches, celle de Pierre, ne rapporte qu'une donation (celle faite à Pierre, et non celles faites à ses descendants), tandis que la souche de Primus en rapporte trois. Pierre aura donc profité du prédécès de Primus ! En faut-il davantage pour condamner une opinion dont l'injuste rigueur ne laisse pas que de troubler jusqu'à ses partisans eux-mêmes? (Voir notamment M. Demolombe, n° 200).

Les mêmes motifs militent pour exempter du rapport les donations faites aux degrés intermédiaires. Ajoutons que, s'il est vrai que Tertius doive passer par le degré de Secundus, il le franchit sans s'y arrêter, et pour monter en définitive au degré de Primus ; c'est comme représentant de Primus, et non de Secundus, qu'il arrive à la succession.

L'art. 848 (2ᵉ disposition) s'applique partout où la représentation est admise, c'est-à-dire non-seulement dans l'ordre des descendants, mais encore dans celui des frères et sœurs et descendants d'eux.—Dans l'hypothèse de l'art. 781, il y a, non plus représentation, mais transmission; Secundus, à qui la succession de Primus était échue pour partie, décède avant de s'être prononcé sur elle; ses héritiers, remarquons-le bien, ne succèdent pas eux-mêmes à Primus, mais ils trouvent le droit de recueillir ou de répudier son hérédité dans la succession de Secundus leur auteur; et ils l'exerceront aux mêmes conditions que celui-ci, et pour la part qui lui revenait. Ainsi, s'entendent-ils pour accepter la succession de Secundus, ou, en cas de désaccord, l'acceptation bénéficiaire leur est-elle imposée (art. 782)? ils ne doivent rapporter que le don ou le legs fait à Secundus, et non pas ce qu'ils ont pu recevoir eux-mêmes de Primus. Ici, tout le monde est d'accord.

II. —Art. 849.—Le conjoint successible ne rapporte pas ce qui a été donné à son conjoint, lors même qu'il en profite; et, réciproquement, le conjoint successible rapporte ce qui lui a été donné, lors même qu'il n'en profiterait pas seul, ou même qu'il n'en profiterait pas du tout. C'est ce qui peut arriver lorsque les époux sont communs en biens, et que les choses données à l'un d'eux tombent en communauté; car alors, quel que soit l'époux donataire, la libéralité profitera pour moitié à tous deux, si la communauté est acceptée, ou restera au mari seul, si la femme renonce. Le même résultat peut encore se produire par suite des avantages que les époux se seraient faits, dans leur contrat de mariage ou depuis. Mais cela n'empêche pas que l'époux directement gratifié ne soit le véritable donataire; c'est à lui, tout d'abord, que les biens donnés ont été acquis; c'est par lui, comme formant son apport, et en exécution de ses conventions matrimoniales, que les biens donnés sont entrés en communauté.

Ce système a, d'ailleurs, au point de vue pratique, un grand avantage; il prévient les embarras que la règle contraire soulèverait dans la liquidation de la succession du donateur. Car l'ouverture de cette succession peut précéder de beaucoup (et c'est là même le cas le plus ordinaire), la dissolution de la communauté; or, comme cette dissolution seule fera connaître si et dans quelle proportion chacun des époux bénéficiera de la libéralité, on ne saurait, en attendant, comment procéder. L'ancien droit soumettait l'époux successible à un rapport provisoire, et tel était aussi l'expédient proposé par l'art. 167 du projet de Code civil de l'an VIII; le système actuel est beaucoup plus simple, et donne aux opérations de la liquidation et du partage un caractère définitif.

— De ce qui précède, il suit que la femme pourra

être tenue au rapport de la dot à elle constituée par un ascendant, lors même que cette dot aurait été perdue pour elle par suite de l'insolvabilité de son mari. Nous avons vu que la Novelle 97, ch. 6, observée dans les pays de droit écrit, donnait une décision contraire, quand la femme n'avait aucune négligence à se reprocher, et que toute la faute retombait sur son père, dont le consentement était parfois nécessaire pour l'exercice de l'action *rei uxoriæ;* en pareil cas, elle n'était tenue que de rapporter son action en restitution contre son mari.

L'art. 1573 contient une disposition semblable : « Si le mari était déjà insolvable, et n'avait ni art ni profession, lorsque le père a constitué une dot à sa fille, celle-ci ne sera tenue de rapporter à la succession du père que l'action qu'elle a contre celle de son mari pour s'en faire rembourser. — Mais si le mari n'est devenu insolvable que depuis le mariage, — ou s'il avait un métier ou une profession qui lui tenait lieu de bien, — la perte de la dot tombe uniquement sur la femme. »

Il a paru équitable que la perte de la dot, dont le sort a été compromis par le père lui-même, fût supportée par toute la succession, et ne demeurât pas à la charge exclusive de la fille dotée. — Mais l'art. 1573 n'en est pas moins une exception aux principes généraux. Nous le restreindrons donc au régime dotal, sous la rubrique duquel il est placé. Des considérations d'équité suffisent d'autant moins pour l'étendre à d'autres régimes, que nos provinces coutumières, qui observaient la communauté comme régime de droit commun, n'avaient pas admis de disposition semblable ; si les rédacteurs du Code, qui connaissaient cet antagonisme entre les deux régimes, avaient voulu généraliser cette disposition, c'est au titre des Successions, section des Rapports, qu'ils l'eussent certainement décrétée (*sic* : Chabot, sur l'art. 843, n° 12 — Duranton, t. VII n°s 416 et suiv. — Demante. t. III, n° 185 bis II. — *Contra* : Delvincourt, t, II, p. 40).

Sans entrer dans l'explication détaillée de l'art. 1573, qui se rattache plutôt au titre du contrat de mariage, observons qu'il s'applique quand le constituant est le père, la mère, ou tout autre ascendant; mais le mot *père*, dont se sert la loi, exclut le cas où la constitution émane d'un collatéral. Il n'y a pas de raisons aussi fortes pour le maintien de l'égalité, qui est surtout désirable entre descendants. — Mais il faudrait que le mari fût déjà insolvable lors de la constitution de dot ; si, à cette époque, il offrait des garanties, que la femme s'impute de n'avoir pas pris, contre l'insolvabilité survenue pendant le mariage, les mesures que la loi mettait à sa disposition, et notamment de n'avoir pas demandé à temps la séparation de biens.

Pour la même raison, plusieurs auteurs n'appliquent l'art, 1573 que lorsque la perte de la dot a été le résultat direct et certain de l'imprudence du constituant lui-même ; ce qui ne se présente, a-t-on dit, que s'il s'agit d'une dot mobilière. —Mais les termes de la loi, qui, à la vérité, suppose que la dot comprend seulement une créance en restitution contre le mari, ne sont pas néanmoins assez explicites pour motiver une distinction semblable. La dot fût-elle immobilière, les intérêts de la femme, quoique moins exposés, peuvent encore se trouver compromis sans qu'il y ait de sa faute. Le mari peut dégrader le fonds dotal, faire des démolitions, des coupes insolites ; est-il juste de faire peser exclusivement sur la femme un dommage qu'il ne dépendait pas d'elle d'éviter ! Et le constituant échappe-t-il, dans ce cas, à tout reproche d'imprudence ? La femme ne rapportera donc que le fonds, dans l'état où il se trouve, avec son action en indemnité contre son mari.

L'art. 1573 semble supposer que la succession du mari s'est ouverte avant celle du constituant ; mais il s'appliquerait également dans le cas inverse, qui sera même le plus ordinaire ; la femme rapporterait alors l'action en restitution de dot ouverte à son profit, si, à cette époque, il y avait déjà séparation de biens prononcée entre les époux ; sinon, l'action éventuelle qui pourra lui appartenir un jour.

—Que si les dons et legs ont été faits, non plus seulement à l'un des époux, mais à tous deux conjointement, l'époux successible en rapporte la 1/2, ou la part qui lui revient, si le disposant lui en a assigné une différente.

— Les mêmes principes régissent le rapport des dettes. Ainsi, les sommes que le beau-père ou la belle-mère ont prêtées au gendre, ou déboursées pour le paiement de ses dettes, ne sont point sujettes à rapport de la part de la femme ; car il ne peut dépendre d'un ascendant d'engager sa fille par des avances qui, quoique faites en considération de cette fille, l'ont été néanmoins sans sa participation, et ne lui ont peut-être pas profité. Toutefois, si les époux étaient communs en biens, et que la communauté, lors du décès de l'ascendant, fût déjà dissoute et acceptée, la fille serait tenue du rapport comme débitrice, pour 1/2, ou du moins jusqu'à concurrence de son émolument (art. 829, cbn. 1482 et 1483). Elle rapporterait même le tout, si, comme il arrive souvent, on lui avait fait raison, dans la liquidation, des avances reçues par son mari. Mais si la communauté subsistait encore, ou qu'elle l'eût répudiée, elle ne devrait aucun rapport, n'étant pas personnellement débitrice ; la succession de l'ascendant n'aurait que sa créance contre le mari. — Si le prêt a été fait aux deux époux solidairement, la femme rapporte le total, sauf son recours contre son mari ; elle ne rapporte que la 1/2, si le prêt a été fait conjointement, mais sans solidarité (art. 829 et 1487 combinés). — (Duranton, t. VII, nos 236 à 240 — Demol., t. IV, nos 217 à 219).

SECTION II

Il faut venir à la succession du donateur ou testateur.

Ainsi, pas de rapport si le donataire est exclu pour indignité, ou prédécédé (lorsque la représentation ne s'applique pas), ou s'il répudie la succession.

« Tout héritier, même bénéficiaire, venant à une « succession. » Il faut donc accepter la succession; mais il suffit de l'accepter bénéficiairement; le Code s'en est expliqué pour trancher une ancienne controverse. C'est qu'en effet le bénéfice d'inventaire protége bien le successible contre les créanciers de la succession et contre les légataires, mais ne l'empêche pas d'être un héritier véritable au regard de ses cohéritiers, et ne modifie pas leurs relations réciproques. Et, lors même que l'héritier bénéficiaire aurait, d'après l'art. 802, abandonné aux créanciers les biens compris dans sa part, pour se soustraire au paiement des dettes, cela ne le dispenserait pas du rapport; nous avons déjà critiqué, dans l'ancien droit, l'opinion contraire de Lebrun; malgré cet abandon, le successible ne devient pas étranger à la succession, et, le cas échéant, l'excédant des valeurs héréditaires sur le quantum des dettes lui appartiendrait toujours. — Cette obligation au rapport rend quelquefois la renonciation préférable à une acceptation, même bénéficiaire. C'est pour cela que le tuteur doit prendre l'autorisation du conseil de famille pour accepter une succession échue à son mineur, encore qu'elle ne puisse être acceptée que bénéficiairement (art. 461).

La succession d'une personne ne s'ouvre véritablement et définitivement qu'à sa mort (et à sa mort naturelle seulement, puisque la mort civile est aujourd'hui supprimée). Mais l'envoi en possession provisoire, qui a lieu en vertu du jugement déclaratif de l'absence d'une personne, sur la demande et au profit de ceux qui étaient, au jour de sa disparition ou de ses dernières nouvelles, ses héritiers présomptifs, ressemble assez à une ouverture provisoire de sa succession. Si l'un de ceux qui réclament cet envoi a reçu de l'absent une libéralité, devra-t-il en effectuer le rapport? Pour la négative, on fait remarquer que les art. 120 et 123 C. Nap., comme la rubrique de la section sous laquelle ils sont placés, ne parlent que des biens qui appartenaient à l'absent au jour de sa disparition. Et, en effet, la loi ne se propose, dans cette section, que de pourvoir à l'administration des biens délaissés par l'absent; elle n'avait donc pas à s'occuper des biens donnés, puisqu'ils ont un maître.

D'ailleurs, ajoute-t-on, l'absent s'était dessaisi

de l'objet donné, et ne pouvait plus en déposséder le donataire; or, vis-à-vis des tiers, les envoyés représentent l'absent, et ne peuvent avoir, à ce titre, des droits qu'il n'aurait pas eus lui-même. —Enfin, si notre Code voulait soumettre le donataire au rapport, il lui donnerait le droit d'exiger caution pour sauvegarder ses droits éventuels à la restitution de l'objet; or, précisément, la loi n'exige de caution que dans l'intérêt de l'absent (art. 120, 123, 124). Ces raisonnements sont assurément fort graves, et d'excellents esprits les adoptent dans une certaine mesure, en refusant aux envoyés réservataires le droit de demander la réduction des libéralités faites par l'absent (M. Demolombe). Mais ne pourrait-on pas répondre, d'abord, que, si la loi n'a parlé que des biens qui appartenaient à l'absent lors de sa disparition, c'est uniquement, comme l'indique la rubrique de la section suivante, par opposition aux droits éventuels qui, depuis cette époque, ont pû lui compéter; mais que, pour tout le reste, les choses doivent se passer provisoirement, comme elles se seraient passées définitivement si l'absent fût mort en réalité au jour de sa disparition (M. Duverger, à son cours). Spécialement en ce qui touche le rapport, le système contraire peut être victorieusement combattu, si l'on songe à l'iniquité qu'il consacre, en permettant au donataire de cumuler sa part héréditaire avec l'objet donné, et de percevoir, pendant 30 ans peut-être, les revenus de cette part excessive, ce qui forcera à recommencer le partage lors de l'envoi définitif, pour ne point éterniser cet injuste résultat. Enfin (et c'est l'argument décisif), le titre commun et réciproque des envoyés, c'est la présomption de mort de l'absent; le cohéritier, qui l'accepte et qui l'invoque en demandant l'envoi, doit aussi la subir avec toutes ses conséquences: *quod produco non reprobo*. — *A fortiori* le legs sera-t-il rapportable; et, ici, il n'y a pour ainsi dire plus de question, puisqu'il s'agit incontestablement d'un droit subordonné à la condition du décès de l'absent. Le légataire ne pourrait donc invoquer aucun raisonnement qui lui permît de réclamer le legs, tout en venant à partage (Demol. t. II, n° 132. — Aubry et Rau, sur Zach., t. I, § 153). — Le rapport n'a lieu, bien entendu, que provisoirement, et à charge de restitution si l'absent reparaît, ou si, d'après les modifications qui peuvent survenir, le donataire se trouve n'avoir plus droit, soit à l'envoi définitif, soit à la succession du donateur, en cas que l'on ait ultérieurement connaissance du jour réel de son décès.

— Deux questions restent à résoudre. A quelle succession faut-il venir pour devoir le rapport ? Quel est, quant à notre matière, l'effet de la renonciation ?

§ I. — Le rapport ayant pour but le maintien de l'égalité, et l'égalité n'étant troublée que dans la succession de l'auteur même de la libéralité, c'est à cette succession seule que le rapport se fera. Le Code a cru devoir formuler expressément cette règle dans l'art. 850, parce qu'il peut arriver, en fait, qu'une autre succession que celle du donateur se trouve diminuée par la donation. Ainsi, un petit-fils reçoit une libéralité de son aïeul, qui meurt, laissant pour héritier le père du donataire; le rapport ne sera pas dû plus tard à la succession du père, quoiqu'elle se trouve amoindrie de la valeur de l'objet donné; parce que, d'une part, cet objet n'a jamais fait partie du patrimoine du père, et que, d'autre part, l'aïeul aurait pu en gratifier un étranger aussi bien que son petit-fils.

Cette règle recevait exception, autrefois, quand le père avait été obligé, pour venir à la succession de l'aïeul, de rapporter le don fait à son fils. Cette circonstance ne peut plus se présenter aujourd'hui (art. 847), et la règle de l'art. 850 est absolue.

Enfin l'art. 850 a encore pour but d'indiquer à quel moment le rapport devient exigible : c'est lors de l'ouverture de la succession.

Il sera, la plupart du temps, facile de déterminer quel est le donateur : c'est celui qui a parlé dans l'acte. S'il y a plusieurs codonateurs, le rapport se fera à la succession de chacun d'eux, pour la part à raison de laquelle il a contribué dans la libéralité. En s'attachant à ce principe, et en éliminant tout ce qui ne regarde que les relations des époux entre eux, c'est-à-dire les questions d'indemnité ou de récompense, on évitera toutes les difficultés auxquelles donnait lieu, dans notre ancien droit, le rapport de la dot constituée à l'enfant par ses père ou mère.

Le père et la mère ont doté conjointement l'enfant commun : la dot est à la charge personnelle de chacun d'eux pour la moitié, ou pour la fraction différente portée au contrat ; et c'est dans la même proportion que se fera le rapport à chaque succession. Cela s'applique, d'ailleurs, quel que soit le régime matrimonial des constituants, et en quelques biens que la dot ait été fournie ; sauf la récompense due à l'époux dont un bien propre aura servi au paiement de cette dot ; ou, le cas échéant, à la communauté par la femme, si elle y renonce, et que la dot ait été fournie en effets de cette communauté (art. 1438, 1469 et 1544 al. 1er). Mais, très-souvent, la dot est déclarée imputable sur la succession du prémourant, qui est alors réputé le seul donateur ; le rapport se fera donc pour le tout à sa succession, ainsi que l'admettait déjà Pothier. (Duranton, t. 7, n° 243. — Demol. t. 4, n° 271).

La constitution faite par le mari seul à un enfant commun, en effets de la communauté, est à la charge de cette communauté ; la femme ne sera donc réputée donatrice que si elle l'accepte, et pour la moitié ou toute autre fraction qui lui appartient dans la communauté. Il n'y a aucun inconvénient à subordonner ici la question du rapport au parti qui sera pris par la femme ou par ses héritiers, puisque, si la communauté n'a déjà été antérieurement dissoute, elle le sera forcément par le décès du prémourant; en sorte que, quand on liquidera la succession de celui-ci, il y aura toujours parti pris sur la communauté.

Le mari peut, du reste, se charger de la dot pour le tout, ou pour une portion plus forte que la moitié (art. 1439).

Même décision pour la dot constituée en effets communs par la femme, autorisée de justice, en l'absence de son mari (art. 1427).

Que si l'un des époux a doté son enfant issu d'un autre lit, même en valeurs de communauté, le rapport ne se fera qu'à sa succession; car c'est lui seul qui, en définitive, se trouvera avoir contribué à la dot, puisqu'il doit récompenser la communauté des valeurs qu'elle a fournies (art. 1469). Si les deux époux se sont engagés personnellement pour cette constitution de dot, l'enfant ne rapporte à la succession de son auteur que la portion mise à la charge de celui-ci.

Sous le régime dotal, ou sous tout autre régime exclusif de communauté, le mari est seul donateur, encore qu'il ait constitué la dot pour droits paternels et maternels, et que la femme ait été présente au contrat, si elle n'a pas parlé personnellement (art. 1544, alinéa 2°).

Sans distinction de régime, la dot constituée par le survivant des époux pour biens paternels et maternels, sans spécifier les portions, ne se rapporte à la succession du constituant que pour la fraction qui n'aura pu être couverte par les droits de l'enfant dans les biens du conjoint prédécédé (art 1545).

Dans les donations avec substitution, les appelés tiennent les biens *a gravante, non a gravato*; c'est donc à la succession du disposant que se fera le rapport.

§ II. — *Position du renonçant.*

« L'héritier qui renonce à la succession peut cepen« dant retenir le don entre-vifs, ou réclamer le legs à « lui fait, jusqu'à concurrence de la portion disponi« ble. »—Tel est ce fameux art. 845, celle, peut-être, de toutes nos dispositions législatives, qui a donné lieu aux controverses les plus vives et aux oscillations de jurisprudence les remarquables. Et pourtant quoi de plus simple? La succession est dévolue à des réservataires ; l'un d'eux renonce ; il conserve la libéralité à lui faite par le *de cujus* ; il la conserve tout entière, si elle n'excède pas ce dont le *de cujus* pouvait disposer, ou, sinon, dans les limites de ce disponible seulement. Tel est le sens naturel, et même le seul sens de notre texte. D'autre part, à quel titre la gardera-t-il? Ce ne peut être que comme donataire, la renonciation (art. 785) lui ayant enlevé sa qualité d'héritier. Ainsi, comme tout autre donataire étranger à la succession, il n'a droit qu'à la portion disponible, ou à ce qui en reste déduction faite des libéralités antérieures; mais il ne peut, à aucun titre ni en aucune manière, prendre part dans la quotité indisponible, laquelle reste dans la succession et se distribue entre les réservataires acceptants. Telle est la première doctrine consacrée par la Cour suprême. (Cass. ch. civ. 18 février 1818, Aff. Laroque de Mons).

Ce système, conséquence nécessaire des principes, ainsi qu'on le verra plus loin, peut amener en pratique un regrettable résultat. Le père qui donne à un de ses enfants, sans clause de préciput, montre assez qu'il entend ne faire par là qu'un avancement d'hoirie, et garder intacte sa quotité disponible, avec le droit d'en disposer ultérieurement à son gré. Et pourtant, l'enfant, par sa renonciation, va déranger toutes les prévisions de son père, en absorbant, ou, tout au moins, en diminuant de beaucoup la portion disponible, et, par suite, en frappant d'une inefficacité totale ou partielle les libéralités postérieures. — Pour obvier à cet inconvénient, la jurisprudence imagina d'imputer d'abord la libéralité faite au renonçant sur la part qui lui serait revenue dans la réserve, et, subsidiairement seulement, sur la quotité disponible, dont une partie au moins était par là rendue libre. (En ce sens, Arrêts : ch. Req. 10 août 1829, Aff. Mourgues. — Ch. civ. 25 mars 1834, Aff. Castille).

— Ce système respectait la lettre de l'art. 845, puisqu'il limitait toujours au disponible le maximum de ce que le renonçant pouvait retenir de la sorte ; mais il s'écartait déjà des principes en cessant de faire une distinction nette et franche entre la portion disponible et la réserve, et en faisant figurer dans cette dernière les biens conservés par le renonçant, au moins dans les rapports des réservataires acceptants avec les légataires et donataires postérieurs. C'était bien, quoiqu'on en ait pu dire, un acheminement vers le troisième système, qui attribue franchement au renonçant le droit de garder une part dans la réserve, et de la cumuler avec la quotité disponible. C'est ce que décida la Cour de cassation par son arrêt du 17 mai 1843 (Aff. Leproust-Navereau), et par de nombreux arrêts postérieurs. Parmi les cours d'appel, les unes se rangèrent aussi à la doctrine du cumul, mais un grand nombre y résistèrent.

Pour la soutenir, il faut nécessairement admettre (et cela est écrit dans l'arrêt de 1843) que la réserve est attribuée au réservataire, en sa seule qualité d'enfants, *jure sanguinis*, indépendamment de la qualité d'héritier ; ou, tout au moins, lui permettre de la retenir par voie d'exception, si on ne lui reconnait pas le droit de la réclamer par voie d'action. C'était bien le système suivi, en matière de légitime, dans notre ancienne jurisprudence ; la légitime, même en droit coutumier, se calculait séparément pour chaque enfant; aucun d'eux ne pouvait plus se plaindre, dès l'instant qu'il en avait sa part individuelle; et, si quelqu'un négligeait de la réclamer, cela profitait aux donataires ou légataires, et non aux autres légitimaires. En sorte que, pour l'enfant donataire renonçant, vis-à-vis de ses frères et sœurs, tout est disponible, sauf la légitime des autres.

Mais tout indique que notre Code a abandonné la théorie de la légitime pour celle de la réserve coutumière, dont il reproduit les principes, en même temps qu'il en adopte le nom. Le législateur, en effet, ne procède pas par attribution individuelle, ni même par détermination directe de la réserve. Il se borne à assigner une limite maximum à la faculté de disposer à titre gratuit; le reste des biens, que le *de cujus* ne peut faire sortir de sa succession légitime, y demeure (ou y rentre par l'effet de la réduction) pour se partager entre ceux qui viennent à cette succession, mais entre ceux-là seulement, la part du renonçant accroissant aux réservataires acceptants. (Art. 913 et 915) (1).

On a voulu, dans le système que nous combattons, argumenter de l'article 924, aux termes duquel : « si la donation entre-vifs réductible a été faite à l'un des

(1) Mais ce n'est pas à dire, pour cela, que le renonçant compte pour le calcul de la réserve, comme l'a prétendu l'arrêt de 1818. C'est là une question controversée, dont notre système ne préjuge en aucune façon la solution. Les deux autres opinions, au contraire, la supposent forcément dans le sens de l'affirmative.

successibles, il pourra retenir, sur les biens donnés, la valeur de la portion *qui lui appartiendrait, comme héritier*, dans les biens non disponibles, s'ils sont de même nature. » *Qui lui appartiendrait, comme héritier*, c'est-à-dire *s'il était héritier*. Donc il n'est pas héritier ; donc il faudrait qu'il le fût pour *demander* la réserve ; donc il n'a pas besoin de l'être pour la *retenir* sur les biens qui lui ont été donnés.

Rien de plus fautif que cette dernière conclusion. La condition que renferme la rédaction de l'article tombe grammaticalement sur les mots « s'ils sont de la même nature », et non sur la circonstance que le successible n'aurait pas accepté la succession. Tout au contraire, le donataire est nécessairement supposé acceptant ; car, ce que l'on autorise à retenir, ce n'est pas la réserve, c'est la portion qui lui appartiendrait, comme héritier, dans les biens non disponibles ; or, pour retenir une portion *comme héritier*, il faut être héritier. L'art. 924 est étranger à notre sujet ; il suppose un successible avantagé par préciput et sujet à réduction, comme l'art. 866, et règle une question de partage, semblable à celle que tranche l'art. 859 dans l'hypothèse d'un rapport proprement dit. Il serait absurde, d'ailleurs, que l'on eût fait dépendre le sort de la question qui nous occupe d'une circonsaussi accessoire, aussi éventuelle, que celle de la différence ou de l'identité de nature entre les biens non disponibles et ceux donnés au successible.

On a tiré un argument plus spécieux de l'article 921. Puisque les créanciers héréditaires n'ont pas droit aux biens provenant de la réduction, c'est, a-t-on dit que ces biens ne font pas partie de l'hérédité, et que, par conséquent, le droit à la réserve est attaché à la seule qualité d'enfant ou d'ascendant et non à celle d'héritier. Car, si la réserve était ce que vous prétendez, la succession même, il serait inconséquent et injuste de refuser aux créanciers de cette succession le droit de se payer sur les biens que la réduction y fait rentrer. Cette objection se réfute en distinguant les droits qui passent du défunt à l'héritier, et ceux qui naissent dans la personne même de celui-ci, quoiqu'attachés à la qualité d'héritier; de ce nombre est le droit de demander la réduction des libéralités exagérées. Les biens retranchés ne rentrent pas dans la succession pour y devenir le gage commun des créanciers du défunt; pour eux, comme pour lui, ils en sont sortis définitivement; mais ils y rentrent à l'égard de l'héritier et de ses ayants cause; à ce titre, ils profiteront aussi aux créanciers du *de cujus*, devenus créanciers de l'héritier, à moins d'une acceptation bénéficiaire ou d'une séparation de patrimoines. Voilà tout le sens de l'art. 921; il est corrélatif à l'art. 857 et conçu dans le même esprit; si donc l'argument qu'on en tire était sérieux, l'art. 857 en fournirait un semblable contre le rapport, et l'on devrait dire, ce que pourtant personne n'admet: il suffit d'être le parent du *de cujus* pour avoir droit au rapport, car, s'il fallait être héritier, le rapport profiterait alors aux créanciers du défunt, ce que la loi défend.

On a insisté pourtant et l'on a dit : les demandeurs en réduction ne sont pas recevables à réclamer au-delà de leur part dans la réserve, car le renonçant peut leur tenir ce langage: si j'ai renoncé, c'est pour profiter de la donation ; j'aurais accepté, si la donation avait été faite à un étranger ; et, dans ce cas, j'aurais partagé avec vous la réserve. Votre condition est donc la même, soit que je renonce en retenant avec le don ma part de réserve, soit que j'accepte, le disponible étant pris par un étranger. Il vous suffit que votre part de réserve soit intacte. — Mais, pour que ce raisonnement fût concluant, il faudrait admettre deux sortes de réserves, l'une absolue et fixe, vis-à-vis de l'étranger, l'autre variable et relative, vis-à-vis des enfants. Mais jamais la loi n'a fait de distinction semblable ; la réserve est une ; la quotité disponible se calcule de la même manière en présence d'un successible et d'un étranger. (1)

Enfin, le système du cumul se condamne par ses propres résultats, c'est un encouragement funeste,

(1) Du reste, le système du cumul, à le supposer admis, doit s'appliquer également au successible légataire, qui pourrait en renonçant réclamer son legs jusqu'à concurrence et de la quotité disponible et de la réserve.

une prime donnée à la répudiation des successions. Le successible renonce ; il fait au défunt l'injure de ne pas vouloir être le continuateur de sa personne ; il laisse ses dettes non payées, sa mémoire entachée peut-être !.. ; et le voilà aussi avantagé que le donataire par préciput qui accepte ; plus avantagé même, car il n'aura pas à subir les charges héréditaires ni les ennuis d'un partage ! Est-ce bien en harmonie avec la volonté du défunt, qui, en définitive, n'a entendu faire qu'un avancement d'hoirie ?

Cependant notre système a été aussi, pour sa part, critiqué à ce dernier point de vue ; et ceci nous amène à l'examen du système intermédiaire, qui déclare les libéralités non préciputaires faites au successible renonçant, imputables en première ligne sur la réserve, et, subsidiairement seulement, sur la quotité disponible, lorsqu'elles excèdent la part du donataire dans la réserve. L'art. 845, ont dit MM. Aubry et Rau (sur Zach. t. v, § 684 *ter*, note 15) a pour unique objet de régler la position du renonçant vis-à-vis des héritiers acceptants. On le détourne de son but en y cherchant la solution du point de savoir quelle peut être l'influence de la renonciation du successible sur le sort des dispositions ultérieures faites par le défunt. Cette renonciation a bien pour effet de le dispenser du rapport vis-à-vis des autres héritiers ; mais elle n'empêche pas que le défunt, en disposant par avancement d'hoirie, n'ait, jusqu'à due concurrence, satisfait à l'obligation de laisser au réservataire une certaine portion de sa fortune, et n'enlève conséquemment pas, aux biens retenus ou réclamés par le renonçant, le caractère de biens donnés en avancement d'hoirie, ou à valoir sur la réserve, caractère qu'ils conservent dans l'intérêt des donataires ultérieurs ou des légataires. Ainsi, la renonciation du successible ne le place pas, *ipso facto*, dans la même position qu'un étranger avantagé. Ce qui le prouve, ce sont les mots « peut cependant retenir » de l'art. 845, qui indiquent évidemment une exception faite dans un esprit de faveur pour le successible renonçant. Et, comme cette exception ne consiste pas dans le montant de la retenue, puisque le disponible est le même pour le successible et pour l'étranger, il faut, de toute nécessité, qu'elle soit relative au droit même de retenir, à la qualité en vertu de laquelle a lieu cette retenue.

Ce système, comme celui du cumul, vient se heurter contre ce principe, que l'on ne peut avoir, en aucune manière, une part quelconque dans la réserve, sans être héritier ; et il encourt un reproche de plus, celui d'inconséquence, en ce que ses partisans, qui voient bien, comme nous, dans la réserve, la fraction indisponible de la succession *ab intestat*, permettent de participer à cette réserve, en l'absence de la qualité nécessaire pour venir à la succession. On viole en outre l'art. 845 dans son esprit, si l'on semble le respecter dans son texte. Il a, dit-on, pour objet, moins d'indiquer le caractère intrinsèque de la retenue, que d'en fixer le quantum ; en sorte que, dans cet article, dit M. Coin-Delisle (un des partisans de cette opinion), « la quotité disponible n'est pas ce que le « renonçant peut conserver, mais la mesure des biens « qu'il peut conserver, que ces biens soient d'ailleurs « disponibles ou non. » — Mais cette interprétation est insoutenable, en présence de la combinaison des art. 844 et 845. D'après l'art. 844, l'héritier acceptant ne peut retenir son don préciputaire que *jusqu'à concurrence de la quotité disponible.* Ici, personne ne conteste que ce ne soit sur la portion disponible réelle, et la seule vraie, que s'impute le don ; que ces mots, *jusqu'à concurrence de la quotité disponible*, indiquent non-seulement la mesure de la retenue, mais aussi la portion du patrimoine héréditaire sur laquelle elle doit s'effectuer. Comment veut-on que, dans l'article immédiatement suivant, les mêmes expressions aient un autre sens? Et qu'a pu vouloir dire la loi, sinon indiquer que le renonçant pourra, comme l'acceptant gratifié par préciput, prendre sur le disponible pour garder son don? Pour lui, la renonciation, comme la dispense pour l'acceptant, a écarté le rapport ; ils sont dans une position identique. Tout ce qu'indique le mot *cependant* de l'art. 845, c'est qu'on a voulu dispenser le renonçant du rapport, à la différence des coutumes de stricte égalité, et de la loi de Nivôse, sous la préoccupation de laquelle on se trouvait. Loin donc de prétendre favoriser le renonçant plus qu'un étranger, on a voulu simplement que sa situation ne fût pas pire.

On admet d'ailleurs, dans ce système, que l'avancement d'hoirie devrait s'imputer sur le disponible, si le successible avantagé était mort sans postérité avant le disposant. Pourquoi décider autrement dans l'hypothèse de la renonciation?

Mais prenez garde, disent encore MM. Aubry et Rau; en imputant le don du renonçant sur le disponible, vous allez permettre au successible avantagé de restreindre ou d'anéantir, au moyen d'une renonciation concertée avec ses cohéritiers, l'effet des dispositions ultérieures, que le défunt s'était réservé la faculté de faire, par cela même qu'il n'avait antérieurement disposé qu'en avancement d'hoirie. A cela, double réponse: 1° S'il y a fraude et collusion, les parties lésées pourront se faire restituer contre l'effet de cette renonciation concertée. — 2° Nous ne contestons pas l'inconvénient possible de notre doctrine; il en résulte, nous l'avons déjà dit, qu'il peut dépendre du successible avantagé, en dehors même de toute collusion, de dénaturer, par sa renonciation, le caractère de l'avantage qu'il a reçu. Mais des considérations d'équité ou d'opportunité ne sauraient suffire pour édifier un système qui répugne aux principes. Ce système, d'ailleurs, n'atteindra pas toujours son but d'une manière complète, puisque, si le don excède la part de réserve, il faudra toujours en venir à l'imputation sur le disponible ; en sorte que certaines libéralités pourront se trouver paralysées par le fait de la renonciation. Il y a plus : l'inconvénient qu'on nous reproche est la conséquence forcée de la loi elle-même ; car, depuis l'abandon du système des coutumes de stricte égalité, le caractère d'avancement d'hoirie reconnu aux libéralités faites à un successible, même avec cette qualification, a cessé d'être indélébile. Marcadé (sur l'art. 919, n° 4), pour obvier à ce résultat, enseigne que la donation faite au réservataire renonçant doit être réduite la première, et avant toutes celles faites, même postérieurement, soit par préciput à d'autres héritiers, soit à des étrangers ; parce que, si l'art. 845 lui permet de la garder, en transformant en titre de donataire son titre d'héritier, néanmoins le don, qui avait, comme avancement d'hoirie, la date du jour où il a été fait, n'a, comme don ordinaire, que la date du jour où il est devenu tel, c'est-à-dire la date de la renonciation. — Mais cet expédient est inacceptable. Il viole ouvertement l'art. 923 ; il est contraire à la règle de l'irrévocabilité des donations ; enfin il crée une sorte de libéralité qui, sans être franchement legs ni donation entre-vifs, rappelle presque la donation à cause de mort abolie par l'art. 893.

Il n'y a, suivant nous, qu'une seule ressource pour le *de cujus*; c'est de stipuler que la donation sera résolue si le donataire renonce à la succession; mais c'est à lui de prendre cette précaution.

En résumé, dans le système de l'arrêt de 1818, tout s'enchaîne d'une manière simple et rationnelle.

Le patrimoine du *de cujus* est un tout qui se divise en deux parts; la quotité réservée par la loi, la quotité disponible; mais, pour avoir droit à la première, il faut avoir la qualité qui serait nécessaire pour avoir droit au tout, si le défunt lui-même n'avait pas jugé à-propos de faire cette division de son patrimoine, c'est-à-dire la qualité d'héritier.

La donation faite au successible est réductible, comme toutes les autres, et dans le même ordre, quand la quotité disponible est épuisée; et la quotité disponible est une, la même pour les successibles que pour les étrangers. Le successible renonçant ne peut garder que ce disponible, « *comme un étranger pourrait le faire.* » Ces mots si expressifs qui se trouvaient dans le projet Jacqueminot (art. 154), et dans celui de la commission de l'an VIII (art. 160), furent retranchés comme superflus lors de la rédaction définitive, « le style des lois étant un style de disposition et non de comparaison » (Dalloz, v° succession, n° 1030); mais la comparaison n'en est pas moins exacte, et les principes restent les mêmes.

Dans les autres systèmes, au contraire, que d'arbitraire et de contradictions! Ainsi, certains arrêts admettent deux sortes de renonciations, ayant des effets différents ; celle de l'art. 785, et celle de l'art. 845. — D'autres disent que l'art. 845, comme les art. 843 et 844, ne s'occupe que du cas où tous les héritiers sont acceptants ; qu'il n'y a pas de renonciation, encore bien qu'il y ait certains effets de la renonciation. La cour de cassation, dans son arrêt de 1843, va même jusqu'à invoquer en sa faveur l'art. 919, qui pourtant n'attribue cumulativement la réserve et la quotité disponible qu'au donataire acceptant et gratifié par préciput. — Enfin, dans le système de l'imputation, un arrêt de Montpellier, du 19 novembre 1830, partant du caractère prétendu indélébile d'avancement d'hoirie, admet que la libéralité est résolue, si l'enfant donataire meurt sans postérité avant le donateur ; transformant ainsi, de son autorité privée, une donation simple en une donation conditionnelle avec stipulation d'un droit de retour.

Preuve évidente qu'on s'était écarté des vrais principes, proclamés par l'arrêt de 1818! La cour de cassation y est revenue, par son arrêt rendu toutes chambres réunies (affaire Lavial), le 27 novembre 1863 ; et la jurisprudence les a depuis consacrés à plusieurs reprises, d'accord en cela avec la presqu'unanimité des auteurs.

SECTION III

Malgré le concours des conditions développées ci-dessus, il n'y a pas lieu au rapport, si le *de cujus*, comme notre Code l'y autorise, en a dispensé le successible qu'il avantageait. Nous allons rechercher : 1° Dans quelle forme la volonté du *de cujus* à cet égard doit être manifestée. — 2° Les effets de cette dispense.

§ I. — *Forme de la dispense.*

Art. 843. — « L'héritier... ne peut retenir les dons, ni réclamer les legs à lui faits par le défunt, à moins que les dons et legs ne lui aient été faits expressément par préciput et hors part, ou avec dispense du rapport. »

Art. 919. — « La quotité disponible pourra être donnée, en tout ou en partie, soit par acte entre-vifs, soit par testament, aux enfants ou autres successibles du donateur, sans être sujette au rapport par le donataire ou le légataire venant à la succession, pourvu que la disposition ait été faite expressément à titre de préciput ou hors part. — La déclaration que le don ou le legs est à titre de préciput ou hors part pourra être faite, soit par l'acte qui contiendra la disposition, soit postérieurement dans la forme des dispositions entre-vifs ou testamentaires. »

Deux questions sont résolues par ces textes.

I. A quel moment et dans quel acte peut être édictée la dispense? — Elle peut être concomitante avec la libéralité; dans ce cas, on peut la consigner dans l'acte même qui contient cette dernière, encore qu'il ne soit pas revêtu des formes de la donation entre-vifs ou du testament, et qu'il s'agisse d'un avantage résultant d'une convention à titre onéreux. Du moment où la libéralité ainsi faite est valable, elle doit valoir tout entière, avec le caractère de préciput qui en est le complément.

La dispense peut encore être accordée postérieurement; mais alors, comme elle constitue une libéralité nouvelle, ce doit être dans un acte en forme de disposition entre-vifs ou de testament; on peut, d'ailleurs, employer l'une ou l'autre de ces formes, quelle que soit celle dans laquelle a été conçue la libéralité. La dispense participe, enfin, du caractère et des effets de l'acte qui la contient, notamment au point de vue de la révocabilité, et de la nécessité de l'acceptation du successible.

II. Comment doit être conçue la dispense? — La dernière partie de l'art. 843 est généralement interprétée comme les mots correspondants de la novelle 18 : « *Nisi expressim designaverit se velle non fieri collationem* », en prenant *expressim* pour synonyme de *evidenter*. Ainsi, la dispense du rapport ne se présume pas ; il faut que le *de cujus*, exprime, d'une manière non équivoque, sa volonté de l'établir. Cette condition est nécessaire, mais suffisante. Ainsi, on n'exige pas de clause spéciale, *ad hoc*. — La dispense peut être formelle ou virtuelle. — *Formelle* (et c'est le mode le plus sûr) ; le *de cujus* peut employer, séparément ou cumulativement, les termes de la loi : *avec dispense de rapport, par préciput, hors part* ; l'une ou l'autre de ces deux dernières formules suffirait (art. 919), bien que l'art. 843 les relie par la conjonctive *et* ; — ou toute autre expression équivalente ; car les termes de la loi n'ont rien de sacramentel, et ne sont qu'à titre d'exemple ; v. g. : « le donataire cumulera la libéralité avec sa part dans la succession. »

Virtuelle, quand elle résulte invinciblement du contexte ou de l'ensemble des dispositions contenues dans l'acte, ou de la nature même de cet acte. Tel serait, par exemple, le cas du legs fait à un successible, avec addition de la clause que le *surplus* des biens du *de cujus* sera partagé entre le légataire et les autres héritiers. Ainsi encore, l'un des héritiers a été chargé d'acquitter sur sa part les legs faits par le défunt, en totalité ou pour une portion plus forte que celle qui lui incombait d'après le droit commun ; s'il est constaté que le *de cujus* a entendu les lui faire supporter définitivement, et non pas simplement en mettre à sa charge l'exécution sauf recours contre ses cohéritiers, l'avantage qui en résulte pour ceux-ci est dispensé du rapport.

La disposition universelle au profit d'un des successibles implique virtuellement dispense du rapport, car elle est exclusive du partage, et, par suite, incompatible avec l'idée d'un rapport. Et il en serait ainsi, ajoute M. Demolombe, quand même les autres successibles pourraient réclamer, comme réservataires, une fraction de l'hérédité; car, d'une part, dans l'intention du défunt, leur exclusion était complète; et, d'autre part, ce n'est point par la voie d'une action en partage, mais par celle d'une action en réduction, qu'ils sont fondés à réclamer leur réserve.

On donne généralement la même décision pour le legs de la quotité disponible. Ici, pourtant, il peut y avoir doute, surtout si la quotité disponible est supérieure à ce que le successible aurait pu recueillir *ab intestat*. Peut-être le *de cujus* n'a-t-il voulu que lui assurer une part avantageuse, sans aller jusqu'à permettre le cumul. Aussi exigerions-nous, avec M. Demolombe, qu'il se trouvât d'autres éléments propres à révéler, chez le défunt, l'intention de faire une libéralité préciputaire.

La dispense de rapport doit être regardée comme implicitement inhérente aux libéralités résultant d'un partage d'ascendants; car, pour les biens compris dans cet acte, il n'y a plus lieu à nouveau partage;

et le rapport tendrait même à l'anéantissement de celui fait par l'ascendant, qui pourtant, aux termes de la loi, ne peut-être rescindé que pour lésion de plus du quart. — A celles faites avec clause de substitution fidéicommissaire. Quoi de plus incompatible avec l'obligation de rapporter l'objet donné, que celle de le conserver pour le rendre à ses enfants nés ou à naître? Et, grever d'autres biens, ne serait-ce pas tomber dans l'arbitraire? Mais si les appelés en étaient déjà investis, avant la mort du donateur, par le prédécès du grevé, ou de toute autre manière, il n'y aurait aucun motif pour les dispenser du rapport; car ils tiennent les biens *a gravante, non a gravato*.

Mais la dispense du rapport ne nous semble pas résulter suffisamment de la clause de retour en cas de prédécès du donataire, ni de la réserve d'usufruit au profit du donateur.

Dans les différentes espèces qui peuvent se présenter, la règle est toujours qu'il n'y a dispense qu'autant que l'obligation de rapporter serait inconciliable avec l'exécution de la disposition, telle que l'a entendue le *de cujus*. Le juge a nécessairement un large pouvoir d'appréciation; mais ce pouvoir n'irait pas jusqu'à lui permettre d'établir l'intention du défunt à l'aide des moyens de preuve ordinaires. Il faut que cette volonté se lise dans la disposition. Une déclaration de préciput purement verbale n'aurait aucun effet. La dispense ne pourrait pas non plus s'induire *uniquement* de circonstances extrinsèques. (Dem., t. III, n° 177 *bis*, II.).

— Mais ne résulte-t-elle pas des précautions prises par le *de cujus* pour dissimuler sa libéralité? En d'autres termes, les donations faites à personne interposée, ou déguisées sous l'apparence d'un contrat à titre onéreux, sont-elles par là même dispensées du rapport? Cette question ne peut se présenter qu'autant qu'on en suppose résolues deux autres. — Il faut : 1° En droit, qu'on admette la validité des donations déguisées ; validité reconnue d'une manière constante par la jurisprudence, mais contestée par une notable partie de la doctrine. — 2° En fait, que l'acte ait bien, au fond, le caractère d'une libéralité, et d'une libéralité faite au successible.

Ceci admis, certains auteurs résolvent affirmativement la question ci-dessus posée. — On a d'abord essayé de soutenir que les donations déguisées n'étaient pas comprises dans la règle de l'art. 843, qui oblige au rapport le successible avantagé. Il ne faut pas confondre les libéralités *indirectes*, dont parle cet article, avec les donations *dissimulées* comme il vient d'être dit. La loi elle-même (art. 1099) prend soin de les distinguer. Le mot *indirectement* de l'art. 843, s'applique aux avantages que le successible a retirés, ostensiblement et au grand jour, d'opérations dans lesquelles lui-même n'a pas été partie, comme la répudiation d'une succession en sa faveur, l'acquittement de ses dettes par le *de cujus*, etc.

On a senti, toutefois, le peu de solidité de ce terrain, et on a essayé d'autres arguments. L'acte simulé, a-t-on dit, doit être apprécié et exécuté *ut sonat*, avec les effets qui dérivent de la forme apparente que les parties lui ont attribuée, et sans qu'il y ait lieu de rechercher la nature véritable de l'opération. Une fin de non-recevoir s'élèverait contre qui voudrait soulever le voile, du moment où il ne recouvre aucune fraude à la loi ni aux droits des tiers; or, aucune question de capacité ou de disponibilité n'est en jeu; les cohéritiers eux-mêmes n'ont pas à se plaindre, puisque le donateur aurait pu dispenser ouvertement du rapport.

Le *de cujus*, d'ailleurs, en employant une forme qu'il savait exclusive du rapport, a très-énergiquement manifesté l'intention de faire un avantage préciputaire. Dans quel autre but aurait-il employé cette simulation? Il y aurait contradiction à permettre les libéralités déguisées, et à obliger le disposant à en dévoiler le véritable caractère par une dispense expresse de rapport. — Enfin, la loi elle-même applique ce système au cas d'interposition de personnes, dans les articles 847 et 849. Il faut généraliser cette décision; car c'est au fait même d'interposition, et non aux relations de parenté, qu'elle est attachée. De même, l'art. 918 voit, dans certaines opérations faites, en apparence à titre onéreux, avec des successibles directs, des libéralités, mais les déclare dispensées du rapport (Aubry et Rau, § 632, — Marcadé, sur l'art. 851).

Nous ne pouvons adhérer à ce système. L'explication donnée plus haut des art. 847 et 849 renverse l'appui qu'on a cru y trouver. Quant à l'art. 918, c'est une disposition exceptionnelle, dont il y aurait plutôt à tirer un *à contrario* qu'un *à pari*. L'opération prévue par ce texte a un caractère douteux ; la loi y voit une libéralité ; mais peut-être se trompe-t-elle ; peut-être est-ce bien un acte à titre onéreux, en conséquence, elle tempère, par une dispense de rapport, ce que sa présomption aurait de trop rigoureux dans cette dernière hypothèse.

La règle de l'art. 843 comprend tout ce qui a été donné, directement ou indirectement ; formule très-large, et ne laissant en dehors aucune libéralité. Si les avantages dont nous parlons ne sont pas directs (et comment le prétendre ?), ils rentrent nécessairement dans l'autre catégorie. Et, en effet, Pothier les citait précisément pour exemples d'avantages indirects. (Introd. à la cout. d'Orléans, tit. 17, n° 77).

L'art. 1099 a été diversement interprété ; on peut ne voir dans le second alinéa qu'une répétition, un développement du premier ; mais, la différence que nos adversaires ont voulu y voir existât-elle, ils auraient mauvaise grâce à s'en prévaloir contre nous, puisque, si le législateur distingue les libéralités déguisées des libéralités indirectes, c'est pour traiter plus rigoureusement les premières, et les annuler entièrement, tandis qu'il se borne à réduire les secondes aux limites du disponible.

Les art. 853 et 854 confirment notre manière de voir, puisqu'ils appellent *indirects*, et soumettent au rapport les avantages résultant d'un contrat à titre onéreux passé avec le successible. Il serait arbitraire de restreindre ces textes au cas d'avantage ostensible. En vain prétendrait-on, avec le système adverse, que les mots *sans fraude* de l'art. 854 signifient : sans fraude à la loi sur les réserves ; qu'il ne peut y avoir de fraude à la loi du rapport, dont le *de cujus* pouvait dispenser ouvertement. Nous répondrons qu'il faut entendre la loi *secundum subjectam materiam ;* qu'il s'agit ici du rapport, et non de la réduction ; et que les mots *sans fraude* de l'art. 854 n'ont d'autre sens que ceux de l'art. 853, *sans avantage indirect* (arg. tiré du mot *pareillement* qui relie les deux textes).

Quant à cette maxime, qu'il est permis de faire indirectement ce que l'on peut faire directement, à la supposer vraie, on nous concèdera bien qu'elle doit fléchir lorsque les règles méconnues n'étaient pas prescrites uniquement dans l'intérêt de la personne majeure et capable qui a fait l'acte ; or, c'est dans l'intérêt de ses héritiers que l'art. 843 exige une dispense expresse, c'est-à-dire une manifestation non équivoque de volonté, qui ne se rencontre pas ici, car on peut expliquer le détour pris par le disposant autrement que par l'intention de dispenser du rapport. Peut-être est-ce pour se soustraire aux reproches de sa famille, pour éviter des haines et des jalousies entre ses héritiers ; le plus souvent, ce sera pour diminuer les droits de mutation si considérables qu'entraînent les actes à titre gratuit. Il n'y a pas de contradiction à exiger une dispense expresse, qu'il pourra accorder, sans dévoiler le caractère de l'acte simulé, par une disposition séparée, que le successible n'invoquera que si on prétend le soumettre au rapport ; ou par voie de disposition testamentaire.

Mais il est impossible d'admettre une opinion intermédiaire, consacrée par la jurisprudence, et d'après laquelle le déguisement ou l'interposition de personne n'emporte pas forcément la dispense du rapport, mais en facilite la preuve, qui pourra résulter de présomptions tirées de circonstances étrangères à l'acte, et abandonnées à l'appréciation des tribunaux. Cette compromettante concession fait de cette doctrine, comme l'a dit M. Demolombe, l'alliée très-proche du premier système, bien qu'elle ne veuille pas aller aussi loin ; où l'autre voit une présomption légale, elle établit seulement une présomption simple. En cela elle est inconséquente : ou l'art. 843 s'applique aux donations déguisées, et il faudra exiger une dispense expresse, car, si ces donations sont dans la règle, on ne peut les en faire sortir que par l'exception prévue par la loi ; ou il ne s'y applique pas, et alors le fait seul de la dissimulation suffira pour les soustraire au rapport. Outre ce reproche d'inconséquence, on peut encore faire remarquer que le système de la jurisprudence accorde à l'acte simulé une faveur que n'aurait pas un acte sincère ; qu'il a le grand inconvénient pratique de multiplier les procès, et qu'il donne carrière aux incertitudes et à l'arbitraire des présomptions, que le législateur avait voulu prévenir.

Les mêmes discussions se reproduisent à propos des dons manuels ; nous déciderons comme tout à l'heure, et d'après les mêmes motifs, sans distinguer, comme on l'a proposé, entre les dons manuels occultes et les dons manuels patents (ceux-ci, du reste, sont, au premier chef, des libéralités directes) ; et sans nous arrêter à l'objection tirée de ce que les dons manuels ne laissent pas de traces, le donateur n'ayant pris aucun titre contre le successible. Cette allégation, présentée, lors de la discussion au Conseil d'État, pour écarter le rapport, l'a été à propos d'une autre hypothèse, et ne pourrait, dans tous les cas, avoir que la valeur d'une opinion individuelle.

§ II. — *Effets de la dispense.*

Elle produit un effet illimité et exclut complètement le rapport, quand il n'y a pas d'héritiers réservataires. Mais, dans l'hypothèse contraire, la réserve ne peut être entamée. « Dans le cas même où les dons et legs auraient été faits par préciput ou avec dispense du rapport, l'héritier venant à partage ne peut les retenir que jusqu'à concurrence de la quotité disponible ; l'excédant est sujet à rapport. » (Article 844). — Ces derniers mots ont été critiqués ; il s'agit ici, a-t-on dit, d'une réduction, et non d'un rapport (Dur., T. VII, n° 250. — Marc., sur l'article 844) ; ce qui le prouve, c'est que, pour cet excédant, on pourrait s'attaquer même à un successible renonçant ou à un donataire étranger. Nous croyons, cependant, que les termes de la loi peuvent se justifier ; dans les relations entre cohéritiers, c'est bien un rapport, la dispense ne s'étendant pas à ce qui dépasse le disponible. Nous appliquerons donc les règles de notre section, pour déterminer, notamment, de quelle manière se fera la remise de cet excédant (art. 859, 868, 869, etc.). Toutefois, si ces règles étaient insuffisantes pour leur garantir leur réserve, les héritiers pourraient recourir à celles de la réduction ; par exemple, à l'art. 930, qui leur permet de revendiquer le bien donné entre les mains d'un tiers acquéreur, droit que l'art. 860 leur refuse. (Demante, T. III, n° 178 *bis* II).

La dispense accordée après coup ne peut rétroagir au préjudice de droits acquis irrévocablement à des tiers, dans l'intervalle écoulé depuis la disposition. Ainsi, un père fait une donation par avancement d'hoirie à l'un de ses enfants, et, plus tard, une autre donation à un étranger. Si le fils accepte l'hérédité, le don à lui fait s'imputera sur la réserve, et l'étranger gardera le sien, s'il n'excède pas la quotité disponible. Plus tard, le père dispense son fils du rapport ; le disponible en sera-t-il diminué au préjudice de l'étranger ? Non ; la donation n'aura, en tant que préciputaire, d'autre date que celle de l'acte renfermant la dispense ; pour l'étranger, elle est toujours imputable sur la réserve.

Puisque le *de cujus* peut dispenser complétement du rapport, il peut, *a fortiori*, en modifier l'exécution, et dispenser seulement du rapport en nature.

CHAPITRE II.

A QUI EST DU LE RAPPORT.

L'art. 857, qui répond à cette question, contient deux décisions, dont l'une est le corollaire de l'autre.

I. — « Le rapport n'est dû que par le cohéritier à son cohéritier. »

Cette règle dérive du but même du rapport, qui tend au maintien de l'égalité entre tous les héritiers, mais seulement entre les héritiers. « Le rapport est dû à ceux qui le devraient. » (M. Demolombe). Il y a donc une corrélation intime entre les personnes qui y sont soumises, et celles qui peuvent l'exiger. Ainsi, peuvent exiger le rapport, et en profiter quand il a été effectué : tous les successeurs, réguliers ou irréguliers, mais appelés par la loi elle-même. Ainsi, notamment, l'enfant naturel est en droit d'exiger des autres enfants naturels, et même des parents légitimes avec lesquels il concourt, le rapport de ce qu'ils ont reçu du défunt ; autrement, cet enfant naturel n'aurait pas une fraction de ce qu'il aurait eu s'il eût été légitime, et l'art. 757 serait violé. — Et le rapport se fait, non pas seulement, comme en droit romain, à la souche ou à la branche à laquelle appartient le successible avantagé, mais à la succession tout entière, l'objet rapporté se répartissant comme le reste de la masse héréditaire. Ce qu'on exprime en disant que le rapport est dû individuellement à chaque cohéritier, *singuli a singulis*.

Pour avoir droit au rapport, il faut accepter, au moins bénéficiairement ; ainsi, il n'est dû ni au renonçant, ni au prédécédé, ni à l'indigne (corrélation avec l'art. 845). Toutefois, en cas de prédécès d'un des successibles, son droit au rapport est exercé, s'il y a lieu, par ses représentants (corrélation avec l'art.

848). — Mais l'héritier gratifié par préciput a droit au rapport, bien qu'il n'y soit pas lui-même soumis.

II. « Le rapport n'est pas dû aux légataires ni aux créanciers de la succession. »

1° Créanciers. — En ce qui les concerne, notre règle est sans application à l'égard des dispositions testamentaires. Le successible ne peut réclamer le legs à lui fait, que sur ce qui reste des biens du *de cujus*, après que les créanciers héréditaires ont été complétement désintéressés : *bona non intelliguntur, nisi deducto ære alieno.* Mais ce n'est pas à dire qu'il y ait, pour les créanciers, rapport de ce legs. Le même résultat se produirait dans des cas où il ne saurait être question de rapport ; comme s'il s'agissait d'un legs fait à un successible avec clause de préciput, à un renonçant, ou à un étranger. Cette caducité totale ou partielle des legs, en cas d'insuffisance de l'actif, tient à un principe indépendant de notre matière, et qui lui est supérieur, à savoir : que le patrimoine du *de cujus* forme, avant tout, le gage de ses créanciers, lesquels doivent être payés avant qu'on en puisse rien distraire à titre gratuit : *nemo liberalis, nisi liberatus.*

Mais la règle devient applicable quand il s'agit de biens donnés entre-vifs. Les créanciers du *de cujus* ne peuvent élever sur eux aucune prétention, lors même que les biens existants ne suffiraient pas à les désintéresser. Les choses ainsi aliénées étaient définitivement sorties, en effet, du domaine du débiteur, et, par suite, du gage de ses créanciers, qui n'ont pas plus de droits que lui (1). Et non-seulement ils ne peuvent en demander le rapport, mais ils ne peuvent même profiter de celui qui aurait été effectué à la demande des héritiers ; car, si ces choses font alors retour à la masse héréditaire, c'est dans l'intérêt des héritiers seulement. On a trouvé choquant, lors de la discussion au Conseil d'État, que ceux-ci pussent conserver des valeurs importantes provenant des biens du défunt, tandis que les créanciers n'étaient pas entièrement satisfaits. Ce résultat est cependant juridique et équitable. Les créances sont-elles postérieures à la donation ? Les créanciers n'ont pu compter sur un bien qui n'appartenait déjà plus au débiteur. Sont-elles antérieures ? Ils savaient qu'en suivant la foi du débiteur, ils le laissaient maître de diminuer leur gage, par des obligations nouvelles ou par des aliénations ; ils devaient prévoir cette éventualité, et s'abstenir, ou prendre des sûretés. Qu'ils n'imputent donc qu'à leur négligence le préjudice qu'ils éprouvent. Ils le subiraient également, si le donataire était un successible renonçant, ou un étranger ; qu'ont-ils, dès lors, à se plaindre ?

(1) Il faut excepter, bien entendu, le cas où l'aliénation pourrait être révoquée comme frauduleuse, et celui de l'hypothèque, qui permet au créancier de suivre le bien donné entre les mains du donataire.

— La prohibition de l'art. 857 n'a trait qu'aux créanciers *de la succession.* Quant aux créanciers *de l'héritier*, ils peuvent se faire payer sur les biens attribués à leur débiteur par l'effet du rapport, car ces biens font partie de leur gage ; ils peuvent même demander le rapport de son chef, s'il néglige de s'en prévaloir. Ce n'est point là un droit attaché à la personne (art. 1166). Cela est vrai, soit que l'héritier ait accepté purement et simplement, ou sous bénéfice d'inventaire ; et sans préjudice, en cas de renonciation, de la faculté qu'ont les créanciers de faire annuler cette renonciation comme frauduleuse, pour exercer, à la place du débiteur, tous les droits héréditaires, y compris le droit au rapport (art. 1167). Mais il est à remarquer que, par l'acceptation pure et simple, les créanciers du défunt entrent dans la catégorie des créanciers personnels de l'héritier. Il faut donc supposer, pour l'application de l'art. 857, que le patrimoine du défunt et celui de l'héritier forment deux masses distinctes ; ce qui arrive : 1° Dans le cas d'une acceptation bénéficiaire de la part de tous les héritiers, de plusieurs, ou de l'un d'eux seulement ; les créanciers n'auraient alors aucun droit sur ce qui serait rapporté à un héritier bénéficiaire par ses cohéritiers quelconques, non plus que sur la part d'un héritier bénéficiaire dans les objets rapportés par lui à ses cohéritiers. — 2° Lorsque les créanciers du défunt ont fait prononcer la séparation des patrimoines ; le droit de préférence qui en résulte pour eux, à l'encontre des créanciers de l'héritier, ne s'appliquera pas aux biens rapportés.

Mais, si le rapport ne peut pas profiter aux créanciers, par une juste réciprocité il ne doit pas non plus leur nuire. Une succession, comprenant 20,000 francs de biens existants et 20,000 francs de dettes, se trouve dévolue à deux héritiers, dont l'un a reçu 20,000 fr. en avancement d'hoirie, qu'il rapporte en moins prenant. L'autre prend à lui seul les 20,000 fr. laissés par le défunt ; pourra-t-il, argumentant du principe de la division des dettes (art. 873 et 1220), ne payer aux créanciers que 10,000 fr., et les renvoyer, pour le reste, au cohéritier donataire, contre lequel l'action demeurera illusoire s'il est insolvable ? Non, assurément ; la perte, s'il y en a une, doit tomber sur l'héritier, et non sur les créanciers. Ils trouvent de quoi se payer dans le patrimoine du débiteur, qui est leur gage ; leur situation ne peut être changée par les opérations du partage entre les cohéritiers. L'acceptation du donataire insolvable peut, d'ailleurs, avoir été concertée entre son cohéritier et lui, dans le seul but de nuire aux créanciers en faisant division dans les dettes ; il faut déjouer cette collusion si probable.

2° Légataires. — A — Ils n'ont pas droit au rapport des legs ; c'est-à-dire que l'héritier peut, à leur encontre, réclamer son legs, qui sera traité comme celui fait à toute autre personne. Si donc l'actif disponible est insuffisant pour solder toutes les dispositions testamentaires, y compris celle en faveur de l'héritier, chacune d'elle sera proportionnellement réduite (art. 926); la réduction frappera même le successible légataire, et il ne pourrait obtenir de préférence qu'en vertu d'une déclaration expresse du testateur (art. 927). Mais la valeur ainsi déterminée profitera-t-elle exclusivement au successible? Oui, s'il renonce, ou si le *de cujus* avait disposé par préciput; autrement, comme il en doit le rapport à ses cohéritiers, « le montant du legs ou du dividende « afférent à ce legs retombera dans la masse parta- « geable, dont il n'était fictivement sorti que pour « diminuer d'autant le droit des autres légataires. » (Demol., T. IV, n° 288. — Chabot, art. 857, n° 13.)

B. — Que les légataires n'aient pas droit au rapport des donations entre-vifs, c'est ce qui se justifie par les motifs donnés plus haut pour les créanciers; il y a même ici un *a fortiori*, puisque les légataires sont évidemment moins favorables. Si donc ils ne se trouvaient pas payés de leurs legs par les biens que le *de cujus* laisse à son décès, ils ne pourraient demander le surplus sur les biens sujets à rapport. Cette décision s'applique même à l'héritier légataire par préciput; il y a en lui deux qualités distinctes, qui produisent séparément leurs effets respectifs.

Mais il ne faut pas confondre ce point, avec celui de savoir comment se détermine la consistance même du legs, ce qui est très-souvent une question de fait et d'appréciation de la volonté du *de cujus*. — Parcourons quelques espèces.

Un père a donné entre-vifs à l'un de ses enfants une somme de 36,000 fr.; il lègue 30,000 fr. à un étranger, et meurt en laissant 24,000 fr. d'actif net. Les enfants pourront-ils dire au légataire: l'art. 857 vous refusant tout droit au rapport des dons entre-vifs, la succession ne se compose, à votre égard, que de 24,000 fr., dont le tiers, ou 8,000 fr., forme la quotité disponible, à laquelle se borne votre droit. — Une telle prétention serait inadmissible; il s'agit de réduire le legs à ce dont le défunt pouvait disposer; il faut donc se reporter à l'art. 922, qui veut qu'on réunisse, au moins fictivement, aux biens existants lors du décès du *de cujus*, ceux dont il a été disposé par donations entre-vifs, pour calculer sur le tout la quotité disponible. Les enfants ne peuvent non plus prétendre qu'elle soit, vis-à-vis du légataire, épuisée par le don fait à l'un d'eux. La réserve étant une part de la succession, c'est sur elle, et non sur le disponible, que l'héritier doit imputer tout ce qu'il recueille à titre héréditaire, et par conséquent le don en avancement d'hoirie, qui rentre dans l'hérédité par l'effet du rapport. Le légataire peut demander cette imputation sur la réserve; et, en cela, comme

le dit fort bien Marcadé, « il ne demande pas à s'at-
« tribuer les biens soumis au rapport ; il ne demande
« même pas que le rapport en soit fait ; il ne de-
« mande que son legs, et se contente de *faire re-*
« *marquer* à l'héritier, qui se plaint de n'avoir pas sa
« réserve, qu'elle existe réellement, et qu'il ne tient
« qu'à lui de se la procurer en demandant le rapport. »

Mais si, dans l'espèce de tout-à-l'heure, on supposait la donation de 45,000 fr., et l'actif net laissé au décès de 15,000 fr. seulement, bien que la quotité disponible soit encore de 20,000 fr., le légataire n'en pourrait demander que 15,000, sans quoi il se ferait payer sur des biens rapportés, ce que défend l'art. 857.

Concluons de ce qui précède que, si le défunt avait expressément légué sa quotité disponible, ou une fraction de cette quotité, il faudrait encore la calculer d'après les mêmes bases, en opérant la réunion *fictive* des biens donnés entre-vifs. Il est vrai que ce ne sont plus alors les réservataires qui invoquent l'art. 922, mais le légataire, pour déterminer la consistance de son legs. Il est vrai, encore, que l'art. 922 se trouve dans une section consacrée à la réduction ; mais il n'en doit pas moins s'appliquer à tous les cas où il s'agit de déterminer la quotité disponible, car c'est là son but direct et essentiel. Et comme la quotité disponible est une, il ne saurait y avoir qu'une seule manière de la calculer.

La jurisprudence, après avoir longtemps admis la doctrine contraire, s'est enfin ralliée au système qui vient d'être exposé (arrêt solennel de la cour de cassation, du 8 juillet 1826, aff. St-Arroman; et nombreux arrêts, tant de la cour suprême que des cours d'appel).

Soit maintenant un legs, non plus de la quotité disponible, mais d'une fraction comme un tiers, un quart; point de difficulté si le défunt a exprimé son intention, comme s'il a dit : « je lègue le quart de « mes biens, y compris ceux dont j'ai disposé entre- « vifs » ; ou, à l'inverse, « le quart de ceux qui « resteront à mon décès. » Mais s'il a dit simplement : « je lègue le quart de mes biens », sans spécifier davantage, c'est seulement sur les biens laissés au décès que ce quart se prendra ; 1° parce que le légataire n'a pas droit au rapport; 2° parce que, le *de cujus* ayant perdu tout droit sur les biens donnés, il est présumable qu'il n'a entendu parler que des biens non sortis de son patrimoine (Dem., t. III, n° 192 *bis* II.).

CHAPITRE III

OBJET DU RAPPORT.

Le rapport, en tant qu'il s'applique à des libéralités, peut avoir pour objet des avantages résultant d'actes entre-vifs ou testamentaires. — A ce dernier propos, nous avons déjà dit combien le rapport des legs s'explique difficilement dans notre droit actuel. Quoi qu'il en soit, la loi en formule la règle dans les termes les plus larges : « L'héritier ne peut réclamer les legs à lui faits par le défunt. » On ne distingue pas s'ils sont à titre universel ou particulier ; peu importe aussi qu'ils s'adressent ouvertement au successible, ou à un tiers chargé de les lui remettre ; que le successible soit légataire immédiat, ou qu'il vienne en vertu d'une substitution vulgaire ou fidéicommissaire. Nous reviendrons, du reste, dans le chapitre IV, sur la portée de ce rapport, et sur la manière de l'effectuer. Occupons-nous plus spécialement des avantages entre-vifs.

— « L'héritier... doit rapporter..., tout ce qu'il a reçu du défunt par donation entre-vifs, directement ou indirectement... » Ainsi, *tout* ce qu'on a reçu à titre de libéralité est rapportable ; de quelque nature que soient les biens donnés, meubles ou immeubles, corporels ou incorporels ; et quelle qu'en soit la valeur (arg. art. 960). — Il faut être *personnellement* gratifié ; il ne suffirait pas d'avoir profité d'une donation faite à un autre ; le mot *indirectement* s'applique au mode de donner, non à la manière dont on a profité du don.

Il faut avoir reçu *effectivement* ; car, rapporter, c'est rendre, et l'on ne peut rendre que ce que l'on a reçu. Pas de rapport donc, si la libéralité est restée sans exécution, soit par suite de l'insolvabilité du donateur, soit parce que le donataire a renoncé à en exiger le paiement ; soit, enfin, parce que la prescription s'est accomplie au profit du donateur. En vain les cohéritiers prétendraient que la prescription accomplie fait présumer le paiement. Que la prescription repose, oui ou non, sur une présomption légale de paiement, c'est ce que nous n'avons pas à recher-chercher ici ; là n'est pas, d'ailleurs, l'unique fondement de cette institution. Ce qu'il y a de certain, c'est qu'elle libère le débiteur, mais qu'elle ne peut avoir pour résultat de faire naître une créance ; donc le donataire n'a rien à rapporter, tant qu'on ne prouve pas directement contre lui qu'il a véritablement reçu (cass. 25 juillet 1853).

Mais peu importe le temps écoulé depuis l'exécution de la libéralité ; la prescription ne court pas contre les cohéritiers avant l'ouverture de la succession, puisque, jusque-là, le droit au rapport n'est pas encore né à leur profit.

Il faut avoir reçu *du défunt.* Cette proposition est la réciproque de l'art. 850, et fondée sur le même motif.—Le régime dotal fournit un exemple remarquable de l'application de cette règle. Un père a constitué à sa fille une dot de 50,000 fr. Dix ans s'écoulent depuis l'échéance des termes pris pour le paiement ; puis survient la séparation de biens, ou la dissolution du mariage. La femme peut répéter ces 50,000 fr. contre le mari (ou ses héritiers), sans qu'il les ait reçus de son beau-père, s'il ne justifie pas de diligences inutilement par lui faites pour s'en procurer le paiement (art. 1569). Mais elle n'en devra pas le rapport à la succession du constituant; car cette somme ne provient pas du patrimoine de ce dernier, et le successible n'a aucun compte à rendre de l'enrichissement qui ne s'est pas fait aux dépens de l'auteur commun. Ici, d'ailleurs, la cause de l'enrichissement est moins dans la constitution dotale, que dans la négligence du mari, qui l'a rendu responsable envers sa femme.

Il faudrait décider le contraire, si le mari ou ses héritiers se retournaient contre la succession du constituant, et qu'ils se fissent indemniser de la dot par eux payée à la femme. Si ce recours était impossible parce que la prescription se serait trouvée accomplie au profit du constituant, la perte retomberait en définitive sur le mari négligent, et la femme n'aurait rien à rapporter.

Quand ces diverses conditions concourent, il y a lieu au rapport, que la libéralité soit directe ou indirecte. Étudions successivement ces deux classes de libéralités; nous passerons ensuite aux fruits et intérêts des choses rapportables; enfin aux avantages que la loi dispense du rapport.

§ I. — *Libéralités directes.*

Ce sont celles qui se font *recta via*, c'est-à-dire, suivant l'opinion générale, qui résultent d'un acte passé entre le *de cujus* et le successible, dans le but principal et ostensible de gratifier celui-ci. Rentrent dans cette catégorie :

I. Les donations réunissant les conditions de forme et autres exigées par le chapitre IV du titre II du livre III. — Pas de difficulté pour les donations entre-vifs ordinaires. *Quid* des donations dites rémunératoires et onéreuses ? On a déjà signalé les controverses qui s'élevaient à cet égard dans l'ancien droit. M. Demolombe, reproduisant la théorie de Lebrun, n'y voit une donation véritable et n'exige le rapport que pour l'excédant de la valeur de l'objet donné sur celle des charges imposées au donataire, ou des services par lui rendus, pourvu que ces services soient établis et pécuniairement appréciables. D'autres, avec plus de raison, rejettent cette distinction : les actes dont il s'agit sont bien des donations; le Code le reconnaît lui-même. D'une part, l'art. 960 soumet à la révocation, pour cause de survenance d'enfants, les donations rémunératoires ; il les y soumet pour le tout, et non pas seulement pour ce qui excède la valeur des services ; car c'est précisément pour la partie qui pouvait être considérée comme l'équivalent des services, que le doute était possible et qu'il fallait s'expliquer ; limitée à l'excédant, la disposition serait superflue. D'autre part, les art. 953, 954, 956 parlent de *donations* révoquées pour inexécution des *conditions*, c'est-à-dire des *charges*. — Il y a donc lieu au rapport pour le tout (art. 843), sauf indemnité au donataire, à raison des charges acquittées, ou des services rendus, s'ils sont tels qu'ils puissent obliger le donateur. En prenant la voie de la donation, celui-ci devait en prévoir les conséquences ; s'il voulait reconnaître les bons offices du donataire, que ne disposait-il par préciput ? Enfin, on évite de la sorte les difficultés d'appréciation qu'entraîne le premier système (Chabot, sur l'art. 843, n° 13. — Dur., t. VII, n° 314). — Nous écarterions toutefois le rapport, en ce qui touche les donations onéreuses, si la charge consistait dans le paiement d'une somme ou la dation d'une chose représentant, ou à peu près, la valeur de l'objet donné ; l'acte alors n'a de libéralité que le nom; c'est, au fond, une vente ou un échange.

Les mêmes règles s'appliqueraient aux legs rémunératoires.

Les donations par contrat de mariage, ou en faveur du mariage, sont certainement rapportables ; l'art. 1090 ne les soumet pourtant qu'à la réduction, mais les art. 851 et 1573 détruisent l'argument *à contrario* qu'on aurait pu tirer de ce texte.

II. Les libéralités mobilières qui s'effectuent par la seule tradition, ou dons manuels. — Les règles sont les mêmes, qu'ils soient ostensibles ou occultes; mais ces derniers constitueraient des libéralités indirectes.

Le projet de Cambacérès les dispensait du rapport, quand ils n'excédaient pas 2,000 fr. Le Code n'a fait aucune distinction suivant la valeur de l'objet donné; du moins, il n'a point fixé de minimum précis, et avec raison, puisque l'importance relative du don peut varier, à l'infini, avec la fortune et la condition de chacun. Il n'y a d'autre limite que celle de l'art. 852; c'est au juge à voir si la donation ne rentre pas dans la catégorie des présents d'usage.

Mais comment établira-t-on l'existence du don manuel? Très-souvent il n'en reste aucune trace, et la mention même que le défunt en aurait faite sur ses registres ne formerait pas preuve contre le successible (arg. art. 1331). Mais les cohéritiers auront la ressource de la preuve testimoniale et des présomptions de l'homme, même au dessus de 150 fr.; car il n'a pas dépendu d'eux de se procurer une preuve écrite. Ils pourront aussi faire interroger le donataire sur faits et articles, pour obtenir son aveu, ou lui déférer le serment.

III. La remise de dette, totale ou partielle, consentie par le *de cujus* à son successible, et résultant, soit d'une décharge passée dans la forme des donations entre-vifs, soit de la remise ou de la suppression du titre. Elle aura pour résultat de transformer, au moins pour la partie de la créance qu'elle éteint, en rapport de libéralité, ce qui aurait été un rapport de dette. On verra plus loin tout l'intérêt de cette distinction.

§ 2. — *Libéralités indirectes.*

Il est impossible de passer en revue toutes les opérations d'où il peut résulter des avantages de ce genre. Nous en avons déjà examiné un certain nombre dans nos explications sur l'ancien droit, et nous n'aurons plus à y revenir. Disons seulement qu'il y a lieu au rapport, quand ces trois conditions concourent : appauvrissement du *de cujus*, enrichissement du successible, intention chez le premier de gratifier le second. Ceci peut se produire : A, ou par un acte auquel le successible est resté étranger ; B, ou par un acte intervenu entre lui et le *de cujus*.

A. — Dans cette catégorie se placent les renonciations à des droits acquis. — Le *de cujus* répudie un legs dont un de ses successibles était grevé envers lui ; il renonce à une hérédité ou à un legs auquel ce successible est appelé concurremment avec lui, ou à son défaut. Une mère remariée renonce à la communauté d'entre elle et son premier mari, pour gratifier ses enfants du premier lit ; ou *vice versâ*. L'avantage ainsi procuré à certains successibles, par voie de caducité, de dévolution ou d'accroissement, est-il rapportable? On connait les controverses soulevées sur ces différents points dans l'ancien droit. Lebrun répondait affirmativement, pour la renonciation à une succession ou à un legs; négativement, pour la renonciation à une communauté. Pothier, qui avait d'abord résolu négativement les deux hypothèses, inclina plus tard, pour la seconde, vers une réponse affirmative. On est d'accord, aujourd'hui, pour rejeter ces distinctions, plus subtiles que fondées. Nous pensons, avec la majorité des auteurs, qu'il faut admettre le rapport dans tous ces cas. On a dit, il est vrai, pour l'écarter, que, la renonciation ayant effacé la personne du renonçant, qui est censé n'avoir jamais été héritier, légataire, commun en biens, celui qui en profite ne reçoit rien du renonçant, et tient le tout de l'auteur commun. Exact pour le droit romain, dont les souvenirs ont ici mal à-propos influencé Pothier, ce point de vue ne l'est plus aujourd'hui. L'appelé a un droit entré dans son patrimoine, indépendamment de toute acceptation; en renonçant, il l'abdique; il diminue donc son patrimoine, et ne néglige pas seulement de l'augmenter; cela est incontestable, malgré l'effet rétroactif attaché à la renonciation. On objecte que le bénéficiaire de la renonciation arrive en vertu d'un droit personnel; mais c'est précisément la renonciation qui a donné ouverture et efficacité à cette vocation personnelle, en faisant disparaître une vocation rivale qui la paralysait ; et, si elle a été dictée par le désir d'avantager le successible, tous les caractères constitutifs d'une libéralité indirecte se trouvent réunis. Il y a présomption grave que tel a été le mobile du renonçant, si la succession ou la communauté était liquide et opulente. Ce sera d'ailleurs une question de fait et d'appréciation (comp. Dur., t. VII, nos 345 et suiv. — Dem., t. III, no 187 *bis* II. — Demol. t. IV, nos 331 et suiv.)

Même décision pour l'espèce d'une femme qui, ayant stipulé le droit de reprendre ses apports en renonçant, accepterait une communauté notoirement mauvaise, en vue de favoriser quelques-uns de ses enfants au préjudice de ceux d'un autre lit.

— Les impenses faites par le *de cujus*, de ses deniers, sur un fonds du successible, constituent aussi un avantage rapportable, jusqu'à concurrence de la plus-value produite. — Il en faut dire autant de tous les cas dans lesquels le *de cujus* a utilement géré l'affaire de son successible. Il y a lieu au rapport à titre de donation ou de dette, suivant l'intention du défunt. Par exemple : le père achète un bien au nom d'un de ses enfants, et le paie de ses propres deniers ; on ne peut plus appliquer aujourd'hui la loi 18, C. *fam. ercisc.*, qui voyait dans cette opération une libéralité préciputaire. L'enfant, sans doute, ne peut pas être forcé de prendre l'acquisition pour son compte ;

mais, s'il la ratifie, il rapportera, comme dans l'ancien droit, non pas le bien lui-même, mais la somme employée à l'acquisition.

— D'autres fois, l'avantage résulte d'actes intervenus entre le *de cujus* et un tiers. Nous citerons comme exemples :

1° La stipulation au profit du successible, dans les termes de l'art. 1121.

2° Le cautionnement du successible par son auteur, lorsque ce cautionnement subsiste encore au moment de l'ouverture de la succession, et qu'il n'a pas obligé le *de cujus* à payer la dette, sans quoi on tomberait dans le cas de l'art. 851. — Ici, l'avantage consiste dans le crédit procuré au successible aux dépens du *de cujus*, qui s'expose à des avances, d'un recouvrement toujours plus ou moins incertain. Ce successible ne peut venir à partage qu'en procurant à la succession sa décharge. — Si le cautionnement, comme il arrive quelquefois, était intervenu dans l'intérêt du créancier, c'est lui qui devrait le rapport, s'il était sucessible.

3° Le paiement d'une dette du successible par le *de cujus*.

Trois conditions doivent concourir. — a. — Le paiement doit avoir eu lieu *animo donandi*, sans quoi ce serait le rapport d'une dette, ce dont nous n'avons pas maintenant à nous occuper. — b. — Il faut que ce soit la dette du successible, et non une dette du défunt, comme le serait celle de dommages-intérêts incombant au père, civilement responsable des délits de son enfant mineur (article 1384), si celui-ci n'était pas encore d'âge à encourir lui-même, comme *doli capax*, la responsabilité de ses actes (art. 1310). — c. — Il faut que le paiement ait été utile. Si la dette n'était pas de nature à donner une action contre le successible (dette prescrite, ou reposant sur un titre nul, dette naturelle, dette de jeu ou de pari), on décide généralement qu'il n'y a pas lieu au rapport, si le successible était majeur. Le paiement, quand il s'est effectué, bien entendu, sans mandat ni aveu de sa part, ne lui a procuré aucun avantage, puisqu'il ne redoutait aucune poursuite; et il ne peut dépendre du *de cujus* de l'obliger à acquitter, malgré lui, une dette de cette nature.

S'il s'agit d'un successible mineur, les avis sont partagés. En laissant de côté les travaux préparatoires, qui, quoi qu'on en ait dit, ne sont guère concluants, et où chaque opinion trouve un appui, il nous semble que les principes doivent conduire à la même décision que tout-à-l'heure. En vain les partisans du rapport objectent qu'il ne faut pas que la famille entière puisse être ruinée par les prodigalités de l'un des enfants, et qu'il importe, au contraire, de les contenir par l'obligation du rapport; que, d'ailleurs, la crainte de ruiner son fils empêchera toujours le père de payer légèrement. A ces considérations, toutes de fait, nous répondrons que le mineur ne peut pas être de pire condition que le majeur, lequel, on vient de le voir, ne serait tenu d'aucun rapport ; que l'art. 851 ne contient pas le moindre indice d'une si importante distinction ; qu'enfin, décider comme nos adversaires, c'est permettre au père, suivant son bon plaisir, de priver le mineur de la protection que les lois avaient voulu lui assurer, en frappant d'annulabilité les engagements par lui contractés. Dira-t-on que c'est à titre de prêt que le rapport sera dû ? Mais le *de cujus*, même en se faisant subroger, ne peut acquérir d'autres droits que ceux du prétendu créancier, et il pourrait se voir opposer les mêmes exceptions. — On a proposé, dans une troisième opinion, de laisser au juge le soin d'apprécier, eu égard aux circonstances, si le rapport doit ou non avoir lieu. Ce système a l'inconvénient d'abandonner beaucoup à l'arbitraire. Il faudrait, pour admettre le rapport, que le paiement eût constitué un acte d'utile gestion ; comme si, par exemple, il avait eu lieu pour prévenir un éclat fâcheux, des poursuites correctionnelles, etc. La preuve de l'utilité de la gestion serait à la charge de ceux qui demandent le rapport.

Mais, du moment où la dette acquittée est civilement obligatoire, peu importent son origine et son importance. Ainsi une dette d'intérêts, d'arrérages, de fermages ou de loyers, donnerait lieu au rapport ; car, quoiqu'un don de jouissance ne soit pas un avantage rapportable (art. 856), les sommes déboursées dans ces différents cas par le *de cujus* constituent, pour lui, des capitaux (arg. art. 1155).

La somme dépensée, fût-ce même par le père, pour exonérer le successible du service militaire, est généralement considérée comme rapportable ; et avec raison, puisque le service militaire est une dette personnelle de l'enfant ; et il n'y a pas à distinguer si l'enfant était mineur ou majeur au moment de l'exonération ; ou si la somme est modique relativement à la fortune du défunt, comme le propose Marcadé (sur l'art. 852, n° III). Même solution pour les sommes payées d'avance à une compagnie d'assurance, quand même le fils tirerait ensuite un numéro qui le mît en dehors du contingent ; car il n'y en a pas moins eu, *ab initio*, utile gestion. Nous ne reconnaîtrions d'exception que s'il était prouvé (et ce serait au successible à faire cette preuve), qu'on l'a racheté principalement dans l'intérêt de la famille, à laquelle son travail pouvait être utile. En ce cas, il a d'ailleurs compensé, peut-être au-delà, par ses services, la somme déboursée pour lui.

— L'art. 851 nous dit aussi que le rapport est dû « de ce qui a été employé pour l'établissement de l'un des cohéritiers. » Il ne s'agit pas seulement de l'établissement par mariage et de la constitution de dot, mais de tout ce qui a été fait pour procurer au successible une carrière ; par exemple, l'achat d'un office vénal, comme d'une charge de notaire, avoué ou autre ; d'un fonds de commerce, etc. On y comprendra aussi les frais accessoires qui en forment le complément, comme l'achat des instruments nécessaires à l'exercice de la profession; d'une bibliothèque de jurisprudence ou de médecine, à un enfant qui s'établit avocat ou médecin. Mais il faut, bien entendu, que ces frais, par leur nature et leur modicité, n'aient pas le caractère de frais d'étude ou de présents d'usage.

Il y aurait également lieu au rapport, si le *de cujus*, revêtu d'une de ces charges pour lesquelles la loi du 28 avril 1816 (art. 91) reconnaît le droit de présenter un successeur à l'agrément du gouvernement, donnait sa démission en faveur d'un de ses successibles, même s'il s'agissait d'une démission forcée. *Secus* dans le cas où le successible aurait été nommé à l'office devenu vacant par la destitution de son auteur, destitution qui enlève à celui-ci le droit de présentation qui était dans son patrimoine, en sorte que c'est de la puissance publique seule que le successible tient l'office.

Pour une raison semblable, pas de rapport lorsque, en vue de lui procurer une collocation, le *de cujus* s'est démis d'une fonction à l'égard de laquelle le droit de présentation n'existe pas ; quand même il s'agirait d'une fonction inamovible, qu'il pouvait espérer remplir longtemps encore.

Quelqu'avantage que le successible ait retiré de là, c'est à la nomination et à l'investiture émanées du gouvernement qu'il le doit; le *de cujus* ne lui a rien transmis de son patrimoine, puisque ces sortes de charges sont, de tous points, *extra bona*.

4° La donation faite à une tierce personne, chargée d'en remettre le montant au successible. — Les intéressés pourront établir, par tous les moyens de droit, que le successible est le véritable donataire. Le lien de parenté qui l'unirait au donataire apparent pourrait être un indice; mais l'art. 911 (voir aussi l'art. 1100), qui présume l'interposition quand la libéralité a été faite aux père et mère, descendants ou conjoint d'une personne incapable de recevoir, est ici sans application, les présomptions légales ne pouvant se suppléer par analogie.

B. — I. — Parmi les avantages indirects résultant d'opérations auxquelles le successible a été partie, il faut comprendre toutes les libéralités faites d'une manière occulte, les dons manuels cachés, les remises de dettes dissimulées sous formes de quittances, et, en général, tous les avantages déguisés sous l'apparence d'un contrat à titre onéreux; comme si le *de cujus* avait vendu à son successible un immeuble moyennant un prix fictif, qu'on serait convenu de ne pas exiger, ou dont l'acte même contiendrait décharge quoiqu'il n'ait pas été versé, ou qu'il ne l'ait été qu'en partie. Comme dans l'ancien droit, et à plus forte raison, puisque le défunt peut écarter l'application du rapport, la présomption est en faveur de la sincérité de l'acte, et c'est à celui qui l'accuse de simulation à fournir la preuve de ce qu'il avance. Il faut le décider ainsi, sous peine de rendre impossible tout contrat entre le successible et son auteur, car il n'en est aucun qui ne puisse couvrir une libéralité. La loi ne déroge à ce principe que dans le cas de l'art. 918; mais nous avons déjà vu que c'est une disposition exceptionnelle, ne devant pas tirer à conséquence.

II. — Il peut arriver que le contrat à titre onéreux soit sérieux et sincère, et, néanmoins, qu'il en résulte un avantage pour le successible. L'art. 853 dit, à ce sujet, « qu'il n'est pas dû de rapport pour les « profits que l'héritier a pu retirer de conventions « passées avec le défunt, si ces conventions ne pré- « sentaient aucun avantage indirect lorsqu'elles ont « été faites »; c'est-à-dire si les profits, quelque considérables qu'ils soient d'ailleurs, sont de ceux que peut amener le jeu régulier et ordinaire d'un contrat à titre onéreux; par exemple, un simple bon marché dans une vente, l'accroissement de valeur survenu plus tard à l'objet vendu, les bénéfices retirés d'une association qui a prospéré (si le successible a réalisé l'apport promis).

Dans ces différents cas, ce n'est pas aux dépens du défunt que le successible s'est enrichi; ses bénéfices sont le résultat de circonstances heureuses, le fruit de son industrie ou de ses capitaux. Il pouvait perdre à la convention, et il aurait supporté seul la perte ; il est juste, dès lors, que le gain lui profite exclusivement.

Enfin, l'égalité absolue dans les contrats est presqu'impossible : l'exiger entre le successible et son auteur, c'eût été, au fond, leur défendre de contracter ensemble. Du moment où l'on reconnaissait la validité de ces conventions, il fallait les admettre avec leurs conséquences normales et régulières, et les exécuter comme si elles étaient intervenues entre étrangers.

Tout ce qui précède s'applique, en principe, au contrat de société : « Pareillement, il n'est pas dû de « rapport pour les associations faites sans fraude « entre le défunt et l'un de ses héritiers. » (art. 854). *Sans fraude*, c'est-à-dire sans avantage indirect. Nous persistons dans l'interprétation déjà donnée plus haut. C'est, en d'autres termes, la reproduction de l'art. 853; le mot *pareillement*, qui relie ces deux textes, indique, jusqu'à l'évidence, qu'ils sont conçus dans le même ordre d'idées, quoique le législateur, dans un simple intérêt de style, ait voulu varier les formules.

Il faut donc qu'au moment où l'association intervient, elle ne contienne aucun avantage indirect; c'est-à-dire, suivant les expressions de Chabot, « qu'on associe un héritier aux mêmes conditions

« qu'un étranger ; qu'on ne le fasse participer aux « bénéfices qu'à partir du moment de l'association, « et qu'on l'admette seulement à courir les chances « souvent incertaines de la société... » — S'il y a des bénéfices à faire dans la société, pourquoi ne serait-il pas loisible au *de cujus* d'y admettre son successible, en qui il doit avoir plus de confiance qu'en un étranger ?

Toutefois, comme le contrat de société peut servir, plus aisément que tout autre, à couvrir des avantages indirects, l'art. 854 exige que « les conditions en aient été réglées par un acte authentique. » On a voulu par là : 1° Assurer au contrat une date certaine ; on aurait pu, au moyen d'une antidate, faire jouir l'héritier présomptif des bénéfices d'une affaire déjà terminée. 2° Empêcher les suppressions ou modifications, et faire en sorte que l'acte pût toujours être consulté, au besoin, dans toutes ses clauses, par ceux qui auraient intérêt à le critiquer.

L'acte sous-seing privé enregistré n'aurait pas atteint ce second résultat.—Et il ne suffirait même pas, lorsque la société est commerciale, qu'on se fût conformé aux prescriptions des art. 42 et 43 C. com., où il n'est question que de publications par extraits, et qui n'assurent pas aux intéressés la représentation de l'acte intégral, qu'il doit toujours leur être loisible de consulter. (Demol., T. IV, n° 370. — *Contra*, Marcadé, sur l'art. 854).— L'art. 854 est, d'ailleurs, général, et applicable même aux sociétés civiles et à celles en participation, que la loi n'assujettit à aucune forme (art. 1834 C. Nap.; 49 et 50, C. com.) : *specialia generalibus derogant.*

En l'absence de l'acte authentique exigé par la loi, il y a présomption légale d'avantage indirect; et, croyons-nous, malgré l'opinion de MM. Marcadé et Demante, présomption absolue, qui ne pourrait être combattue par aucune preuve contraire. Les bénéfices recueillis par le successible seront donc toujours rapportables. Cela sera rigoureux, sans doute, dans bien des cas; mais pourquoi les parties ne se sont-elles pas mises en règle? Le seul tempérament qu'on puisse apporter, c'est d'allouer au successible une indemnité, pour les services qu'il aura rendus réellement à la société.

— Mais l'opération peut contenir, au moment de sa conclusion, un avantage pour le successible. Celui-ci en devra-t-il le rapport? Il y a là une question de fait, laissée à l'appréciation du juge. Pour une vente, par exemple, il faudrait que le prix fût assez inférieur pour qu'on ne pût y voir un simple bon marché; mais il n'y aurait pas besoin que la différence avec le juste prix fût de plus des 7/12, comme celle qui donne ouverture à la rescision pour lésion (art. 1674). Certaines circonstances, une offre supérieure refusée, une expertise, etc., pourront guider dans cette appréciation.

Pour une société, l'avantage consistera dans l'admission à des profits déjà réalisés, dans l'attribution d'une part égale correspondant à un apport inférieur, etc. *Quid* en pareil cas? La convention doit-elle tomber tout entière, ou être maintenue, défalcation faite des avantages? Les art. 853 et 854 ne sont pas très-explicites sur ce point; on pense généralement que c'est au juge à statuer en fait, d'après les circonstances; on recherchera surtout si l'intention dominante du disposant était de faire, d'une manière occulte ou ostensible, une libéralité, ou si l'avantage n'a été que l'accessoire du contrat. Au premier cas seulement, il faudrait faire tomber la convention elle-même; et on apportera d'autant plus de circonspection à le faire, qu'en général les actes doivent être interprétés *potius ut valeant quam ut pereant*, et que le but est atteint dès que le successible rapporte ce dont il a profité.

On a vu les controverses soulevées autrefois au sujet de la vente d'un immeuble à vil prix. On suit aujourd'hui, communément, la distinction de Nératius et de Lebrun, combinée avec l'art. 866. Si donc le prix stipulé n'atteint pas la moitié de la valeur réelle, le bien lui-même est rapportable, sauf à faire raison au successible de ce qu'il aurait réellement payé. S'il est supérieur à cette moitié, le successible ne rapporte que le supplément du juste prix.

§ III. — *Avantages dispensés du rapport.*

1.— « Les fruits et les intérêts des choses sujettes à « rapport ne sont dûs qu'à compter du jour de l'ou« verture de la succession » (art. 856) ; donc, ceux perçus pendant la vie du donateur ne seront point rapportés. On part de cette idée que, si le disposant avait gardé la chose ou la somme donnée, il n'en aurait pas capitalisé les revenus, et que le successible les a lui-même consommés au fur et à mesure, *lautius vivendo.* L'obliger à les restituer, ce serait lui causer un grave préjudice, et le ruiner peut-être. Sans cette exemption, le *de cujus*, en donnant sans clause de préciput, aurait fait une chose absolument inutile ; bien plus, cette prétendue libéralité ne serait pour le successible qu'un dépôt dangereux, l'obligeant à garder l'objet donné, et à en accumuler les fruits, sans profit aucun. Aussi croyons-nous que le *de cujus* ne pourrait, par un acte postérieur et sans le consentement de son successible, lui imposer une telle charge.

Nous appliquerons, par analogie, les dispositions qui règlent la manière dont l'usufruitier gagne les fruits naturels ou civils, pour déterminer l'étendue de l'exemption dont il s'agit.

Elle comprend l'intérêt des deniers, les fruits naturels ou civils des meubles et immeubles, les arrérages des rentes ; peu importe que le débi-rentier soit un tiers, ou le défunt lui-même. — Pas de difficulté pour les rentes perpétuelles, puisque la perception des arrérages laisse le capital intact. Pour une rente viagère, les arrérages constituent, en réalité, non-seulement l'intérêt, mais encore un remboursement partiel et successif du capital. Néanmoins, l'article 588 les considère comme de simples fruits civils.

Le successible, auquel le défunt a constitué sur son propre fonds un usufruit, ou cédé celui qu'il avait sur le fonds d'un tiers, garde aussi les fruits produits par le bien sur lequel porte ce droit, car ce sont les revenus du droit d'usufruit lui-même (art. 1568). Par la même raison, pas de rapport pour la renonciation du *de cujus* à un usufruit qu'il avait sur un bien appartenant au successible ; — ni pour l'avantage que celui-ci a retiré d'un commodat ou d'un prêt de consommation gratuit à lui consenti par le défunt, car cet avantage ne consiste que dans la jouissance de l'objet prêté ; seulement, cette jouissance devra cesser à la mort du *de cujus* ; d'où l'obligation d'une restitution immédiate, avec intérêts en cas de retard.

Dans ces différents cas, il y a un objet principal de la donation, et des fruits produits par cet objet ; mais *quid* si la libéralité porte *directement* sur des revenus ? Par exemple : le *de cujus* a fourni à son successible des pensions, des prestations périodiques, sans détermination de capital ; il lui a concédé la jouissance d'un immeuble, sans constituer un usufruit. Ici nous ne sommes plus dans les termes de l'article 856. Il faudra, pour déterminer l'étendue du rapport, consulter les circonstances, l'intention probable du *de cujus*, et la naturé de la donation au regard du successible. Ainsi, pas de rapport pour une pension alimentaire (arg. art. 852); pour les fruits d'un héritage délégués à un enfant, non doté en capital ; en pareil cas, la donation, même vis-à-vis du successible, est une donation de revenus destinés à être consommés au fur et à mesure, et qu'il n'aurait pas rapportés, quand même il aurait reçu en dot la propriété de l'héritage.

Mais si le *de cujus*, ayant promis à son successible une dot de 50,000 fr., lui délègue pour cinq ans les revenus d'un domaine affermé 10,000 fr., quoique la donation ne porte que sur les revenus du *de cujus*, néanmoins, c'est pour le successible une donation de capital ; la division en annuités ne change pas ce caractère ; il rapportera donc le total des sommes par lui touchées, et n'en gardera que le revenu.

A partir du jour de l'ouverture de la succession, les fruits et intérêts sont dûs, de plein droit et sans demande ; car la propriété se trouve résolue, dès ce moment, par suite du rapport.

Corrélativement, il serait juste que les sommes

dues au successible, pour impenses ou améliorations, devinssent, au même instant, productives d'intérêts ; il y aurait alors compensation jusqu'à due concurrence.

En matière de réduction, le donataire ne doit les fruits à compter de l'ouverture de la succession, que si la demande a été formée dans l'année ; sinon, il ne les doit que du jour de la demande. Cette différence vient de ce que le donataire sait toujours *a priori* qu'il aura à rapporter ; tandis qu'il n'y a pas toujours lieu à réduction, et qu'il peut se croire à l'abri, de ce côté, lorsqu'une année s'est écoulée sans demande (art. 928).

Enfin, la cour de cassation (arrêt du 19 juin 1852) reconnaît au juge le pouvoir d'ordonner la compensation des fruits et intérêts entre les différents donataires, à compter du jour de l'ouverture de la succession.

II. L'art. 852 indique une série d'avantages qui échappent au rapport. On n'est pas d'accord sur le motif qui a dicté ces exemptions. D'abord, a-t-on dit, les avantages dont il est ici parlé, sont pris ordinairement sur les revenus, et n'appauvrissent pas le donateur, qui aurait dépensé ces revenus d'une autre manière. (Demante, T. III, n° 188). Cette considération est sérieuse, mais non déterminante ; car, fussent-ils pris sur le capital, le rapport ne serait pas davantage exigible, la loi ne faisant aucune distinction. D'un autre côté, on ne peut dire que toute donation prise sur les revenus seuls échappe au rapport ; ainsi, les frais énoncés en l'art. 851 seraient certainement rapportables, quoique faits uniquement avec les revenus. L'art. 852 n'est pas non plus la conséquence de l'obligation où sont les pères et mères de nourrir, entretenir et élever leurs enfants. En se plaçant à ce point de vue, on serait amené à limiter, en principe, la dispense du rapport, au cas où les frais en question ont été faits au profit d'un descendant, et aux autres cas dans lesquels existe la dette alimentaire. Mais, outre qu'entendue ainsi la disposition de la loi eût été inutile, puisqu'il y aurait eu paiement d'une dette et non une libéralité, on ne saurait en refuser le bénéfice aux collatéraux, en présence de la généralité de la loi. Pour la même raison, il n'y a pas à rechercher, non plus, si l'enfant avait ou non des biens personnels suffisants pour subvenir, par lui-même, à son entretien ; s'il était majeur ou mineur, établi ou non. Nous pensons donc qu'il faut s'attacher, abstraction faite de toute autre circonstance, au caractère même de la libéralité, et la dispenser du rapport, du moment où elle rentre bien dans les termes de notre article.

Remarquons toutefois : 1° Que le successible devrait le rapport, comme débiteur, si le défunt n'avait entendu lui faire par là qu'une avance. L'intention *prouvée* du défunt l'emporterait sur celle que la loi lui *suppose*.

2° Que l'art. 852 ne concerne que les frais faits par le défunt de son vivant. Les *legs* faits en vue de pourvoir aux dépenses mentionnées dans ce texte, seraient certainement rapportables.

3° Que ces frais sont réductibles, s'ils excèdent la quotité disponible. (Demante, T. III, n° 188 *bis*, I).

—La loi énumère: les frais de nourriture et d'entretien. — Peu importe que le *de cujus* fasse une pension à son successible, ou qu'il le reçoive dans sa maison ; mais le *de cujus* pourrait, s'il s'agit d'un successible pour lequel il aurait fait de notables dépenses sans y être tenu, lui imposer l'obligation du rapport.

Les frais d'éducation et d'apprentissage. — Renvoyons ici aux développements donnés sur l'ancien droit ; seulement, on reconnaît communément, aujourd'hui, qu'il faut comprendre parmi les frais d'éducation ceux faits pour parvenir au doctorat, soit en droit, soit en médecine. Ce grade ne confère pas d'établissement; c'est *titulus sine re*. Il se peut que les dépenses exceptionnelles, faites dans l'intérêt d'un enfant, l'aient mis à même d'occuper une position supérieure à celle de ses frères et sœurs : peu importe ; l'avantage est ici moins pécuniaire que moral; d'ailleurs, la loi ne limite pas les frais d'éducation, comme ceux d'équipement. (Arg. tiré de la place du mot *ordinaires*).

Les frais *ordinaires* d'équipement. — C'est au juge à apprécier si les dépenses relatives à cet objet ont été faites ou non *extra ordinem*.

Les frais de noce, qui se font par honneur pour la famille et pour les nouveaux mariés, plutôt que pour leur procurer un profit pécuniaire. — La Cour de Bourges a déclaré rapportables les frais de contrat et les honoraires du notaire payés par le *de cujus*, parce qu'il y a là une dette du successible (arrêt du 8 février 1845).

Les présents d'usage. — Ils peuvent avoir lieu à propos d'un mariage, ou dans une foule d'autres occasions. C'est au juge à voir si la donation, d'après les circonstances qui l'ont déterminée, et son importance relativement à la fortune du *de cujus*, rentre bien dans cette catégorie.

III. Hypothèses prévues par l'art. 918. — Ce texte est relatif à certaines aliénations consenties par le *de cujus* à son successible, et qui, bien que présentant, en tout ou en partie, un caractère onéreux, paraissent suspectes, et sont regardées comme des donations de la pleine propriété du bien qui en fait l'objet. — L'art. 26 de la loi du 17 nivôse an II, origine de notre texte, les prohibait entièrement, à quelque ligne qu'appartînt le successible ; car cette loi défendait au défunt d'avantager, de quoi que ce fût, un quelconque de ses successibles. — Le droit actuel est moins rigoureux. Et d'abord, il ne vise que l'hypothèse où l'acquéreur est un successible en ligne directe : ascendante ou descendante, peu importe, car la loi ne distingue pas.

Ensuite, la conséquence du point de départ adopté serait le rapport, par le successible, de la totalité de l'objet ainsi acquis ; mais cela serait bien injuste, si l'acquéreur a fidèlement exécuté le contrat, et payé des redevances supérieures peut-être au revenu du bien aliéné ; ce qui est possible, après tout, car il n'y a qu'une supposition, et pas de preuve positive du contraire. La loi tempère donc sa décision, en ajoutant que la libéralité dont elle présume l'existence sera exemptée du rapport, et soumise seulement à la réduction.

L'art. 918 s'applique à trois sortes d'aliénations :

L'aliénation (peu importe, d'ailleurs, qu'elle soit qualifiée de donation ou de vente), à charge de rente viagère.

Celle à fonds perdu, c'est-à-dire moyennant des prestations viagères pour l'aliénateur, dans la succession duquel ne se retrouvera plus, dès lors, aucun équivalent pécuniaire du bien aliéné. On peut citer pour exemples, outre l'aliénation à charge de rente viagère (qui n'est qu'une espèce de vente à fonds perdu), celle faite moyennant concession au vendeur d'un usufruit sur un bien de l'acquéreur ; mais non l'aliénation moyennant une rente perpétuelle, malgré l'avis contraire de M. Duranton (T. VII, n°s 334 et

335) ; car, bien que le capital n'en soit pas exigible, il y a le droit de rente qui demeure, et remplace le fonds ou le capital aliéné.

L'aliénation avec réserve d'usufruit, c'est-à-dire l'aliénation (ordinaire ou à fonds perdu) de la nue-propriété. En cela, le Code est plus rigoureux que la loi de Nivôse, qui ne contenait rien de spécial pour la vente avec réserve d'usufruit, et ne l'atteignait qu'autant qu'elle était faite à fonds perdu.

La loi suppose que l'aliénateur n'a pas perçu les arrérages, le prix de la nue-propriété. On a été mû également par la difficulté d'appliquer ici l'art. 853, et d'évaluer exactement l'importance de charges viagères. — Aussi l'art. 918 déclare-t-il imputable sur le disponible *la valeur, en pleine propriété*, des biens aliénés comme il a été dit plus haut.

Les mots *réserve d'usufruit* indiquent bien que l'art. 918 ne s'applique pas au cas de stipulation, en faveur d'un tiers, de l'usufruit de l'objet aliéné. — Mais *quid* de la vente à charge d'une rente viagère assise sur une tête étrangère? Malgré l'autorité de M. Demolombe, et de plusieurs arrêts (Rej. 7 août 1833), nous inclinerions aussi à écarter l'application de l'art. 918 ; il n'y a plus ici les mêmes motifs, la fraude n'étant pas présumable en présence de quittances émanées d'un tiers, et d'une rente qui, peut-être, continuera d'être due après la mort du vendeur; nous sommes, d'ailleurs, dans une disposition exceptionnelle, qu'il faut restreindre le plus possible.

La présomption de gratuité établie par notre article est de celles qui sont absolues, et n'admettent pas de preuve contraire (art. 1352). Le successible ne pourrait même pas se faire tenir compte de ce qu'il aurait annuellement payé au-delà des revenus de la chose aliénée. Il n'y a rien à conclure de la loi de Nivôse, qui reconnaissait ce droit, mais d'une manière toute transitoire, et au profit des personnes qui, atteintes par l'effet rétroactif de cette loi, n'avaient pu se mettre en garde contre sa disposition.

En effet, la loi de Nivôse, et, à son exemple, l'art. 918 C. Nap., réservent un moyen de donner au contrat toute sa validité; c'est de le faire approuver par les autres successibles en ligne directe. « L'imputation sur le disponible et le rapport de l'excédant ne pourront être demandés par ceux des autres successibles en ligne directe qui auraient consenti à ces aliénations; ni, dans aucun cas, par les successibles en ligne collatérale ». — L'insertion de ces derniers mots était inutile, d'après ce que nous avons dit plus haut. Elle s'explique par la loi de Nivôse, que les rédacteurs du Code avaient sous les yeux. — L'approbation, du reste, peut être concomitante à l'acte, ou intervenir postérieurement.

Si tous les successibles n'ont pas consenti, les dissidents pourront toujours critiquer l'opération pour leur part. Mais *quid* des successibles qui, à la date de l'opération, n'existaient pas encore, ou qui, primés par d'autres disparus depuis, n'étaient pas alors héritiers présomptifs? Nombre d'auteurs leur permettent d'invoquer l'art. 918. — Les personnes dont il s'agit sont bien successibles ; elles n'ont pas consenti à l'aliénation ; donc elles rentrent dans le texte de la loi. Ce syllogisme parait concluant. D'ailleurs, en substituant le mot *successible* aux expressions de la loi de Nivôse, *parents du degré de l'acquéreur ou des degrés plus prochains*, le Code semble bien indiquer qu'il faut s'attacher à l'état de choses existant au décès du *de cujus* (Demol., *Donat.*, t. 2, n° 527).— Mais d'autres estiment que, du moment où les parties ont obtenu l'adhésion de tous ceux qui, lors de l'acte, étaient en ordre de succéder, elles ont satisfait, dans la mesure du possible, au vœu de la loi ; et, qu'il serait injuste que des évènements, indépendants de leur volonté, vinssent ensuite rendre inefficace le moyen mis à leur disposition pour assurer le maintien du contrat, tel qu'elles l'ont conclu. L'emploi du mot *successible* n'a pas toute la portée que lui attribue le premier système, puisque l'on admet généralement que l'art 918 n'est pas applicable quand l'acquéreur, successible au jour du décès du *de cujus*, n'était pas, lors de l'aliénation, présomptif héritier (Marcadé, sur l'art. 918, n° VI).

Enfin, si l'acquéreur est un successible collatéral, la présomption de l'art. 918 n'a plus lieu ; mais les autres successibles pourront, en établissant, par les moyens ordinaires de preuve, la simulation ou l'existence d'un avantage indirect, exiger le rapport conformément au droit commun.

CHAPITRE IV

COMMENT S'EFFECTUE LE RAPPORT, ET QUELS EN SONT LES EFFETS.

Occupons-nous successivement du rapport des dons et de celui des legs.

SECTION PREMIÈRE

Rapport des dons.

Art. 858. — « Le rapport se fait en nature, ou en moins prenant. »

En nature, par la remise réelle, dans la masse, de l'objet donné, pour être partagé avec les autres biens de la succession.

En moins prenant. — On réunit fictivement, aux biens laissés par le *de cujus*, et à ceux rapportés en nature, la valeur de l'objet rapportable, et l'on précompte cette même valeur sur la part qui revient au successible dans la masse ainsi composée. Les cohéritiers reçoivent en valeurs effectives toute leur part, et l'égalité se trouve ainsi rétablie. — Dans la pratique, on obtient ce résultat en laissant prélever, par chacun des cohéritiers, une valeur telle qu'il y ait, entre elle et la valeur de l'objet rapportable, la même proportion qu'entre la part de ce cohéritier et la part de celui qui devait le rapport. Le reste de l'hérédité se distribuera entre tous les successibles, suivant leurs parts héréditaires. — Afin de se rapprocher plus exactement du rapport en nature, les prélèvements se font, autant que possible, en objets de même nature, qualité et bonté que les objets non rapportés en nature (art. 830). La détermination des objets à prélever se fait, soit par les parties capables et d'accord, soit par les représentants des parties incapables, sauf l'homologation du tribunal. — C'est seulement pour l'attribution des lots faits après les prélèvements qu'il y a lieu au tirage au sort (art. 834).

Si le montant de la valeur rapportable excède la part revenant au successible donataire, il doit tenir compte de cet excédant à la succession, sur ses deniers personnels.

Mais quand le rapport se fera-t-il en nature? quand en moins prenant?

Il faut distinguer s'il s'agit d'un meuble ou d'un immeuble.

§ 1. — *Rapport des immeubles.*

Nous supposons d'abord que l'immeuble n'a pas été

aliéné par le donataire. — En principe le rapport se fait en nature. Le donataire n'avait acquis qu'une propriété, destinée à se résoudre s'il arrivait à la succession. Le fait même de la donation le constitue donc débiteur sous condition suspensive du bien lui-même, c'est-à-dire d'un corps certain, dont les risques sont à la charge de la succession. Ainsi, pas de rapport si l'immeuble a été mis hors du commerce, ou s'il a péri par cas fortuit et sans la faute du donataire (art. 855) ; décision très-équitable, puisque, en l'absence même de la donation, l'immeuble se serait trouvé perdu pour l'hérédité. Et il n'y a pas à distinguer si la perte est antérieure ou postérieure à l'ouverture de la succession. Au premier cas, l'obligation de rapporter n'a pas même pu prendre naissance (art. 1182). Au second cas, elle est éteinte (art. 1302). C'est, bien entendu, au donataire, qui se prétend libéré, à établir le cas fortuit dont il excipe, aux termes du droit commun (art. 1302). Mais on ne pourrait pas, en cas d'incendie, se prévaloir contre lui de l'art. 1733 ; car la présomption légale de faute contenue dans ce texte doit être, à cause de sa rigueur exceptionnelle, restreinte aux relations du preneur avec son bailleur, pour lesquelles la loi l'a édictée. — Si le successible a quelques droits ou actions en indemnité par rapport à la chose détruite, la succession s'y trouvera subrogée (art. 1303). Mais serait-il tenu de rapporter l'indemnité qu'il aurait reçue d'une compagnie d'assurances ? Oui, si le contrat d'assurance était antérieur à la donation ; car celle-ci comprenait le droit éventuel à l'indemnité. Non, si l'assurance procède du donataire ; car alors l'indemnité ne représente pas l'immeuble, mais forme l'équivalent de la chance aléatoire que courait l'assuré en payant les primes.

L'immeuble se rapporte dans l'état où il se trouve, qu'il ait augmenté ou diminué de valeur. La succession supporte les pertes partielles, les dégradations ou dépréciations, naturelles ou accidentelles, mais indépendantes du fait du donataire (arg. art. 855). Par contre, elle bénéficie des améliorations provenant de causes semblables. Les choses se passent comme si l'immeuble n'était jamais sorti des mains du donateur.

Mais, si les détériorations sont imputables au donataire, ou aux personnes dont il répond, il doit tenir compte à l'hérédité de la moins-value de l'immeuble. Il est responsable, à cet égard, non-seulement *in committendo*, mais encore *in omittendo* (art. 863).

Relativement aux dépenses que le donataire a faites sur l'immeuble, des distinctions sont nécessaires. Aucune indemnité ne lui est due pour les impenses voluptuaires, qui n'ont créé aucune plus-value ; ni pour les dépenses d'entretien, charges de la jouissance qu'il a eue jusqu'à l'ouverture de la succession (art. 856). Quant aux grosses réparations ayant le caractère de dépenses nécessaires ou conservatoires, elles doivent lui être intégralement remboursées, pourvu qu'elles aient été faites dans une juste et raisonnable mesure; car, si le même résultat avait pu être atteint avec une moindre dépense, l'indemnité devrait être réduite en conséquence. Elles lui sont dues, encore qu'elles n'aient pas amélioré le fonds; comme si, par exemple, la partie de bâtiment réparée avait péri plus tard par cas fortuit ou force majeure. Le *de cujus* eût-il gardé la maison, force lui aurait été de faire cette dépense, et son patrimoine s'en trouverait diminué d'autant (art. 862).

A l'égard des dépenses utiles, il lui est tenu compte de la plus-value produite; ou de la somme déboursée, si, par hasard, elle est inférieure à la plus-value. Il suffit que l'hérédité ne s'enrichisse pas à son préjudice (art. 861).

« Le cohéritier, qui fait le rapport en nature d'un « immeuble, peut en retenir la possession jusqu'au « remboursement effectif des sommes qui lui sont dues « pour impenses ou améliorations » (art. 867) ; mais, pendant ce temps, il ne fait pas les fruits siens, car il ne détient que *jure pignoris*; il peut seulement les compenser, jusqu'à due concurrence, avec les intérêts des indemnités à lui dues. — Enfin, ce droit de rétention ne le dispense pas du rapport en nature ; et, à défaut par la succession de le rembourser de ses impenses, il ne pourrait pas, comme dans l'ancien droit, rapporter seulement l'estimation de l'immeuble déduction faite desdites sommes. Cet arrangement ne pourrait résulter que de l'accord des parties.

A quel moment faut-il se placer, pour calculer le *quantum* de ces indemnités respectives ? Pour les améliorations (et, pour les détériorations, la règle serait identique), l'article 861 indique le moment du partage ; l'article 860, au contraire, dit que, quand l'immeuble a été aliéné, le rapport est dû de sa valeur à l'époque de l'ouverture. La combinaison de ces deux règles aboutirait à une iniquité manifeste. L'immeuble aliéné valait 40,000 fr. lors de la donation ; amélioré par le successible, il en vaut 50,000 au décès du *de cujus*. Le successible doit 50,000 fr. à l'hérédité (article 860). Mais, l'amélioration produite ayant disparu depuis, l'immeuble, lors du partage, est réduit à son ancienne valeur de 40,000 fr. A s'attacher au texte de l'article 861, aucune indemnité ne lui est due, et les dépenses qu'il a faites sur l'immeuble n'ont servi qu'à augmenter le *quantum* de son obligation ; la succession s'enrichit manifestement à ses dépens. Cela ne se peut. Les deux textes sont contradictoires ; il faut opter entre eux ; et c'est à l'article 860 qu'est due la préférence, même pour l'appréciation de la plus-value. Cela résulte incontestablement des travaux préparatoires. Dans l'ancien droit, on ne tenait compte que des améliorations existantes au jour du partage, parce qu'on ne rapportait aussi que la valeur à cette époque. Le projet reproduisait ces principes ; mais le Conseil d'Etat décida qu'on s'attacherait à l'époque de l'ouverture. La Section de Législation, chargée d'opérer les corrections nécessaires, modifia en conséquence l'article 860 (148 du projet), qui se bornait à dire que le rapport aurait lieu en moins prenant, en cas d'aliénation. C'est par inadvertance qu'on a maintenu la rédaction primitive de l'article 861 (149 du projet), qui aurait dû être corrigé dans le même sens.

Cette doctrine est généralement admise, dans le cas où le rapport se fait en moins prenant, par suite de l'aliénation de l'immeuble ; mais, quand le rapport a lieu en nature, plusieurs auteurs appliquent à la lettre l'article 861 (Demol., T. 4, n° 499. — Demante, T. 3, n° 197 *bis* I). Nous croyons qu'ici encore il faut se placer à l'époque de l'ouverture ; c'est alors que l'immeuble devient la propriété de la succession ; les changements de valeur, non imputables au donataire, qui peuvent survenir sont à ses risques, et ne doivent ni profiter ni nuire exclusivement à ce donataire, dont la position ne peut varier par suite des retards apportés à la confection du partage (Marcadé, sur l'article 861).

A partir du décès du *de cujus*, le donataire a détenu l'immeuble pour le compte de la succession, qui gagne les fruits (art. 856), mais qui, corrélativement, doit supporter aussi les dépenses d'entretien.

— Les prestations réciproques dont nous venons de parler, constituent des obligations accessoires de celles du rapport. Il n'en peut donc être question si l'obligation principale ne peut naître, l'immeuble ayant péri totalement avant l'ouverture de la succession. Toutefois, le successible devrait alors, au moins, le profit par lui retiré des dégradations faites à l'immeuble. — Les cohéritiers pourraient aussi, lors même que l'immeuble existerait encore, s'affranchir des indemnités dues au donataire, en renonçant au bénéfice du rapport.

— La propriété du donataire étant résolue du jour de l'ouverture de la succession, l'article 865 en tire cette conséquence que : « Lorsque le rapport se fait « en nature, les biens se réunissent à la masse de la « succession, francs et quittes de toutes charges créées « par le donataire... » C'est l'application pure et simple du principe posé dans l'article 2125, et de la règle : *soluto jure dantis, solvitur jus accipientis.* L'expression *charges* est très-générale, et comprend tous les droits réels, hypothèques, usufruit, servitudes (art. 637), consentis par le donataire ; ou grevant l'immeuble de son chef, comme une hypothèque légale ou judiciaire. Mais la résolution n'aurait pas lieu, si le rapport se faisait en moins prenant (art. 865, *a contrario*) ; car, alors, le titre du donataire demeure intact. Il y a plus ; même en cas de rapport en nature, elle n'a pas lieu, lorsque l'immeuble, par l'effet du partage, tombe au lot du donataire. En vain dirait-on que, dans ce dernier cas, le droit primitif du donataire s'est anéanti rétroactivement ; que sa propriété actuelle procède d'un titre nouveau, sa qualité d'héritier, complétement indépendant du titre originaire, et impuissant à faire revivre les droits réels éteints, à moins d'une convention nouvelle, qui, du reste, n'aurait effet qu'à sa date. A cela nous répondrons que l'article 865 a uniquement en vue l'intérêt des cohéritiers du donataire ; que l'équité ne permet pas, et qu'il n'a pu entrer dans l'intention de la loi, de lui en faire une arme contre ses propres ayants cause. Les créanciers ayant acquis une hypothèque postérieure au partage, sont désintéressés dans la question, puisqu'ils ont dû connaître l'inscription non radiée qui les primait. Dès l'instant que personne n'a un intérêt avouable à se prévaloir d'une fiction, elle doit s'évanouir pour faire place à la réalité ; et la réalité, c'est que, par suite de l'effet déclaratif du partage (art. 883), la propriété n'a pas été un seul instant résolue, ni même suspendue, dans la personne du successible, dont le titre d'ailleurs, est toujours le même, puisqu'il garde comme *part d'hoirie* ce qu'il avait reçu comme *avancement d'hoirie*.

Les personnes intéressées à éviter, s'il se peut, l'anéantissement des charges, pourront intervenir au partage, pour s'opposer à ce que le rapport se fasse en fraude de leurs droits ; pour empêcher, par exemple, qu'il n'ait lieu en nature, quand il pourrait se faire en moins prenant ; ou que, par suite d'un concert entre les cohéritiers, on n'attribue l'immeuble à un autre qu'au donataire. L'article 865 ne cite les créanciers hypothécaires qu'à titre d'exemple ; mais la faculté d'intervenir appartient évidemment à tous concessionnaires de droits réels quelconques.

— Nous passons aux cas dans lesquels le rapport se fait en moins prenant.

1° Quand le donateur a dispensé du rapport en nature, ou qu'il a laissé le choix à l'héritier entre les deux rapports. Mais remarquons que l'estimation de l'immeuble, ou la somme déterminée par le *de cujus*, n'est que *in facultate solutionis*; ce qui est *in obligatione*, c'est l'immeuble lui-même ; en sorte que la perte fortuite de celui-ci, avant ou depuis l'ouverture de la succession, libérerait complétement le donataire. — Si le donateur avait exprimé la volonté que l'immeuble fût rapporté en moins prenant, ce dernier mode serait le seul possible. M. Demolombe estime qu'en ce cas les risques du bien donné concerneront toujours le donataire, qui en est propriétaire incommutable, et qu'il faut appliquer la théorie du rapport en moins prenant des meubles (art. 868).

2° Si l'immeuble a péri par la faute du successible, ou même par son fait exempt de faute ; comme si, par exemple, l'immeuble avait été détruit par l'enfant du donataire, représentant celui-ci, et qui ignorait que ce bien provînt d'une donation du *de cujus*. Le successible rapporte la valeur qu'aurait eue l'immeuble s'il n'eût pas péri; car on ne peut, par son simple fait, se décharger de son obligation.

3° S'il y a, dans la succession, des immeubles de mêmes nature, valeur et bonté, dont on puisse former des lots à peu près égaux pour les autres cohéritiers. Ceux-ci, en effet, n'ont plus d'intérêt à exiger le rapport effectif, puisque l'égalité peut subsister sans cela, même quant à la nature des biens composant les lots; pourquoi dépouiller alors le donataire d'un bien auquel il attache peut-être un prix d'affection; anéantir des droits réels concédés aux tiers, ...? C'est bien ici le cas de répondre à ceux qui élèveraient une pareille prétention: *malitiis non est indulgendum*. L'art. 859 n'exige, du reste, qu'une égalité approximative; sauf à compenser le lot le plus faible en immeubles, au moyen d'une soulte ou d'un supplément mobilier. — Comme l'obligation porte toujours sur l'immeuble même, et que ce mode de procéder n'est, au fond, qu'une opération du partage, il s'ensuit que la perte fortuite, quoique postérieure à l'ouverture de la succession, libérerait le donataire, et qu'on doit apprécier la valeur à l'époque du partage. C'est comme s'il y avait eu rapport en nature, immédiatement suivi de l'attribution de l'immeuble au lot du donataire. — Le rapport en moins prenant n'est, du reste, que facultatif pour le donataire, qui peut, s'il le préfère, rapporter en nature, afin de courir la chance d'obtenir par le partage un immeuble plus à sa convenance.

4° Quand le donataire a aliéné l'immeuble avant l'ouverture de la succession (art. 860). A ne consulter que les principes, l'aliénation devrait se résoudre, aussi bien que les simples charges réelles; cependant, elle est maintenue. Pothier en donnait pour raison qu'il faut éviter le recours auquel l'éviction du tiers acquéreur exposerait le successible. Ce motif n'est pas le principal, car il s'applique aussi aux concessions de droits réels, qui donnent également ouverture à la garantie contre le constituant. En revanche, il ne s'appliquerait pas au cas d'une aliénation à titre gratuit; or une distinction semblable serait incompatible avec la généralité du mot *aliéner*, dont se sert la loi, et porterait, en outre, atteinte au principe *donner et retenir ne vaut*, en ce qu'il serait loisible au donataire, selon qu'il se porterait ou non héritier, de révoquer ou de maintenir la donation qu'il aurait faite lui-même du bien rapportable.

La raison déterminante, c'est qu'on a voulu éviter de frapper l'immeuble d'une sorte d'indisponibilité entre les mains du donataire ; ce qui serait arrivé s'il n'avait pu transmettre qu'une propriété résoluble. C'est une concession qu'on a faite, soit à l'intérêt privé du donataire, soit à l'intérêt général de la libre et facile circulation des biens ; faveur que ne méritait pas la création de simples charges réelles. — Enfin, tandis que le maintien de celles-ci eût nécessité une appréciation, souvent difficile, de la moins-value en résultant, et de l'indemnité dont, par suite, le donataire eût été redevable envers la succession, rien n'est plus facile que de déterminer la valeur de l'immeuble, qui doit être rapportée à sa place en cas d'aliénation.

M. Delvincourt a voulu restreindre à l'hypothèque la disposition de l'art. 865 ; il prétend que le rapport ne révoque pas les servitudes personnelles ou réelles ; il voit, dans ces servitudes, une sorte d'aliénation partielle, et se fonde, en outre sur le principe : *qui peut le plus peut le moins*. Il suffit, pour repousser cette application par analogie de l'art. 860, d'observer que ce texte, contenant une dérogation fort grave aux principes, doit être restreint plutôt qu'étendu, alors surtout que les motifs qui l'ont dicté supposent le déplacement de la propriété elle-même.

Il n'y a pas de rapport, si l'immeuble a péri par cas fortuit entre les mains du tiers-acquéreur, avant l'ouverture de la succession. Le donataire conservera le prix de vente qu'il aura touché ; c'est une heureuse fortune pour lui, mais il ne s'enrichit point par là aux dépens de ses cohéritiers ; car l'immeuble aurait aussi bien péri entre ses mains s'il l'eût gardé, ce qui exclurait pareillement le rapport (art. 855).

Mais, dès l'ouverture de la succession, l'héritier devient débiteur d'une somme égale à la valeur de l'immeuble à cette époque ; et son obligation reste la même, que l'immeuble périsse, se dégrade, ou s'améliore. On ne s'attache pas au prix inférieur ou supérieur qu'il peut avoir reçu de l'immeuble ; car la vente est, à l'égard des cohéritiers, *res inter alios acta*, et ne peut ni leur profiter ni leur nuire. Pour la même raison, on impute, conformément aux articles 861, 862 et 863, les améliorations ou dégradations émanant de l'acquéreur ; car le donataire répond des faits de son ayant cause (art. 864).

Si la part héréditaire du donataire était inférieure à la somme qu'il doit rapporter, et que son insolvabilité l'empêchât d'acquitter l'excédant, le tiers acquéreur ne pourrait pas être inquiété, à moins que la quotité disponible ne fût épuisée (art. 930) ; le principe de la réserve, plus essentiel que celui de l'égalité, reçoit aussi une sanction plus énergique.

Mais les cohéritiers pourraient, bien entendu, en vertu de l'art. 1166, exercer, pour recouvrer le bien, toutes les actions qui compéteraient au donataire, comme celles en réméré, en rescision pour lésion, en résolution faute de paiement du prix, etc. Les frais en seraient à la charge de la succession.

L'art. 860 exige que l'aliénation ait eu lieu avant l'ouverture de la succession ; l'aliénation postérieure ne serait pas opposable aux cohéritiers qui n'y auraient pas donné leur consentement.

Tout ce qui précède ne s'applique qu'à l'aliénation

volontaire. En cas d'aliénation nécessaire, comme une expropriation pour cause d'utilité publique, une licitation provoquée par un copropriétaire, un réméré exercé par l'auteur du *de cujus* lui-même, l'héritier doit toujours l'indemnité qu'il a reçue, et il ne doit que cela, malgré la perte de l'immeuble ou les changements qui seraient postérieurement survenus.

— L'art. 866 règle une hypothèse spéciale, qui se rattache plutôt à la réduction qu'au rapport. On suppose qu'un immeuble, dont la valeur excède la quotité disponible, a été donné par préciput à un successible réservataire. L'excédant, si le retranchement peut s'en opérer commodément, se rapportera, non pas toujours en nature, comme le texte semble l'exiger, mais conformément au droit commun ; ainsi, le successible pourrait retenir l'équivalent de sa part dans la réserve, si les biens non disponibles sont de la même nature (art. 924) ; et, s'il y avait eu aliénation, il faudrait appliquer l'art. 860 combiné avec l'art. 930. Mais si, l'immeuble n'étant pas commodément partageable, il n'y a pas, dans la partie réservée, d'autres immeubles de même nature, ou que la valeur du bien donné excède le disponible et la part de réserve du donataire : alors, la loi distingue. La quotité disponible est-elle inférieure à la moitié de la valeur de l'immeuble? Le donataire le rapporte en totalité ; sauf à prélever, sur la masse, la valeur de la portion disponible. Si cette portion excède la moitié de la valeur de l'immeuble, le donataire peut, à moins qu'il ne préfère rapporter en nature, retenir l'immeuble en totalité, sauf à moins prendre. Il serait tenu, en outre, de récompenser ses cohéritiers en argent ou autrement, si sa part héréditaire était inférieure à l'excédant de l'immeuble sur le disponible.

Ce qu'il faut comparer avec la moitié de la valeur de l'immeuble, c'est la quotité disponible seule, et non pas cette quotité augmentée de la part de réserve du donataire. On doit s'en tenir aux termes mêmes du texte, qui crée pour le successible une faculté tout exceptionnelle. (1)

La loi a voulu écarter la licitation de l'immeuble ; aussi croyons-nous qu'il ne serait pas nécessaire d'y recourir, comme l'ont pensé MM. Demante et Demolombe, si la quotité disponible formait juste la moitié de la valeur de l'immeuble. On ne pourrait pas, non plus, faire de la possession actuelle du donataire un titre pour lui conserver l'intégralité du bien; c'est aux tribunaux à décider, d'après le *quid utilius*, si le retranchement s'effectuera en nature ou en moins prenant. — Mais la licitation serait le seul moyen de sortir d'indivision, si la donation avait été faite à un successible renonçant ou à un étranger. (Marcadé, sur l'art. 866, n° II).

(1) Le rapprochement des art. 866 et 924 a donné lieu à plusieurs systèmes dont l'examen se rattache plutôt à la réduction qu'au rapport.

§ II. — *Rapport des meubles.*

La règle est ici l'inverse de celle du paragraphe précédent; le rapport ne se fait qu'en moins prenant, sur le pied de la valeur des meubles lors de la donation, quel qu'ait été depuis le sort de ces meubles. Sans parler de ceux qui se consomment *primo usu*, qu'il ne pouvait être question de rapporter en espèce, on a considéré que, le mobilier étant sujet à des chances multiples de perte ou de dépréciation, le rapport en nature serait illusoire; le donataire ayant eu la jouissance, il est juste qu'il supporte les risques. Mais le rapport se ferait en nature, ou sur le pied de la valeur au moment de la consolidation, si le donateur s'était réservé l'usufruit, ou si cet usufruit appartenait à un tiers.— On a pensé aussi qu'il convenait que le donataire eût une propriété incommutable, parce qu'il est souvent de bonne administration d'aliéner le mobilier, et que, dans l'intention du *de cujus*, la donation porte plutôt sur la valeur que sur les objets eux-mêmes, en raison de la facilité avec laquelle on les transforme en argent. Aussi le rapport se ferait-il en nature, si le donateur l'avait ainsi établi.

La valeur du mobilier se détermine d'après l'état estimatif annexé à l'acte de donation; sauf aux cohéritiers à critiquer cette appréciation, si elle leur semble trop faible. A défaut de cet état, d'après une expertise faite à juste prix et sans crue. Cette dernière disposition s'appliquera en cas de perte de l'état estimatif; ou s'il s'agit d'une donation manuelle, pour laquelle cet état n'a pas été nécessaire; ou enfin si, le défaut d'état estimatif ayant rendu nulle la donation, suivant l'art. 948, le successible se trouvait tenu du rapport comme *débiteur*.

L'art. 868 s'applique-t-il aux meubles incorporels? La question est importante au point de vue des risques. Quelques auteurs tiennent la négative. Le mobilier incorporel n'est pas, comme l'autre, exposé à une prompte détérioration; la loi ne l'a pas eu en vue, puisqu'elle parle de l'état estimatif, formalité qui n'a lieu que pour les dons de meubles corporels. C'est donc l'objet même qui a été donné, qui doit être rapporté. On applique par analogie l'art. 1567 (Marcadé, sur l'art. 868). — Mais l'art. 868 est trop général pour comporter cette distinction. L'expression *mobi cr* (art. 535) comprend tout ce qui n'est pas *immo!ilier*, surtout employée, comme dans l'espèce, par opposition au mot *immeuble*. On ne peut admettre que la loi ait oublié une classe de biens aussi importante. Que si le premier des motifs donnés plus haut n'est pas applicable au mobilier incorporel, le second l'est pleinement. Le rapport se fera donc toujours de la valeur au moment de la donation. S'il s'agit d'effets ayant un cours public, comme les valeurs industrielles, les rentes sur l'État, on suivra ce cours; s'il s'agit d'une créance, d'une rente sur un particulier, on s'attachera à la valeur nominale, ou on provoquera une expertise si la créance est conditionnelle ; etc. Dans l'ancien droit, les rentes se rapportaient en nature ; mais c'est qu'elles étaient immobilières.

Quant aux offices, nous y appliquerons la même théorie ; leur caractère même exclut le rapport en nature ; il en était ainsi déjà dans l'ancien droit, où pourtant ils étaient immeubles.

— Quant au rapport de l'argent donné, il se fait en moins prenant dans le numéraire de la succession (art. 869). S'il y a eu variation dans les monnaies, comme l'objet de la donation n'est pas une certaine quantité de pièces, mais une somme, il faut rapporter la valeur numérique qui a été donnée, en espèces ayant cours au moment du rapport, et d'après leur valeur à cette époque (arg. art. 1895).

En cas d'insuffisance de numéraire dans la succession, le donataire peut, à son choix, y suppléer de ses deniers, ou « abandonner, jusqu'à due concurrence, « du mobilier, et, à défaut de mobilier, des im- « meubles de la succession. » — En principe, cette disposition nous semble spéciale au cas de l'argent donné ; ce n'est que subsidiairement que nous l'appliquerions aux autres cas de rapport en moins prenant. Quelques personnes lui donnent cependant cette extension, quand même l'objet donné serait un immeuble. Mais cette opinion ne respecte pas l'art. 830, aux termes duquel les cohéritiers ont le droit, dans ce cas, de prélever, si possible, des immeubles de même nature. Pour la même raison, nous rejetterons l'opinion qui applique l'art. 869 à tous les cas de rapport en moins prenant des meubles. Ici encore, les cohéritiers pourront exiger, et le donataire pourra exiger lui-même, que le rapport en moins prenant s'effectue en meubles semblsbles à ceux qui ont été donnés.

SECTION DEUXIÈME

Rapport des legs

Comment se fait ce rapport? Dans une première opinion, on prend à la lettre ces mots de l'art. 843, que « l'héritier ne peut réclamer les legs à lui faits « par le défunt, à moins qu'ils n'aient été faits par « préciput » ; et on en conclut que l'objet légué devra *toujours* être *laissé* dans la masse héréditaire, en sorte que le partage se fera comme si le legs n'existait pas ; la disposition testamentaire n'aura ainsi d'autre effet, que de donner au successible l'option entre le legs et sa part héréditaire (Aubry et Rau, t. V, § 631. — Chabot, sur l'art. 843. — Duranton, T. 7, n° 214). — D'autres, à l'inverse, permettent toujours à l'héritier de réclamer l'objet légué, en laissant prélever, par ses cohéritiers une valeur égale dans le reste de la succession. (Troplong).

Nous rejetterons le premier système, qui aboutit à annihiler complétement le legs ; car l'option qu'il reconnaît à l'héritier sera le plus souvent illusoire, la valeur du legs étant presque toujours inférieure à la part héréditaire. Or, le rapport des legs étant, dans notre droit actuel, une institution fort difficile à justifier, il faut l'entendre de manière à laisser aux legs tous les effets compatibles avec les prescriptions de la loi. — Le second système, beaucoup plus conforme à l'intention probable du défunt, fait, au contraire, trop bon marché de l'art. 843, et généralise, de sa seule autorité, pour les legs, un mode de rapport qui n'est établi par la loi que dans certains cas déterminés. — L'art. 843 nous semble vouloir dire, simplement, que l'héritier ne peut prendre hors part les legs non préciputaires. Du reste, l'ancienne incompatibilité entre les qualités d'héritier et de légataire n'existant plus, il n'y a, pour les legs comme pour les dons (art. 829), que le rapport, auquel s'appliquent, en principe, les mêmes règles, quant au mode d'exécution, comme à tous les autres points de vue. Il faut donc se reporter au chapitre précédent. Ainsi, le successible pourra réclamer en nature, avec imputation sur sa part, tous les legs mobiliers (art. 868). Quant aux legs immobiliers, il ne le pourra que s'il y a dans la succession d'autres immeubles propres à composer des lots équivalents pour ses cohéritiers. Dans le cas contraire, le bien légué sera, d'ordinaire, assez important, pour que l'option entre ce bien et la part héréditaire présente un véritable intérêt.

Appendice.

La question de savoir si les règles qu'on vient de tracer sont applicables au rapport dû par l'enfant naturel, est vivement controversée.

Aux termes de l'art. 760 : « L'enfant naturel ou ses descendants sont tenus d'imputer, sur ce qu'ils ont droit de prétendre, tout ce qu'ils ont reçu du père ou de la mère dont la succession est ouverte, et qui serait sujet à rapport d'après les règles établies à la section II du chap. VI du présent titre. »

Si cet article impose à l'enfant naturel un rapport particulier, la différence avec le rapport ordinaire ne tombe pas sur les objets qui y sont soumis. Mais n'y en aurait-il pas quant à la manière de l'effectuer? Ceux qui l'admettent se divisent, à leur tour, sur le point de savoir en quoi consiste cette différence. — *Imputer*, a-t-on dit, c'est précompter sur sa part ; donc, l'enfant naturel ne rapportera jamais qu'en moins prenant. Chabot en conclut que, l'enfant étant devenu propriétaire incommutable du bien qu'il a reçu, ce bien est hors de la succession, et ne doit pas être compris dans la masse pour calculer la part afférente au donataire. — Cette conclusion viole manifestement l'art. 757, puisqu'elle ne donne pas à l'enfant naturel la part voulue par la loi de *tout ce qu'il aurait eu comme enfant légitime*, et qu'elle le maltraite même d'autant plus que le *de cujus* lui a donné davantage. Aussi, la plupart des auteurs ont-ils reculé devant ce résultat.

Mais, parmi ceux qui appliquent les règles ordinaires sur la formation de la masse, plusieurs ont dit : l'enfant impute *ce qu'il a reçu*, c'est-à-dire la valeur qu'avait l'objet, même immobilier, lors de la donation, abstraction faite des améliorations ou détériorations postérieures, ou de la perte totale survenue même par cas fortuit. Quant aux fruits et intérêts, il faut suivre, non l'art. 856, mais l'art. 1153, qui forme le droit commun, et qui ne les fait courir que du jour de la demande.

Suivant d'autres, la loi n'a voulu qu'exclure le rapport en nature, et l'on doit appliquer les règles du rapport en moins prenant, soit des meubles, soit des immeubles, suivant que l'objet de la donation est mobilier ou immobilier. Au dernier cas, les risques concerneront donc la succession.

Mais nous n'hésitons pas à penser qu'il faut appliquer ici toutes les règles du droit commun, tant sur le mode de composition de la masse, que sur la manière d'effectuer le rapport, sur les risques, et sur le cours des intérêts. L'argument fondamental, c'est encore l'art. 757 : le droit de l'enfant naturel étant réglé par comparaison avec ce qu'il aurait été, à supposer cet enfant légitime, le rapport qu'on lui impose doit être calqué sur le même modèle ; car la fraction participe nécessairement de la nature du tout. Tous les autres systèmes violent plus ou moins cet art. 757, au profit de l'enfant naturel ou à son détriment. Quelques-uns vont même jusqu'à le traiter mieux qu'un enfant légitime, dans le cas d'une augmentation de valeur considérable du bien donné. On méconnaît, enfin, une des règles relatives à l'objet du rapport, et auxquelles l'art. 760 renvoie formellement, quand on décide, contrairement à l'art. 855, que la perte fortuite de l'immeuble donné reste à la charge de l'enfant donataire.

Les divergences nombreuses, entre lesquelles se fractionnent nos adversaires, sont une preuve de plus qu'ils s'écartent des vrais principes. Le mot *imputer*, de l'art. 760, n'est pas un fondement suffisant pour édifier, sur des bases nécessairement arbitraires, un mode particulier de rapport. On dénature, par là, la portée de cet art. 760, qui a pour but unique de sanctionner l'art. 908, aux termes duquel les enfants naturels ne peuvent rien recevoir de leurs parents au-delà de ce qui leur revient dans la succession *ab intestat*. Les dérogations au droit commun, dérivant de la qualité d'enfant naturel, doivent se restreindre dans cet ordre d'idées. Ainsi : 1° L'enfant naturel ne pourra pas être dispensé du rapport. — 2° Malgré les art. 847 et 849, il devra imputer sur sa part tout ce qui aura été donné à ses enfants ou à son conjoint (art. 911). — 3° Enfin, les descendants de l'enfant naturel, devront imputer, même en succédant de leur chef, les dons faits à leurs père ou mère.

CHAPITRE V

RAPPORT DES DETTES

L'origine en est connue, par ce qui a été dit sur l'ancien droit ; et, quoi qu'en ait prétendu Marcadé, l'existence de ce rapport et des effets spéciaux qu'il entraîne est incontestable encore aujourd'hui, en présence des termes de l'art. 829 : « Chaque cohéritier « fait rapport à la masse... des sommes dont il est « débiteur. »

Nous savons enfin qu'il repose, comme celui des dons, sur l'égalité qui doit régner entre cohéritiers; car, outre que certains prêts constituent véritablement des avantages pour l'héritier, on peut dire que le successible débiteur a déjà dans ses mains tout ou partie de sa part, en biens appartenant à la masse. Il ne peut donc réclamer, sur les autres biens, que le surplus de ce qui doit lui revenir. Il serait injuste de lui attribuer sa part entière en valeurs réelles, tandis que le lot de ses cohéritiers serait composé, en partie, d'une créance contre lui, dont ils ne recouvreront rien, ou peu de chose, s'il est insolvable.

N'est-ce pas, d'ailleurs, conforme à l'intention probable du défunt, qui a dû penser, en prêtant à son successible, que les droits héréditaires de celui-ci serviraient de garantie à ses cohéritiers? Ajoutons que le débiteur ne peut s'en plaindre; « son patri« moine présent et futur est grevé, diminué d'une « dette; il gagne toujours à l'extinction de cette « dette; il gagne ce qu'il devait. » (M. Labbé, Revue prat. T. VII).

Nous examinerons successivement quels sont les effets du rapport, et à quelles dettes il s'applique.

A. — En principe, et sauf les particularités résultant de la nature même des choses, les effets en sont les mêmes que ceux du rapport des dons. Ainsi :

I. La dette, quoique non encore échue, deviendra immédiatement exigible à l'ouverture de la succession (art. 850); et ce, quand bien même la somme due par le successible serait plus considérable que sa part héréditaire. La renonciation n'affranchissant pas l'héritier débiteur du paiement de sa dette, il a toujours intérêt à accepter, pour se libérer jusqu'à due concurrence; mais il devra immédiatement solder le surplus (Demol., T. 4, n° 461 *bis*). — La perte du bénéfice du terme entraîne aussi l'exigibilité du capital de la rente dont il servait les arrérages.

II. Egalement à partir de l'ouverture de la succession, les intérêts courront de plein droit au taux légal (art. 856), alors même que la dette n'en produisait pas, ou n'en produisait qu'à un taux inférieur, du vivant du défunt.

III. Si le montant de la dette n'est pas effectivement versé à la masse, les cohéritiers l'imputent sur la part du successible débiteur, et prélèvent une valeur égale sur le reste de la succession. C'est ce qui résulte de la combinaison des articles 829 et 830. Et les cohéritiers ont ce droit, non-seulement vis-à-vis du successible débiteur, mais encore à l'encontre de ses créanciers personnels. On l'a contesté pourtant, et l'on a dit que cette doctrine donnait aux cohéritiers un véritable privilége sur la portion héréditaire de leur cohéritier, au préjudice de ses autres créanciers; or, aucun texte ne leur confère un semblable privilége, et la créance ne peut être, entre leurs mains, plus favorisée qu'elle ne l'était aux mains du défunt. Ce raisonnement porte à faux ; ce n'est pas un privilége qu'exercent les cohéritiers ; ils se bornent à réclamer leur part, réglée conformément à l'article 830. La preuve qu'ils n'agissent pas comme créanciers, mais comme copartageants, c'est qu'ils prennent, pour se payer, des biens en nature, ce que le seul titre de créancier ne leur permettrait pas. Enfin, c'est précisément à titre de garantie contre l'insolvabilité du successible, et contre la concurrence de ses créanciers personnels, que l'obligation du rapport a été appliquée aux dettes.

— Ainsi, à la mort du *de cujus*, naît une nouvelle

obligation, celle du rapport, qui tend à procurer plus facilement et plus sûrement l'exécution de la première, mais qui n'en emporte pas novation. Donc :

1° Les cohéritiers pourraient, au lieu d'exiger le rapport, s'en tenir au titre primitif toujours subsistant, s'ils y avaient intérêt. Si, par exemple, les droits héréditaires du successible ne couvraient pas le montant de la dette, laquelle était garantie par des sûretés particulières, telles qu'une hypothèque, un cautionnement, etc.; — ou s'ils voulaient continuer à jouir du terme stipulé dans l'intérêt du créancier.

2° La renonciation du successible écarte le rapport, et, par suite, les trois effets principaux énumérés ci-dessus; mais elle n'empêche pas qu'il ne soit toujours débiteur, et que les cohéritiers ne puissent exiger le paiement comme créanciers.

3° Quelque parti que prenne le successible débiteur, les légataires et les créanciers de la succession, qui, n'ayant pas droit au rapport, ne pourraient pas se prévaloir de l'exigibilité immédiate, du cours des intérêts..., pourraient néanmoins se désintéresser sur la somme due par le successible. C'est une partie de l'actif héréditaire, qui forme leur gage.

B. — L'obligation du rapport concerne, non-seulement les dettes du successible envers le défunt, mais encore celles dont les cohéritiers peuvent être réciproquement tenus, pour des causes postérieures à l'ouverture de la succession et s'y rattachant :

comme le maniement qu'a eu l'un d'eux des biens héréditaires, la perception des fruits, etc. — On l'a nié pour ces sortes de dettes ; mais l'article 829 les comprend évidemment dans la généralité de ses termes ; il suit, d'ailleurs, immédiatement, un article qui mentionne précisément « les comptes que « les copartageants peuvent se devoir », comme une des opérations préliminaires du partage.

Quant aux dettes envers le défunt, il y a des distinctions à faire. L'obligation du rapport s'applique incontestablement, avec tous ses effets, soit aux dettes résultant de prêts gratuits, ou d'avances qui, sans avoir été faites *animo donandi*, sont intervenues dans l'intérêt du successible, et constituent pour lui un avantage ; soit à celles qui proviennent de quasi-contrats, de délits ou quasi-délits commis par le successible envers le défunt. Pour cette seconde catégorie, à défaut de l'idée d'avantage reçu, les motifs donnés plus haut militent pleinement.

Quid des dettes résultant de contrats à titre onéreux, intervenus sincèrement, et sans présenter d'avantage indirect, entre le défunt et son successible ? Quelques auteurs pensent qu'elles sont soumises au rapport, en se fondant sur la généralité des termes de l'article 829. Cette opinion absolue a contre elle les articles 853 et 854, qui exemptent du rapport les avantages retirés de ces sortes de contrats ; peu importe qu'il s'agisse d'une vente, d'une association, ou d'un prêt intéressé. Or, le bénéfice du terme constitue précisément un de ces avantages ; ou plutôt, c'est une condition même du contrat, dont on ne pourrait priver le successible sans violer ouvertement les articles précités. On ne pourrait davantage faire produire à la dette non exigible d'autres intérêts que ceux qui auraient été stipulés, ou qui résulteraient du caractère même de la convention.

Mais, si la dette en question était déjà exigible, on retombe dans l'article 829, et l'obligation du rapport naîtra, avec ses conséquences relatives au cours des intérêts et aux prélèvements des cohéritiers. Les autres créanciers du successible ne peuvent s'en plaindre, car les articles 853 et 854 n'ont pas été édictés dans leur intérêt (MM. Demolombe et Duverger).

Il faudrait appliquer la même distinction au cas où le défunt, sans avoir traité originairement avec son successible, est devenu son créancier par voie de transmission ou de succession. M. Demante exige pourtant ici le rapport, la dette ne fût-elle pas encore échue ; il se fonde sur ce que l'article 853 ne parle que des conventions directement intervenues entre le défunt et son successible. Mais il y a même raison de décider dans le cas qui nous occupe, et, en s'attachant au texte, on méconnait l'esprit évident de la loi.

Pas de rapport, cela va sans dire, si la dette, *ab initio*, n'est pas civilement exigible, ou si, lors de l'ouverture de la succession, elle se trouve déjà éteinte par l'un des modes légaux, paiement, novation, compensation, ou prescription.

On a voulu distinguer, relativement à ce dernier mode, entre la dette résultant d'un prêt gratuit, qui continuerait toujours d'être rapportable, et celle résultant d'un contrat à titre onéreux, qui ne le serait plus. Nous admettons, sans distinguer, la négative. La dette est éteinte, quelle qu'en soit la cause, et il n'y a plus de base légale au rapport. — Mais, si la prescription n'était pas encore accomplie, elle ne continuerait pas à courir contre la succession ; l'obligation du rapport ne peut commencer à se prescrire que du jour où elle prend naissance.

S'il y avait eu remise gratuite et volontaire, il n'y aurait plus lieu à un rapport de dette, mais à un rapport de donation. — *Quid* d'une remise forcée résultant d'un concordat ? Les uns pensent qu'on ne doit rapporter que le dividende conservé, auquel la dette est réduite désormais. La remise du surplus n'est pas une libéralité, c'est un sacrifice intéressé ; à quel titre donc le rapport en serait-il dû ? C'est un préjudice causé par force majeure, que les cohéritiers doivent supporter. (Renouard, *Traité des faillites*. — Rivière, *Rép. sur le Code de Com.*, p. 606).

MM. Demolombe (t. IV, n° 384), Aubry et Rau

(sur Zach. t. v, § 631), distinguent, suivant que le *de cujus* a contracté dans des vues intéressées, ou pour avantager son successible. Au premier cas, le *de cujus* a traité comme il l'eût fait avec un étranger ; la qualité de successible ne doit avoir aucune influence (arg. art. 853 et 854). En conséquence, on reproduit les arguments et la conclusion du précédent système. — Au second cas, le montant intégral de la dette demeure rapportable. L'opération a engendré deux obligations distinctes: paiement de la dette, rapport de l'avantage procuré; or, si le concordat a éteint partiellement la première, il laisse intacte la seconde. Il n'enlève pas, d'ailleurs, aux créanciers les sûretés sur la foi desquelles le contrat est intervenu; et, parmi elles, figure l'affectation de la part héréditaire du débiteur. (En ce sens, arrêts: ch. req., 22 août 1843 — 17 avril 1850.)

La troisième opinion exige toujours le rapport intégral, en rejetant la distinction qui vient d'être exposée. Si l'on adopte, dans une hypothèse, les arguments du premier système, ils s'appliquent avec autant de force au cas d'un contrat de bienfaisance pour le successible. C'est en vain que, pour rendre raison de cette différence prétendue, on fait intervenir ici l'obligation du rapport; car, d'une part, le rapport des dettes s'adapte aussi bien aux contrats intéressés des deux côtés, quand la dette est arrivée à échéance avant le décès du *de cujus*; et, d'autre part, l'obligation de rapporter ne naît point avec la dette elle-même, mais se règle d'après l'état de choses existant lors de l'ouverture de la succession ; en sorte que l'extinction de la dette, même résultant d'un prêt gratuit, écarterait toute idée de rapport. — Enfin, nous avons vu que le rapport des dettes ne constitue pas tant un droit de préférence sur les biens héréditaires, à l'encontre des autres créanciers du successible, que le règlement légal de la part afférente aux cohéritiers de celui-ci. Et si l'on voulait y voir un véritable droit de préférence pour ces derniers, il faudrait reconnaître que le vote au concordat en aurait dépouillé la créance (art. 508 C. com.). — L'alternative se réduit donc à deux termes : écarter toujours, ou exiger toujours le rapport, pour la fraction atteinte par le concordat. Et c'est à ce dernier parti que nous nous rangeons. La dette n'est pas complètement éteinte pour cette fraction ; même aux yeux de la loi, il reste plus qu'une dette naturelle, puisque le failli concordataire encourt des déchéances déshonorantes, qui le forcent, en quelque sorte, à acquitter le reliquat pour obtenir sa réhabilitation. Il y a plus ; malgré le concordat, le créancier conserve son action pour le total contre la caution (arg. art. 545 C. com.) ; ce qui ne peut se concevoir qu'autant que l'obligation du débiteur principal subsiste, au moins dans une certaine mesure, pour le reliquat. — Ce système a pour lui l'autorité de la tradition. —

C'est aussi le seul moyen d'éviter une inégalité choquante entre deux successibles, ayant reçu une même somme de leur auteur, et dont l'un voudrait se dispenser partiellement du rapport, en invoquant un concordat que l'autre, non commerçant, n'aurait pas pu obtenir. — Enfin, il respecte le concordat. Qu'a-t-on promis au failli? De ne pas le poursuivre, au-delà du dividende stipulé, sur les biens qu'il pourrait acquérir ultérieurement. Or la question, ici, est précisément de savoir si le successible débiteur ne doit pas être considéré comme rempli, par avance, d'une fraction de sa part héréditaire, en sorte que (ce que nous prétendons) il n'ait plus droit qu'au surplus. (V. dans le même sens: Paris, 3 février 1848. — Duranton, t. VII, n° 310. — Grenier, *Donat. et test.*, t. II, n° 522. — Etc.)

POSITIONS

—

DROIT ROMAIN.

I. — La décision de la loi X D. *de collatione*, qui permet à l'héritier sien de demander la *collatio*, tout en négligeant la possession de biens pour s'en tenir à son titre d'héritier *jure civili*, ne résulte pas d'une interpolation de Tribonien.

II. — En thèse générale, et malgré la loi VII D. *de dotis collatione*, il faut, pour décider s'il y a lieu au rapport, s'attacher surtout au point de savoir si le *suus* souffre de la présence de l'émancipé, sans rechercher s'ils succèdent ou non *eodem jure*.

III. — Antérieurement à la novelle 18, chap. 6, l'émancipé, institué héritier, ne devait pas, en principe, la *collatio bonorum*. La loi II, D. *de dot. collat.*, ne fait pas obstacle à cette règle, qui s'appliquait aussi à la *collatio dotis*.

IV. — Il n'est pas nécessaire de supposer, avec Pothier, pour l'explication de la loi VI D. *de dot. collat.*, que le *de cujus* a institué un étranger en concours avec l'émancipé.

V. — Dans le droit romain classique, la *collatio* n'a jamais lieu entre émancipés. — La loi I, § 16, D. *de conjung. cum emancip. lib. ejus*, a évidemment subi une altération ; il faut, comme le propose Pothier, substituer dans la dernière phrase de ce texte le singulier au pluriel, et le mot *fratre* au mot *patre*.

VI. — L'émancipé ne rapporte pas les biens acquis par lui depuis la mort du *de cujus*. La loi II, *pr.* D. *de collatione*, ne contredit pas ce principe. Elle vise l'espèce d'un posthume conçu postérieurement à l'émancipation de son père, et né après le décès de l'aïeul, *de cujus*, qui avait lui-même survécu à son fils émancipé.

VII. — L'émancipé a le choix entre les divers modes de *cautiones* indiqués par la loi I, § 9, D. *de collatione*. La loi VII, D. *de stipulat. prætor.* n'est pas contraire à cette décision.

VIII. — L'émancipé, malgré l'opinion de Paul (*Sentences*, Liv. V, tit. IX, § 4), n'était obligé de satisfaire à l'édit *de collatione*, qu'après avoir obtenu la possession de biens. (L. III, *pr.* D. *de collat.*)

IX. — Lorsqu'un père de famille a institué un étranger avec son fils *in potestate*, et omis un émancipé, le *suus* prend, dans les biens rapportés par celui-ci, une fraction proportionnelle à celle que le concours de cet émancipé lui enlève; en prenant pour unité, non le total de la masse héréditaire, mais ce que le *suus* aurait recueilli comme institué. Ainsi, dans l'espèce de la loi I, § 3 D. *de collatione*, le *suus* prend 1/3, et non 1/4 des biens de l'émancipé.

X. — L'émancipé n'a pas le droit d'exiger de sa sœur, émancipée pareillement, le rapport de sa dot, même profectice. La constitution de Gordien (L. IV, C. *de collationibus*), doit se restreindre à la *filiafamilias*.

XI. — L'émancipé, succédant à un ascendant paternel, doit toujours rapporter ce qui n'aurait pas constitué, entre les mains d'un fils de famille, un pécule castrens, quasi-castrens ou adventice. Il rapporte donc en suivant les anciens principes, même depuis Justinien, la donation simple profectice, en thèse générale, et non pas seulement dans les cas indiqués par la loi XX, § 1, C. *de collationibus*.

XII. — Quant aux fils de famille, la question ne peut naître à leur égard, avant Justinien; et ils demeurent dispensés du rapport de la donation simple, même depuis la réforme résultant de la loi XXV, C. *de donat. inter vir. et uxor.*, sauf dans les cas prévus par la dite loi XX, § 1.

ANCIEN DROIT FRANÇAIS

I. Il n'y avait aucune incompatibilité, dans les pays de droit écrit, entre la qualité d'héritier, et celle de légataire ou de donataire à cause de mort. — C'est à tort que certains auteurs ont voulu faire résulter cette incompatibilité, en ligne descendante, des termes de la novelle 18, chap. 6.

II. Bien que l'art. 301 de la Coutume de Paris n'autorise expressément qu'en succession collatérale le cumul des qualités d'héritier et de donataire, le rapport n'avait pas lieu, néanmoins, dans la ligne ascendante, en droit commun coutumier.

III. En cas de don fait par le *de cujus* à son gendre, la fille ne devait le rapport que dans la mesure du profit qu'elle retirait du don, comme commune en biens, ainsi que pour la part des enfants issus de son mariage avec le donataire. Si la communauté subsistait encore au décès du *de cujus*, le rapport n'avait lieu que provisoirement ; et sauf le recours de la femme, dans le cas où elle aurait plus tard répudié cette communauté.

IV. Ce n'était qu'exceptionnellement que le petit-fils pouvait être tenu de rapporter à la succession de son père ce qu'il avait reçu de son aïeul paternel.

V. L'héritier bénéficiaire devait le rapport à ses cohéritiers, alors même qu'il faisait abandon de sa part héréditaire aux créanciers pour se décharger du paiement des dettes.

CODE NAPOLÉON

I. Sous le nom d'*imputation*, l'art 760 soumet l'enfant naturel à un véritable rapport, auquel s'appliquent toutes les règles de notre section, sauf celles qui seraient inconciliables avec les art. 908 et 911 C. Nap.

II. Réciproquement, l'enfant naturel a droit au rapport.

III. Les art. 847 à 849 ne reposent pas sur une présomption d'interposition de personnes; ils sont une application pure et simple du principe que l'on ne rapporte pas le don fait à autrui. — Mais les intéressés peuvent établir, par toutes voies de droit, que le don fait, en apparence, au père, au fils ou au conjoint du successible, s'adresse réellement à ce dernier, qui sera tenu, en ce cas, d'en faire le rapport.

IV. Celui qui succède par représentation ne rapporte pas ce qui lui a été donné à lui-même, ni les dons faits aux personnes ayant occupé les degrés intermédiaires entre lui et le représenté.

V. L'envoi en possession provisoire donne lieu au rapport provisoire des libéralités que l'envoyé a reçues de l'absent.

VI. Le renonçant n'a aucun droit à la réserve ; la libéralité à lui faite s'impute uniquement sur le disponible ; et il ne peut la conserver que dans la limite de ce disponible seulement.

VII. La dispense du rapport est virtuellement inhérente aux dispositions universelles, même quand il y a des héritiers à réserve ; mais non au simple legs à titre universel, ni à celui de la quotité disponible.

VIII. Les libéralités faites à personnes interposées, ou déguisées sous l'apparence d'un contrat à titre onéreux, (à supposer d'ailleurs ces dernières valables), sont soumises au rapport, si elles n'en ont été dispensées conformément à l'art. 843. — Mais l'interposition de personnes doit s'établir par les moyens de preuve ordinaires. La présomption de l'art. 911 serait inapplicable ici.

IX. L'art. 857 n'empêche pas que les légataires ne puissent, pour le calcul de la quotité disponible, réunir fictivement à la masse les biens donnés entre-vifs par le *de cujus* à ses successibles (art. 922).

XI. Est rapportable l'avantage résultant de la renonciation du *de cujus* à un droit auquel il était appelé concurremment avec son successible ou à son défaut, quand cette renonciation a eu lieu *animo donandi*.

XII. Le paiement fait par le *de cujus* d'une dette annulable ou naturelle de son successible n'oblige pas celui-ci au rapport.

XIII. Rien ne peut suppléer l'acte authentique exigé par l'art. 854.

XIV. Il n'y a lieu à aucun rapport, quand l'immeuble, aliéné par le successible donataire, a péri par cas fortuit entre les mains du tiers acquéreur, avant l'ouverture de la succession. Le donataire conserve le prix de vente qu'il a pu toucher.

XV. L'art. 865 s'applique, non-seulement aux hypothèques, mais encore à l'usufruit et aux servitudes consenties par le donataire. — Mais la résolution dont parle cet article n'a pas lieu, si l'immeuble rapporté tombe au lot du donataire lui-même.

XVI. L'art. 868 régit le rapport du mobilier incorporel, comme celui du mobilier corporel.

XVII. Les cohéritiers du successible débiteur peuvent exiger, même à l'encontre de ses autres créanciers, l'imputation, sur sa part héréditaire, du montant de la dette rapportable.

PROCÉDURE CIVILE

I. L'art. 436 C. pr. a été complétement abrogé, et non pas seulement modifié par l'art. 643 C. com. — En vertu de ce dernier texte, les jugements par défaut, en matière commerciale, doivent toujours être régis, quant au délai de l'opposition, par les art. 158 et 159 C. pr.; en considérant comme défaillant celui qui ne conclut pas, sans examiner s'il a ou non comparu à une première audience.

II. La subrogation à une poursuite en saisie immobilière, dans le cas des art. 721 et 722 C. pr., peut être demandée par tous créanciers, même simplement chirographaires, munis d'un titre exécutoire.

DROIT COMMERCIAL

I. Le failli concordataire, succédant à l'un de ses créanciers, doit rapporter, non pas seulement le dividende, mais le montant intégral de la dette, lors même qu'elle proviendrait d'un prêt intéressé.

II. Le porteur d'une lettre de change a droit à la provision, par préférence aux autres créanciers du tireur tombé en faillite avant l'échéance de la lettre et l'acceptation du tiré.

DROIT ADMINISTRATIF

I. Le locataire exproprié pour cause d'utilité publique a droit à indemnité, quand même son bail n'aurait pas date certaine antérieure au jugement d'expropriation.

II. Les conseils de préfecture sont compétents pour fixer l'indemnité due aux particuliers lésés par l'exécution de travaux publics, qu'il s'agisse d'un dommage temporaire ou permanent.

DROIT CRIMINEL

L'art. 434, § 1 C. pén. ne concerne que l'incendie des maisons ou bâtiments habités, ou servant à l'habitation, et non de leurs dépendances; la disposition de l'art. 390 C. pén. doit être restreinte au cas de vol.

DROIT INTERNATIONAL

Les jugements émanés d'une juridiction étrangère n'ont pas, en France, autorité de chose jugée, quand ils sont rendus au préjudice d'une partie française.

Dans les autres cas, la mission du tribunal appelé à leur conférer la force exécutoire en France ne va pas jusqu'à la révision du fond, mais ne se borne pas non plus à un simple *visa*.

Ces diverses règles peuvent recevoir exception par suite des traités internationaux.

HISTOIRE DU DROIT

A l'époque franque, en vertu du principe de la personnalité des lois, c'est la nationalité de l'individu, et non son libre choix, qui détermine la législation à laquelle il est soumis.

Vu par le Président de la Thèse,
Doyen de la Faculté de Droit,

G. COLMET-DAAGE.

Vu et permis d'imprimer, le Vice-Recteur
de l'Académie de Paris,

A. MOURIER.

1. — ABBEVILLE. — IMP. BRIEZ, C. PAILLART ET RETAUX.

ABBEVILLE. — IMP. BRIEZ, C. PAILLART ET RETAUX

A
B

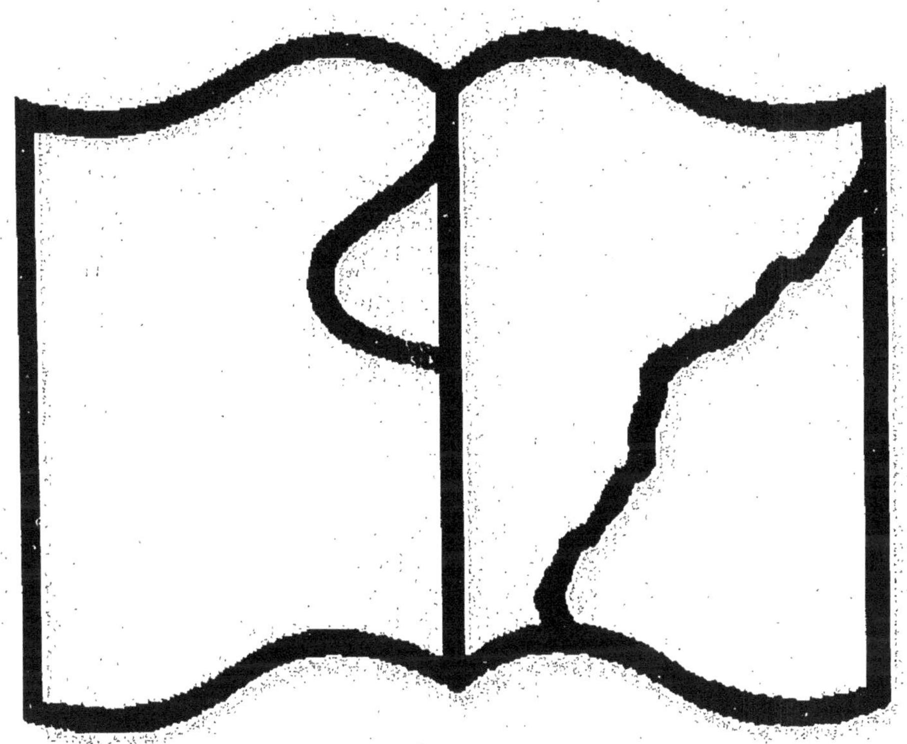

www.ingramcontent.com/pod-product-compliance
Ingram Content Group UK Ltd.
Pitfield, Milton Keynes, MK11 3LW, UK
UKHW020258230726
13925UKWH00001B/109

9 782013 554169